NORBERT HÄRING

SCHÖNES NEUES GELD

PayPal, WeChat, Amazon Go –
Uns droht eine totalitäre Weltwährung

W0041324

Campus Verlag
Frankfurt/New York

ISBN 978-3-593-50914-3 Print
ISBN 978-3-593-43930-3 E-Book (PDF)
ISBN 978-3-593-43951-8 E-Book (EPUB)

Umschlaggestaltung: total italic, Thierry Wijnberg, Amsterdam/Berlin
Umschlagmotiv: © Shutterstock/cepera
Satz: Publikations Atelier, Dreieich
Gesetzt aus der Scala
Druck und Bindung: Beltz Grafische Betriebe GmbH, Bad Langensalza
Printed in Germany

www.campus.de

Inhalt

Einführung und Überblick

Die Zukunft des Bezahlens ist 2018 in der Gegenwart angekommen. In Seattle, an der Westküste der USA, eröffnete das erste Amazon-Go-Ladengeschäft für die Allgemeinheit. Wer dort einkauft, braucht dank »modernster Einkaufstechnologie« nicht mehr Schlange zu stehen. Kunden müssen nur einmal die zugehörige App kostenlos auf ihr Smartphone herunterladen. Danach können sie sich nach Belieben im Laden bedienen, ihre Auswahl an Produkten aus dem Regal nehmen, in ihre Tasche packen und wieder gehen. Alles Weitere macht die Technik. Wenn ein Kunde zum Beispiel Marmelade in seine Tasche gelegt hat und dann feststellt, dass er doch lieber Honig hätte, legt er die Marmelade einfach wieder zurück ins Regal. Die Amazon-Überwachungstechnik registriert das und streicht die Marmelade wieder von der Rechnung. Kurz nachdem der Kunde den Laden verlassen hat, ohne von irgendwelchen Kassierern oder Ladendetektiven behelligt worden zu sein, bekommt er eine Rechnung auf sein Smartphone und das Geld wird vom Amazon-Konto abgebucht.

Bequemer geht es kaum. Das aktive Bezahlen ist in dieser Konsumutopie, die gerade Realität wird, abgeschafft. Das Abkassieren geht automatisch ohne unsere Beteiligung. Wir müssen nicht einmal mehr eine Karte zücken oder eine Unterschrift leisten. Der Verkäufer und derjenige, der unser Geld verwaltet, werden eins. Wohin die Reise gehen soll, ist klar – und sie geht weit über die Amazon-Welt hinaus: Alle Bequemlichkeit ist auf unserer Seite, alle Macht auf der anderen.

In China wird gerade eine andere Utopie Realität. Geld als Haupttriebfeder und Belohnung des wirtschaftlichen Handelns wird abgelöst von penibel gemessener Tugendhaftigkeit. Die Regierung führt ein umfassendes System zur Bewertung ihrer Bürger ein. Wer von den Kameras mit Gesichtserkennung dabei ertappt wird, dass er bei Rot über die Ampel geht, bekommt Punkte vom Sozialpunktekonto abgezogen. Wer Kunden besonders freundlich bedient, bekommt welche dazu. Wer zu wenige Sozialpunkte auf dem Konto hat, kann sich kein Ticket für einen Flug oder den Schnellzug mehr kaufen und auch keine schöne Wohnung mehr mieten oder gar erwerben. Bezahlt wird mit den Allround-Apps WeChat oder Alipay, die man sich wie eine Kombination von Facebook, Google, WhatsApp und Amazon vorstellen kann. Da WeChat mit Gesichtserkennung und weiteren biometrischen Merkmalen operiert und eng mit der Regierung zusammenarbeitet, fungiert die App inzwischen sogar als amtlicher Identitätsnachweis. WeChat registriert und speichert alles, was die Teilnehmer mit ihrem Geld machen, und kooperiert mit den Sozialpunktebehörden. Wer den halben Tag Computerspiele spielt oder eine Rechnung nicht bezahlt, hat schlechte Karten. So schön die Vorstellung ist, dass tugendhaftes Verhalten mehr gewürdigt wird als der schnöde Mammon: Wenn eine kommunistische Einheitspartei verbindlich für alle vorschreibt, was gutes und was schlechtes Verhalten ist, und das auch noch überwachen und sanktionieren kann, dann ist das eine totalitäre Gesellschaft ohne individuelle Freiheit.

Ganz anders die schöne neue Bezahlwelt der Amazon-Go-Gesellschaft – zumindest auf den ersten Blick. Hier schreibt uns keine Obrigkeit vor, wie wir uns verhalten sollen, solange wir uns im Rahmen der Gesetze bewegen. Aber auf den zweiten Blick ist die Schnittmenge mit dem chinesischen Sozialpunktesystem unangenehm groß: Grundlage beider Systeme ist die zuverlässige automatische Identifizierung der Handelnden und die lückenlose automatische Überwachung ihres Handelns. In den chinesischen Städten erfassen Kameras mit Gesichtserkennungssoftware die Passanten auf Schritt und Tritt, genauso wie im Amazon-Go-Laden.

Amazon Go ist nur ein besonders fortschrittliches Beispiel der *Pay as you go*-Bezahlwelt, bei der immer stärker einzelne Handlungen und Nutzungen überwacht und automatisch abgerechnet werden. Bei Amazon Go ist jeder Griff ins Regal eine Kaufhandlung und muss entsprechend überwacht und abgerechnet werden. Das ist ganz klar der Weg, auf den wir als Gesellschaft geschickt werden. Man verkauft uns kein Computerprogramm mehr, über das wir frei verfügen können. Stattdessen sollen wir Programme mieten, die in der Cloud, also auf fremden Computern, laufen. Entsprechend wird alles, was wir damit machen, gespeichert und überwacht. Bei Bedarf kann unser Zugang blockiert werden. Wir kaufen kein Fahrrad mehr, sondern nutzen Leihfahrräder und zahlen automatisch pro Kilometer oder Stunde. Statt Steuern für Autobahnen zu zahlen, wird uns für jeden gefahrenen Kilometer Geld abgezogen. Wir besitzen kein Auto mehr, sondern mieten Autos nach Bedarf, mit oder ohne Fahrer, minuten- oder kilometerweise. Die Zahl der Beispiele steigt Monat für Monat. Bald werden wir auf Schritt und Klick kleine Bezahlvorgänge auslösen und es kaum bemerken.

Diese *Pay as you go*-Bezahlwelt braucht und bewirkt die gleiche totale Überwachung, wie sie in China bereits vorangetrieben wird. Sie macht das Individuum, das nichts mehr körperlich besitzt und also auch nicht mehr uneingeschränkt darüber verfügen kann, abhängig von denjenigen, die die Kontrolle über seine Bücher haben. Wenn sie entscheiden, dass jemand nicht mehr genug finanzielle Ansprüche hat oder auf andere Weise das Recht verwirkt hat, sein digitales Geld für die Miete von Dingen einzusetzen, die andere besitzen, wird das Individuum völlig handlungsunfähig. So wie Joe Chip in Philip K. Dicks Zukunftsroman *Ubik* aus dem Jahr 1966, der seine Wohnung nicht mehr verlassen kann, bis jemand die Tür dafür bezahlt, sich zu öffnen. Die geniale Vorstellungskraft von Dick, der mit der Romanvorlage für den Film *Blade Runner* berühmt wurde, lässt sich daran ermessen, dass damals das Bezahlen mit Buchgeld noch bei Weitem nicht die Norm war und der Begriff *Sharing Economy* erst ein halbes Jahrhundert später auftauchte.

Dank automatischer Gesichtserkennung und ähnlichen Techniken zur Umsetzung des *Pay as you go*-Systems verschmilzt die reale, analoge Welt mit der digitalen. Jeder unserer Schritte in der realen Welt wird mit digitalen Daten nachgebildet und gespeichert. Diese Daten werden zu umfassenden Persönlichkeitsprofilen zusammengeführt, die sich jeder kaufen kann, der das Geld dafür hat, vom potenziellen Arbeitgeber bis zum potenziellen Kreditgeber oder Vermieter. Anders als in China werden bei uns die Daten und die Beeinflussungsmöglichkeiten (noch) nicht so sehr genutzt, um die Menschen zu gesellschaftlich erwünschtem Verhalten zu erziehen. Es geht vor allem darum, sie zu noch besseren Konsumenten zu machen. Aber es gibt auch schon einige Anwendungen in Richtung des chinesischen Modells.

Dass die neuen digitalen Bezahlverfahren so viele Daten produzieren und so viele sensible Daten von uns verlangen, ist die Hauptattraktion für diejenigen, die diese Systeme einführen wollen. Hier ziehen Regierungen, die ihre Bevölkerung überwachen möchten, mit Konzernen an einem Strang, die zuverlässige Daten haben wollen. Das setzt voraus, dass beide uns in der digitalen Welt jederzeit genau identifizieren können. Hier trifft es sich gut, dass man für die *Pay as you go*-Welt genau diese Totalüberwachung aus vermeintlich harmlosen Gründen braucht. So werden die neuen Bezahlverfahren als einer der Haupttreiber für die Einführung und Ausweitung biometrischer Identifizierung im Alltag genutzt – durch Fingerabdrücke, Gesichtserkennung und künftig vielleicht sogar DNA. Das geschieht absichtsvoll, systematisch und weltweit, wie ich in diesem Buch zeigen werde.

Dem einen sin Uhl, dem andern sin Nachtigall

Solange jede zweite Transaktion mit Bargeld ausgeführt wird, ist ein umfassendes digitales Abbild davon, was die Bevölkerung tut, kaum möglich. Die hartnäckige Vorliebe der Menschen für Bares hält den Weg in die *Pay as you go*-Welt auf. Diese Vorliebe ist gut begründet. Denn auch wenn die Gegner des Bargelds viel Mühe darauf verwenden, es anachronistisch erscheinen zu lassen, hat es doch viele Vorteile für seine Nutzer. Und: Diese Vorteile werden mit zunehmender Digitalisierung von immer mehr Lebensbereichen immer größer.

Die Vorteile von analogem Geld:

1. Transaktionen mit Bargeld sind anonym. Außer denjenigen, die die Transaktion vor Ort beobachten, kann niemand nachverfolgen, was ich wann wo bei wem gekauft habe. Das gilt für Geheimdienste und Bankangestellte, Sozialpunktebehörden, Kreditratingagenturen, allgemeine Auskunfteien, aber auch für Ehepartner und Eltern. Wir möchten nicht unbedingt immer, dass diese genau sehen können, wann, wo und was wir im Laufe eines jeden Tages gegessen, getrunken und gekauft haben.

2. Mit Bargeld müssen weder Verkäufer noch Käufer in Vorleistung treten. Beide sind gegen eine Insolvenz oder Betrug der Gegenseite geschützt. Wer einem Unbekannten einen Gebrauchtwagen verkauft, möchte sich nicht darauf verlassen müssen, dass dieser irgendwann später das Geld überweist. Umgekehrt möchte niemand einem Unbekannten größere Geldbeträge überweisen, bevor er die Ware in Besitz hat. Neuere, schnelle digitale Bezahlverfahren erwecken zwar den Anschein, das sei auch bei ihnen gewährleistet. In Wahrheit ist das aber nicht so. Man hat keine Garantie, dass das Geld nicht zurückgebucht wird.

3. Barzahlungen ermöglichen außerdem eine gute Kontrolle der Ausgaben. Das ist vor allem für die Menschen wichtig, die darauf achten müssen, dass am Ende des Budgets nicht zu viel vom Monat übrig ist. Wer alles digital bezahlt, auch Kleinbeträge, der wird mit elektronischen Belegen so überschwemmt, dass eine wirksame Kontrolle der Rechnungen und der Ausgaben nicht mehr realistisch ist.

4. Bargeld ist ein krisenfestes Zahlungsmittel. Es benötigt keine technische Infrastruktur. Es kann auch bei größeren techni-

schen Störungen als Zahlungsmittel verwendet werden. Im Zivilschutzkonzept der Bundesregierung wird der Bevölkerung sogar ausdrücklich nahegelegt, für Not- und Krisenfälle ausreichend Bargeld vorzuhalten. Wenn wir nur noch digitale Bezahlverfahren zur Verfügung haben, dann reicht ein Ausfall des Internets oder eines großen Mobilnetzes, um große Teile des wirtschaftlichen Lebens lahmzulegen. Wir müssen dann schauen, wie wir eine Übernachtung und die Rückreise bezahlen, wenn wir unterwegs sind.

5. Bargeld ermächtigt. Wenn uns aufgrund eines Irrtums oder aus einem sonstigen Grund plötzlich die Konten gesperrt werden, sind wir ohne Bargeld hilflos. Mit Bargeld können wir auch in solchen Fällen weiter reisen, übernachten, essen und trinken.

6. Bargeld ist ein inklusives Zahlungsmittel. Es kann praktisch ohne Zugangsbeschränkungen verwendet werden. Kinder und Menschen mit körperlichen oder geistigen Einschränkungen können mit Bargeld erheblich leichter und sicherer umgehen als mit digitalem Geld. Man gibt seinem Kind ohne weiteres 5 Euro mit, damit es sich etwas kaufen kann. Bei der eigenen Kreditkarte würden wir vernünftigerweise zögern. Da mutet es fast schon bizarr an, dass die weltweite Kampagne gegen das inklusive Zahlungsmittel Bargeld, wie wir noch sehen werden, ausgerechnet mit dem Schlachtruf der finanziellen Inklusion arbeitet.

7. Bargeld ist außerdem fast unsere einzige Möglichkeit, Geld so zu halten, dass es bei einer Bankenpleite nicht einfach weg ist. Digitales Geld ist im Grunde nichts anderes als ein Guthaben bei einer Bank, also eine Schuld der Bank uns gegenüber. Geht die Bank pleite, ist das Geld weg, jedenfalls dann, wenn es nicht durch eine zahlungsfähige Einlagensicherung abgesichert ist. Bei einer Pleite großer Banken oder vieler Banken sind alle bestehenden Einlagensicherungssysteme heillos überfordert.

8. Auch vor Negativzinsen als mildere Form der Enteignung im Fall von Problemen der Banken schützt Bargeld.

9. Bargeld ist für die Nutzer das kostengünstigste Bezahlverfahren. Den Kreditkartenunternehmen und Banken müssen wir entweder direkt oder indirekt etwas dafür bezahlen, dass sie Zahlungen für uns abwickeln. Indirekt zahlen wir, wenn der Händler abkassiert wird und die Kosten auf die Preise und damit letztlich auf uns umlegt. Die Gewinnspannen der weltweit führenden Kreditkartenanbieter, Visa und MasterCard, sind hoch. Irgendwer muss dafür bezahlen.

10. Nicht verschweigen darf man, dass auch Steuerhinterzieher und Kriminelle die Anonymität des Bargelds schätzen und es gern nutzen, solange es um kleine und mittlere Beträge geht. Die Vorteile dieser kleinen Gruppe der Bargeldnutzer sind das Hauptargument, das gegen das Bargeld angeführt wird.

Was dem einen sin Uhl, ist dem andern sin Nachtigall, heißt ein plattdeutsches Sprichwort. Banken, Zahlungsverkehrsabwickler, IT-Unternehmer, der Staat und zum Teil die Händler empfinden das, was die Nutzer als Vorteile sehen, als Nachteile.

Für diejenigen, die uns möglichst viel verkaufen und möglichst viel Kredit geben wollen, ist es von Nachteil, dass Bargeld uns dabei hilft, unser Geldausgeben zu kontrollieren. Die Geheimdienste und Sicherheitsbehörden halten die Anonymität für einen großen Nachteil. Es lässt sich auch kaum bestreiten, dass die Verbrechensbekämpfung leichterfällt, wenn die Kommissare guten Zugang zu umfassenden Konto- und Telekommunikationsdaten haben. Kein Krimi, in dem uns das nicht deutlich vor Augen geführt wird. Wenn man allerdings gänzlich verhindern wollte, dass auch Kriminelle sich die bürgerlichen Freiheiten zunutze machen, dann müsste man diese abschaffen – und das käme einer Abschaffung der Demokratie gleich. Es kann immer nur um einen vernünftigen Ausgleich gehen. Der sollte in einem offenen, demokratischen Verfahren bestimmt werden. Wie wir jedoch noch sehen werden, wird die Abschaffung der Privatsphäre in Finanzdingen fernab der Parlamente in einem diffusen transnationalen Nirgendwo beschlossen, von Gruppen, die sich demokratischer Kontrolle gekonnt entziehen.

Auch für die Zahlungsabwickler und die IT-Branche, die unsere wertvollen Finanzdaten haben wollen, ist die Anonymität des Bargelds ein Ärgernis. Denn jede Transaktion, die wir ohne Datenspuren ausführen, verzerrt das Profil, das sie von uns erstellen, und entwertet es dadurch. Im Zweifel werden wir doch gerade die interessanten Transaktionen gerne bar abwickeln, die Rückschlüsse auf eine eingeschränkte statistische Kreditwürdigkeit zulassen oder die niedrige Attraktivität als Arbeitnehmer, schlechte Gesundheit oder Risikofreude signalisieren könnten. Je umfassender die Datenspeicherung und Auswertung wird, desto lästiger ist dieses Refugium für den Schutz unserer besonders sensiblen Daten für die Gegenseite. Arbeitgeber, die krankheitsanfällige oder politisch unangepasste Kandidaten aussortieren möchten, oder Versicherer, die nur Gesunde und vorsichtige Menschen versichern wollen, werden weniger für mein Profil zahlen, wenn es ihnen nicht zuverlässig verrät, ob ich rauche, viel Geld für Medikamente ausgebe oder eine radikale Zeitschrift lese.

Die Banken hätten es lieber, wenn unser Geld im Bankensystem eingesperrt bliebe, weil wir es nicht mehr als Bargeld abziehen können. Wenn dann das Bankensystem das nächste Mal kollektiv vor die Wand fährt, können einfach die eingesperrten Guthaben der Kunden entwertet werden, um die Banken zu sanieren. Die Kontoguthaben, auch Einlagen genannt, stehen auf der Sollseite der Bankbilanz. Sie sind eine Schuld den Einlegern gegenüber. Wenn auf der Habenseite der Bilanz nicht mehr genug steht, weil Verluste das Eigenkapital aufgezehrt haben, kann man die Bilanz sanieren, indem auch die Einlagen reduziert werden. Das kann entweder auf einen Streich geschehen, wie während der Finanzkrise in Zypern, oder allmählich, mit hohen Negativzinsen für ein paar Jahre. Wenn man minus 4 Prozent Zinsen auf sein Bankguthaben bekommt, ist es nach drei Jahren um gut ein Zehntel geschrumpft und die Schuld der Banken entsprechend geringer. Dann brauchen die Banken sich nicht mehr darauf verlassen, dass der Staat einspringt und sie rettet. Und der Staat ist ein großes Problem los.

Wie bei den Vorteilen von Münzen und Scheinen sollen auch die Nachteile von Bargeld für Steuerhinterzieher und Kriminelle nicht vergessen werden. Bargeld kann nur schwer und unter großem Risiko in großen Beträgen transportiert werden. Die beiden Gruppen nutzen daher spezialisierte Anwaltskanzleien und Banken, um digitales Geld, auch Buchgeld oder Giralgeld genannt, unter Verschleierung der wahren Herkunft oder Besitzverhältnisse in Steueroasen zu verbringen oder in den legalen Geldkreislauf einzuschleusen. Das wird zwar alles aufgezeichnet, aber mit gefälschten Rechnungen und ähnlichen Tricks lassen sich die Bücher passend frisieren. Davon, dass die großvolumigen illegalen und grauen Geldverschiebungen meist mit digitalem Geld getätigt werden, ist nie die Rede, wenn so argumentiert wird, als könne man mit einer Zurückdrängung des Bargelds Steuerhinterziehung, Kriminalität und sogar Terror beseitigen.

Und schließlich verdienen Unternehmen wie Visa, Microsoft und Vodafone, die die technische Infrastruktur bereitstellen, nichts an Bargeldtransaktionen. Jede Transaktion, die digitalisiert wird, ist für sie zusätzliches Geschäft. Wenn die alternative Bezahloption Bargeld wegfällt oder teurer wird, bietet das diesen Akteuren zudem die Chance, die eigenen Margen zu erhöhen.

Und so fahren Visa, MasterCard und Co. weltweit große Medienkampagnen, um uns klarzumachen, wie dumm und altmodisch das selbstständige Bezahlen mit Bargeld ist und wie modern und bequem das Bezahlen-Lassen. Sie bezahlen Restaurants dafür, die Bargeldannahme zu verweigern, und sorgen dafür, dass das groß durch die Medien geht. Sie statten Verkäufer von Obdachlosenzeitungen mit Lesegeräten aus, weil das unschlagbare PR bringt. Regierungen weltweit erlassen Gesetze und Regulierungen, die das Selber-Bezahlen verbieten, begrenzen, erschweren, teurer machen und in den Ruch des Kriminellen bringen.

Nicht nur die chinesische Regierung will alles über ihre Bürger wissen. Auch westliche Regierungen lieben den gläsernen

Bürger. Die globale Führungsmacht USA will sogar nach Möglichkeit alle Erdenbürger zuverlässig digital erfasst und kontrolliert sehen. Das soll dem sogenannten Krieg gegen den Terror dienen, aber auch die eigene Machtposition gegenüber Alliierten und Gegnern stärken. Und so kommt es, dass Regierungen aller Couleur, von Schweden bis Saudi-Arabien, einträchtig in einer ganz großen, öffentlich-privaten »Partnerschaft« gegen das Bargeld zusammenarbeiten, mit den global führenden amerikanischen Finanz- und IT-Konzernen als Partner.

Eine weltweit koordinierte Kampagne

Die überfallartige Entscheidung der indischen Regierung von November 2016, den größten Teil des umlaufenden Bargelds aus dem Verkehr zu ziehen, war nur das extremste Beispiel. Bei uns läuft das eleganter und indirekter ab. Da werden immer mehr Geldautomaten abgebaut, und die Banken verlangen plötzlich Gebühren für Barabhebungen. Händlern wird verboten, Kreditkartenkosten an Kunden weiterzugeben, und Taxifahrer müssen plötzlich Verträge mit Kreditkartenfirmen abschließen. Banken und Kaufleute, die mit Bargeld hantieren, werden mit schikanösen Regeln überzogen, die angeblich der Geldwäschebekämpfung dienen. Reisende, die mit wenigen Tausend Euro Bargeld über die Grenze wollen, müssen inzwischen damit rechnen, dass ein Zöllner das Geld konfisziert.

Wenn es nach der Prognose des ehemaligen Deutsche-Bank-Chefs John Cryan von Anfang 2016 geht, wird es im Jahr 2025 auch bei uns kein Bargeld mehr geben. Nach dem Willen führender Politiker von SPD und CDU im Bundestag würde man es uns bald verbieten, größere Rechnungen ohne Einschaltung der Finanzbranche selbst zu begleichen. Einige andere europäische Länder haben bereits solche Barzahlungsobergrenzen. Parallel wird dafür gesorgt, dass nichts mehr von dem, was wir digital bezahlen, den Polizeibehörden, den Sozial- und Steuerbehörden und den Geheimdiensten verborgen bleibt. Die letzten Reste des Bankgeheimnisses wurden beseitigt. Weltweit lässt sich in den letzten Jahren Ähnliches beobachten. Und das ist kein Zufall. Malawi, Nigeria, die Philippinen, Mexiko und Dutzende weitere Länder haben sogar feierlich erklärt, bald bargeldfrei werden zu wollen. In all diesen Ländern werden parallel zum Kampf gegen das Bargeld zentrale Regierungsdatenbanken mit den biometrischen Merkmalen aller Einwohner aufgebaut. All das ist Teil einer gut organsierten globalen Kampagne. Genauer gesagt sind es zwei Kampagnen, die eng miteinander verbunden sind. Die eine wird unter dem Schlagwort *finanzielle Inklusion* geführt. Das ist eine schönfärberische Umschreibung von Bargeldbeseitigung. Die zweite Kampagne versammelt sich hinter dem Schlachtruf *digitale Identität*. Unter dem Vorwand, jedem neu geborenen Erdenbürger einen Identitätsnachweis geben zu wollen, wie das die Entwicklungsziele der Vereinten Nationen fordern, betreibt diese Kampagne die zwangsweise biometrische Erfassung jedes Einzelnen – also auch der großen Mehrheit derer, die schon lange reichlich mit Identitätsnachweisen ausgestattet sind.

Betrieben werden diese Kampagnen von der G20-Gruppe der wichtigsten Wirtschaftsnationen, angeführt von der US-Regierung und im Konzert mit großen US-Konzernen und deren Stiftungen. Sie alle haben gemeinsam eine *Globale Partnerschaft für finanzielle Inklusion* gebildet. Deren Ziel ist es, die Digitalisierung des Zahlungsverkehrs und die biometrisch-digitale Erfassung aller Bürger weltweit durchzusetzen. Einbezogen in diese Partnerschaft ist eine ganze Batterie öffentlich-privater Allianzen, darunter eine *Besser-als-Bargeld-Allianz*, mit MasterCard, Visa, der Stiftung von Microsoft-Gründer Bill Gates und dem US-Außenministerium als Kernmitgliedern.

Hinter den Tarnbegriffen *finanzielle Inklusion*, *Recht auf Identität* und *Überwindung der digitalen Kluft* verstecken die immer gleichen Unternehmen wie MasterCard, Visa, PayPal, Microsoft und Vodafone ihre kommerziellen Interessen. Einbezogen in die globale Anti-Bargeld-Kampagne sind die ebenso informellen wie mächtigen transnationalen Gremien, in denen Bankaufseher, Regulierer und Sicherheitsbehörden gemeinsame Standards für Finanzgeschäfte entwickeln. Diese Standards werden überall Gesetz, auch bei uns, ohne dass Volksvertreter oder Datenschützer etwas zu sagen hätten. Die Standardsetzer haben sich von der *Globalen Partnerschaft für finanzielle Inklusion* darauf verpflichten lassen, ihre Standards möglichst bargeldfeindlich und überwachungsfreundlich auszugestalten. Vertreter der Bundesbank und der deutschen Behörden machen mit.

Aus dem transnationalen Schattenreich dieser Standardsetzer kommen die Vorgaben, die dazu führen, dass die EU-Kommission laut über Bargeldobergrenzen nachdenkt und dass sie dem Zoll die Kompetenz gibt, Bargeld jederzeit zu beschlagnahmen. Dort haben die schikanösen Regeln ihren Ursprung, mit denen Banken und Händler überzogen werden, um selbst bei Bargeld-Kleinbeträgen das letzte angebliche Geldwäscherisiko auszuschließen, während man die großen Fische weiter gewähren lässt. In diesem Schattenreich werden die Regeln verabredet, die dafür sorgen, dass man im Internet fast nicht mehr anonym einkaufen kann. Öffentlichkeit und Parlamente bekommen von dieser Entwicklung kaum etwas mit. So erklärt sich, dass die Totalüberwachung und langfristige Speicherung unserer digitalen Finanztransaktionen fast unbemerkt und unkommentiert bleibt, während über die weniger weitgehende Vorratsdatenspeicherung von Telekommunikationsdaten zu Recht heftig gestritten wird. Über Letztere wird in Parlamenten diskutiert und entschieden, während Erstere demokratiefern im transnationalen Nirgendwo ausgekungelt werden.

Deutlich ruppiger als in den Industrieländern treiben MasterCard und Co. die Bargeldabschaffung in den Entwicklungs- und Schwellenländern voran. Wer sich den informellen Anti-Bargeld-Regeln der Standardsetzer nicht »freiwillig« unterwirft, der bekommt Hilfsgelder gestrichen oder kommt gar auf eine schwarze Liste nicht kooperativer Staaten. Wer nicht genug Eifer beim Thema Bargeldbeseitigung und bei der digital-biometrischen Erfassung der Bürger zeigt, wird bei den Überprüfungen durch Weltbank und Internationalen Währungsfonds schlecht bewertet, und das kann schlimme wirtschaftliche Folgen haben.

Als Zuckerbrot finanziert die Stiftung von Bill Gates eine *Allianz für Finanzielle Inklusion*, die Zentralbanken von Entwicklungsländern mit Geld und mit technischer Hilfe von MasterCard und Visa beim Ausbau des digitalen Zahlungsverkehrs unterstützt. Das hat in mehreren großen Ländern schon zu MasterCard-Bezahlkarten geführt, die als staatliche Personalausweise fungieren. Die Inklusionsallianz von Gates ist auch mitverantwortlich dafür, dass arme Kenianer heute genötigt werden, an einen britisch kontrollierten Anbieter mobilen Geldes bis zu 40 Prozent Transaktionskosten abzudrücken.

Digitale Tendenz zum Weltgeld

Ein Grundprinzip der Digitalwirtschaft lautet: *The winner takes it all*, alles für den Sieger. Wer die Nase weit genug vorne hat, der wird irgendwann zu einem Fast-Monopolisten. Das hat vor allem zwei Gründe. Zum einen lassen Vernetzungsvorteile viele digitale Leistungen umso nützlicher werden, je mehr Menschen diese nutzen. Das gilt für eine Social-Media-Plattform ebenso wie für ein Computerprogramm, einen Bezahldienst oder eine Währung. Zum anderen kostet es oft fast nichts, eine digitale Leistung einem weiteren Kunden zur Verfügung zu stellen. Die Produktionskosten pro Stück oder Kunde sind daher umso niedriger, je mehr Kunden man hat. Nicht von ungefähr haben die Digitalunternehmen Apple, Amazon, Alphabet (Google), Microsoft und Facebook zusammen mit ein paar chinesischen Digitalunternehmen wie Alibaba und Tencent innerhalb weniger Jahre die Spitzenplätze der weltweit wertvollsten Unternehmen gestürmt. Sie vereinigen jeweils fast das gesamte Geschäft ihrer Branche auf sich und haben mangels Konkurrenz extrem hohe Gewinnmargen.

Digitales Geld lässt sich praktisch zu Nullkosten herstellen und international verbreiten, und es ist für die potenziellen Verwender umso nützlicher, je mehr andere dieses Geld nutzen. Aus diesen Gründen kann auch in Währungsfragen derjenige, der die Nase weit genug vorne hat, seine Konkurrenten immer weiter hinter sich lassen – jedenfalls, wenn die nationalen Regierungen sich dem nicht effektiv widersetzen können. Die mit Macht vorangetriebene globale Digitalisierung wird für eine Verdrängungskonkurrenz der Währungen sorgen, die darauf hinauslaufen könnte, dass es am Ende eine Weltwährung gibt. Die Hoheit über das Geld war bisher ein wesentlicher Machtfaktor nationaler Regierungen. Die Macht könnte daher zunehmend von den Hauptstädten in das Machtzentrum der Digitalwirtschaft wandern. Dieses liegt an der Westküste der USA. Dort dürfte auch das Machtzentrum eines möglichen künftigen globalen Währungsraums liegen. Die Dirigenten der IT-Konzerne haben durchaus Ambitionen erkennen lassen, die Macht zu übernehmen, die die nationalen Regierungen verlieren.

Was die Möchtegern-Weltherrscher aus dem Silicon Valley uns an Vorteilen der neuen Bezahlwelt verheißen, ähnelt dem Szenario, das Aldous Huxley 1932 in seinem berühmten Zukunftsroman *Schöne neue Welt* beschrieben hat: Die Kriminalität ist ausgerottet, weil die Überwachung einfach zu gut ist. Jeder zahlt seine Steuern. Sozialbetrug ist unmöglich. Eine Selbstschädigung der Menschen durch Unvernunft wird wirksam unterbunden. Wer Bluthochdruck hat, wird sich keine Schweinshaxe mehr kaufen, weil er sonst seine Krankenversicherung verliert. Fast alle sind glücklich in Huxleys schöner neuer Welt – werden sie doch darauf konditioniert, mit ihrem Los und ihrem Platz in der Gesellschaft zufrieden zu sein, und freizügig mit stimmungsaufhellenden Drogen versorgt. Und doch deuten die meisten Leser das Buch als eine Horrorvision. Denn eigenständiges Denken und Handeln ist in Huxleys schöner neuer Welt nur noch für die oberste Schicht der Entscheidungsträger vorgesehen.

Huxley hat seinem Roman ein Zitat des russischen Philosophen Nikolai Berdjajew vorangestellt:»Utopien sind verwirklichbar. Das Leben strebt ihnen entgegen.« Aber vielleicht wird ein neues Jahrhundert kommen, in dem Intellektuelle darüber nachdenken, wie man Utopien verhindern kann, und zu einer nicht-utopischen Gesellschaft zurückkehren, weniger perfekt und dafür freier.« Im Vorwort für eine Neuauflage schrieb Huxley 1949:»Alles in allem sieht es ganz so aus, als wäre uns Utopia viel näher, als irgendjemand es sich vor nur fünfzehn Jahren hätte vorstellen können. Damals verlegte ich diese Utopie sechshundert Jahre in die Zukunft. Heute scheint es durchaus möglich, dass uns dieser Schrecken binnen eines einzigen Jahrhunderts auf den Hals kommt.«[1] Huxley hatte Recht. Ganz offenkundig ist das 21. Jahrhundert die Epoche, in der wir verhindern müssen, dass bestimmte Utopien Wirklichkeit werden, die schon auf dem besten Weg dazu sind. Das können wir nur schaffen, wenn es uns gelingt, sie zu entzaubern – solange sie noch nicht die neue Normalität geworden sind und die Menschen gar nicht mehr außerhalb dieser Utopien denken können.

In Anbetracht der mächtigen Phalanx, gegen die das Bargeld und die bürgerlichen Freiheiten zu verteidigen sind, kann man niemandem den Wunsch nach einer technologischen Wunderwaffe verdenken. Kryptowährungen wie Bitcoin ziehen solche Hoffnungen auf sich. Sie verheißen, die guten Eigenschaften des Bargelds in die digitale Zukunft zu überführen. Sie versprechen Anonymität und den Schutz des Geldvermögens vor Bankenpleiten. Andere begeistern sich stattdessen für die Möglichkeit, dass der Staat selbst, über seine Zentralbank, ein Kryptogeld als digitalen Nachfolger des Bargelds herausbringt. Ein Geld, das nicht von Konkursen der Geschäftsbanken gefährdet wird, weil die Zentralbank selbst dafür garantiert. Ein Geld, bei dem der Staat dafür sorgt, dass ein ausreichendes Maß an Privatsphäre gewahrt bleibt.

Doch die Hoffnung, gesellschaftlichen Problemen mit technischen Lösungen beizukommen, ist immer trügerisch. Technische Lösungen erfüllen diese Aufgabe, wenn die gesellschaftlichen Bedingungen und Machtverhältnisse dafür günstig sind.

Wenn nicht, werden die Mächtigen jedes technische Mittel, das wir gegen sie wenden möchten, einfach gegen uns wenden, so wie es bei den Kryptowährungen bereits absehbar und bei staatlichem Kryptogeld kaum anders denkbar ist.

Stattdessen müssen wir den Weg gesellschaftlicher Veränderung gehen. Wir müssen die Volksvertreter aus ihrem Tiefschlaf reißen. Wir müssen ihnen und unseren Mitbürgern erklären, was gespielt wird. Sie müssen wissen, dass der Rückgang des Barzahlens keine Entwicklung ist, die von selbst stattfindet (und die mitnichten unausweichlich ist), sondern dass sie mit großem Nachdruck absichtsvoll betrieben wird. Regierungsvertreter, Bundesbanker und Vertreter der Europäischen Zentralbank müssen unter Rechtfertigungsdruck kommen, wenn sie bargeldfeindliche Standards mitbeschließen. Sie müssen uns erklären, wie es sein kann, dass sie sich in einer globalen Partnerschaft mit Konzernen wie MasterCard und Visa zusammengetan haben, um uns das Bargeld zu verleiden. Wenn diese Partnerschaft gesprengt wird, so wird man bald sehen, dass das Bargeld eine Renaissance erlebt, anstatt zu verschwinden. Denn in einer Welt, in der immer mehr von dem, was wir tun, digital erfasst und gespeichert wird, bietet das Barzahlen eine Oase der Selbstbestimmung und Privatsphäre, die immer wertvoller wird.

Lesehinweise

Das Manuskript zu diesem Buch wurde Ende Mai 2018 abgeschlossen. Spätere Entwicklungen werden allenfalls kurz erwähnt. Die Quellen der präsentierten Informationen sind in nach Kapiteln getrennten Endnoten aufgeführt. Magazin- und Zeitungsartikel, die mit (online) gekennzeichnet sind, können über den Titel per Suchmaschine aufgerufen werden. In Einzelfällen sind sie allerdings nur für Abonnenten zur Gänze sichtbar. Die meisten zitierten Studien sind ebenfalls im Internet über den Titel abrufbar. Im Literaturverzeichnis sind aus Gründen der Übersichtlichkeit nur Bücher, wissenschaftliche Aufsätze und Studien oder Broschüren aufgeführt, nicht jedoch Pressemitteilungen und Artikel in Tageszeitungen und Magazinen. Zitate wurden in aller Regel von mir aus dem Englischen übersetzt. Eine Übersetzungsunschärfe sollte daher mitgedacht werden. Oft stehen die Endnotenziffern am Ende eines Absatzes. Der Quellenverweis bezieht sich dann auf den gesamten Text ab Absatzbeginn oder ab der letzten Ziffer im gleichen Absatz.

1. MasterCard, Bill Gates und ihr »Krieg gegen das Bargeld«

Wenn jemand von einem »Krieg gegen das Bargeld« schreibt, erscheint er selbst wohlmeinenden Lesern leicht als Schwarzmaler mit paranoiden Anwandlungen. Viele kommen jedoch erfahrungsgemäß ins Grübeln, wenn sie erfahren, dass es eine *Better Than Cash Alliance* gibt, also eine *Besser-als-Bargeld-Allianz*, die es sich zur Aufgabe gemacht hat, weltweit Bargeld durch digitale Bezahlverfahren zu ersetzen, und dass sie darin von den Regierungen der 20 größten Wirtschaftsnationen ausdrücklich unterstützt wird. Nachdenklich sollte auch stimmen, dass der Ausdruck *War on Cash*, also *Krieg gegen das Bargeld*, nicht etwa eine Übertreibung verbissener Verteidiger des Bargelds ist. Vielmehr haben Mitglieder ebendieser *Besser-als-Bargeld-Allianz* selbst den Ausdruck als Schlachtruf für die Steigerung ihrer Gewinne geprägt.

Auf einer Konferenz zum Zahlungsverkehr im Jahr 2005 sprachen MasterCard-Vertreter davon, mit einer neuen Generation von Kartenlösungen »in den Krieg zu ziehen«. Konkurrent Visa gab sich zuversichtlich, »den Krieg gegen das Bargeld« zu gewinnen. Gemeinsam wollten sie »Bargeld aus dem Finanzsystem eliminieren«. In einem wohlmeinenden Bericht des Branchenblatts *European Card Review* mit dem Titel *War on Cash* heißt es dazu: »Obwohl Banken und Regierungen der Wunsch eint, Bargeld aus dem System zu entfernen, überlassen die Regierungen den anderen die Initiative, weil sie sich sorgen, dass der Krieg gegen das Bargeld in der Öffentlichkeit nicht gut ankommt.«[1] Der zuständige Abteilungsleiter der EU-Kommission wird zitiert mit den Worten:»Wir teilen die Ziele des Kriegs gegen das Bargeld, aber um einen richtigen Krieg gegen das Bargeld zu führen, braucht man eine passende Preissetzung.«[2] Das sollte wohl heißen:»Macht Kartenzahlungen billiger, dann werden wir das Bargeld schneller los.«Alexander Labak, Präsident von Master-Card Europe, erklärte in seiner Rede zur *Zukunft nach dem Bargeld*, dass man den Krieg gegen das Bargeld gewinnen müsse – und werde, denn »altmodische Münzen und Scheine bedeuten beträchtliche Kosten für unsere Gesellschaft«.[3] Die EU-Kommission assistierte mit windigen Berechnungen über die angeblich hohen Kosten des Bargelds. Den Grund für den Eifer lieferte die amerikanische Unternehmensberatung McKinsey mit einer Berechnung, wonach die Gewinne der Finanzbranche massiv steigen würden, wenn sie Bargeld zurückdrängen könnten.

Auf ihren Branchentreffen und vor Investment-Analysten können Banken und Kartenfirmen gar nicht laut genug gegen das Bargeld trommeln. Gegenüber der Öffentlichkeit aber ist es erklärte Strategie leisezutreten. Die Bargeldverdrängung soll als ungeplanter Nebeneffekt anderweitig motivierter Maßnahmen erscheinen und graduell daherkommen, empfiehlt der Internationale Währungsfonds (IWF). Regierungen rät der IWF, den Privatsektor vorzuschicken. Denn mit direkten staatlichen Eingriffen provoziere man unnötigen Widerstand in der Bevölkerung. Die Regierungen sollen mit harmlos erscheinenden Schritten anfangen, wie etwa der Abschaffung von großen Geldscheinen und mit zunächst großzügigen Obergrenzen für Barzahlungen. All diese Maßnahmen sollen ungeplant erscheinen, in Wahrheit jedoch international koordiniert und eng mit der privaten Finanzbranche abgestimmt werden, so der IWF-Autor.[4]

Was man sich an solchen »harmlos erscheinenden Schritten« ausdenken kann und inzwischen auch vielerorts umgesetzt hat, stellte McKinsey den Regierungen in einem Papier zum Zahlungsverkehr zusammen:[5] Darin heißt es, Regierungen, Banken und Interessenträger der Bezahlbranche müssten zusammenarbeiten, um einen »systematischen Krieg gegen das Bargeld« zu führen. Als unauffällige Maßnahmen könne man Händlern das Akzeptieren von Kartenzahlungen vorschreiben und verbieten, die Kosten an die kartenzahlenden Kunden weiterzugeben. Den Bargeldverwendern aber sollen »die wahren Kosten« auferlegt werden, einschließlich aller indirekten. Die Standards für Sicherheit und Wartung im Bargeldkreislauf sollten hochgesetzt werden, um Bargeld teurer zu machen. In Finnland sei es gelungen, Bargeld stark zurückzudrängen, indem die Zahlungsdienstleister ein Kartell bildeten und Bargeld deutlich verteuerten, preist McKinsey. Auch in Kanada, Norwegen und Australien hätten die Zentralbanken sich mit den anderen Banken zusammengetan, um das Gleiche zu erreichen.

Die Besser-als-Bargeld-Allianz

Die Alliierten von Visa und MasterCard im Krieg gegen das Bargeld sind nicht schwer zu finden, wenn man einmal auf die *Besser-als-Bargeld-Allianz* gestoßen ist, die sich zwar im Hintergrund hält, aber ihre Existenz nicht verheimlicht. Gründungsmitglieder waren 2012, neben der Stiftung von Microsoft-Gründer Bill Gates und seiner Frau Melinda, das Omidyar Network von Ebay-Gründer Pierre Omidyar, die große US-Bank Citibank und der Kreditkartenanbieter Visa sowie die Ford-Stiftung. Das US-Außenministerium ist über die dort angesiedelte Entwicklungshilfebehörde USAID mit dabei. Der *United Nations Capital Development Fund* (UNCDF) in New York stellt das Sekretariat.

MasterCard war nicht unter den offiziellen Gründern. Man wollte die Medien wohl doch nicht mit der Nase auf die Heuchelei stoßen, dass ein Unternehmen, das bis dahin aus kommerziellen Gründen dem Bargeld den Krieg erklärt hatte, zu den Gründern zählte. Erst mit einem Jahr Schamfrist schloss sich MasterCard dieser öffentlich-privaten Anti-Bargeld-Allianz aus Silicon Valley, Wall Street und US-Regierung an.[6] Mit »Silicon Valley« als

Kurzform sollen im Weiteren alle IT-Konzerne und Start-ups der US-Westküste gemeint sein, auch wenn ihr Hauptquartier nicht in jedem Fall in der Region mit dem Spitznamen »Siliziumtal«, südlich von San Francisco, liegt. Mit der »Wall Street« sind die großen, weltweit aktiven US-Finanzunternehmen gemeint.

Es gibt ein deutliches Indiz dafür, dass MasterCard neben dem US-Außenministerium und der Gates-Stiftung zu den treibenden Kräften der Allianz-Gründung gehörte. In den beiden Jahren davor waren die Gates-Stiftung und MasterCard die größten Spender des UNCDF. Sie kamen gemeinsam für über 20 Prozent des Budgets der Organisation auf, während sie in den Jahren zuvor nur kleine Summen beigetragen hatten. Diese Großzügigkeit dürfte in New York die Bereitschaft gesteigert haben, der *Besser-als-Bargeld-Allianz* den erbetenen Platz im eigenen Haus zu geben und damit die Möglichkeit, nach außen so zu tun, als gehöre man zur UN. Das verleiht scheinbare Legitimität. Dabei gehört der UNCDF nicht einmal richtig zur UN-Familie. Er ist eine autonome Organisation unter dem Dach der UN, so etwas wie deren illegitimes Kind, finanzschwach und daher mit Geld leicht für solche Unternehmungen zu gewinnen.[7] Man gehört auch noch nicht zu den Vereinten Nationen, nur weil eine Organisation mit »UN« im Namen die Büroräume und eine Adresse zur Verfügung stellt. Dennoch tut die Lobby-Gruppe offensiv so, als habe sie ein UN-Mandat. Wenn sie eine Broschüre veröffentlicht, die Regierungen und sonstige Kooperationspartner für den Kampf gegen das Bargeld mobilisieren soll, dann vermarktet sie diese regelmäßig als UN-Bericht und nennt sich »eine UN-basierte Organisation«.[8]

Die offizielle Programmatik der Allianz steckt in der länglichen Überschrift der Pressemitteilung, mit der MasterCard den eigenen Beitritt verkündete: *1,5-Millionen-Dollar Zusage stärkt das Momentum der globalen Bewegung, die die Menschen durch Umstellung von Bargeld auf elektronisches Bezahlen ermächtigen und das Wirtschaftswachstum steigern will.* Man sei begeistert, mit der Allianz die Menschen über die hohen Kosten des Bargelds unterrichten zu können, schrieb MasterCard. Regierungen,»Nichtregierungsorganisationen«[9] und Unternehmen müssten eine Allianz bilden, um das zu beenden.[10] Es gehört schon Chuzpe dazu, von»Ermächtigung« zu sprechen, wenn man den Menschen die Möglichkeit nehmen will, mit Zahlungsmitteln unter eigener Kontrolle selbst zu bezahlen, und sie stattdessen zwingen möchte, Mittelsmänner einzuschalten und Zahlungsmittel zu verwenden, über die andere die letztendliche Kontrolle haben. Bis 2010 ging es MasterCard beim Krieg gegen das Bargeld darum, die eigenen Gewinne zu steigern. 2011 entdeckte das Unternehmen dann offenbar, dass es wichtiger ist, die Welt zu verbessern und die Armut zu bekämpfen. Die Rede vom»Krieg gegen das Bargeld« ist seither nicht mehr opportun. Die vermutlich letzte Veröffentlichung, in der der Ausdruck von MasterCard selbst verwendet wurde, stammt aus dem Jahr 2010. Damals schrieb das Wirtschaftsmagazin *Forbes* in einem Artikel über die großen Gewinnsteigerungen, die MasterCard erwartete: »Die Gewinne, sagt das Unternehmen, kommen vom Wachstum elektronischer Bezahlverfahren, das angetrieben wird von dem, was MasterCard-Chef Ajay Banga den Krieg gegen das Bargeld nennt.«[11]

Die *Besser-als-Bargeld-Allianz* erklärt ihre Ziele auf ihrer Website so:»Digitales Bezahlen hat sich zu einem wichtigen Werkzeug zur Förderung der finanziellen Inklusion entwickelt, weil es die Kosten von Finanzdiensten für die Armen senkt und die Sicherheit und Bequemlichkeit der Nutzung von Spar-, Zahlungsverkehrs- und Versicherungsprodukten erhöht.«[12] Was bis dahin »Krieg gegen das Bargeld« hieß, kommt seither unter der menschenfreundlich klingenden Wendung»finanzielle Inklusion« daher. Der Leser denkt dabei unwillkürlich an Kinder und Jugendliche mit Handicap, die in den Klassenverband ihrer nicht behinderten Altersgenossen aufgenommen werden, anstatt in spezielle Einrichtungen»abgeschoben« zu werden.

In der Praxis bedeutet finanzielle Inklusion jedoch das Gleiche wie vorher der Krieg gegen das Bargeld. Es geht darum, dass weniger bar bezahlt werden soll, insbesondere von armen Menschen, die bisher kaum Bankdienstleistungen nutzen. Dagegen ist im Prinzip nichts einzuwenden. Es ist das ganz normale kommerzielle Ziel von Finanzdienstleistern, das durchaus mit den Interessen möglicher Kunden harmonieren kann. Wenn die Finanzbranche den Armen Angebote macht, die bezahlbar und nützlicher sind als das kostenlose Bargeld, dann hilft das diesen Armen und bringt gleichzeitig den Unternehmen Gewinne. Das ist das segensreiche Wirken der Marktwirtschaft. Etwas Besonderes und besonders Förderungswürdiges ist es jedoch nicht. Das versuchen die Propagandisten der Bargeldbeseitigung daraus zu machen, indem sie argumentieren, finanzielle Inklusion sei so etwas wie ein Wundermittel gegen Armut und Unterentwicklung. »Finanzielle Inklusion wird weithin als essenziell für die Bekämpfung der Armut und das Erzielen von inklusivem Wachstum betrachtet«, verheißt die *Besser-als-Bargeld-Allianz* in verräterischem Passiv auf ihrer Webseite. Auch die Ungleichheit wird angeblich vermindert, wenn weniger bar bezahlt wird.

Seit sie die Ausweitung des eigenen Geschäfts als unabdingbar für die Bekämpfung von Armut und Unterentwicklung definiert haben, können MasterCard und Visa offen eine vermeintlich wohlmeinende Verschwörung zur globalen Beseitigung des Bargelds vorantreiben. Auch wenn man tunlichst keine Pressekonferenzen abhält und bestrebt ist, die Sache in Spezialistenkreisen zu halten, ist echte Geheimhaltung nicht nötig. Wenn die Mitglieder der Allianz eigennütziger Motive verdächtigt werden, müssen sie ihr Geschäftsinteresse nicht einmal leugnen. Denn dieses Geschäftsinteresse deckt sich angeblich vollständig mit dem noblen Ziel der globalen Armutsbekämpfung.

Worum es den Kreditkartenunternehmen in Wirklichkeit geht und gehen muss, brachte 2010 der Branchennewsletter *Nilson Report* besonders treffend auf den Punkt: »Visa und MasterCard werden neues Geschäft generieren müssen, und das ist in Übersee. Sie brauchen neues jungfräuliches Territorium, in dem die Margen nicht durch Wettbewerb gedrückt sind.«[13]

Im Lauf der Jahre wurden von Washington eine ganze Reihe von Entwicklungs- und Schwellenländern mit Nachdruck und Erfolg eingeladen, bei der *Besser-als-Bargeld-Allianz* Mitglied zu werden.

Die Motive der Allianzpartner

Es sind nicht nur die Kreditkartenunternehmen, die ihre kommerziellen Interessen hinter der Fassade der Weltverbesserer verstecken. Nach einer Studie des McKinsey Global Institute würde die Finanzbranche jedes Jahr die astronomische und sicherlich übertriebene Summe von 400 Milliarden Dollar an direkten Kosten sparen, wenn der Zahlungsverkehr voll digitalisiert wäre. Die größere und aktivere Kundenbasis könnte darüber hinaus die Einnahmen um 4,2 Billionen Dollar jährlich steigern.[14]

Das erklärt, trotz aller Übertreibung, ganz gut, warum die Citibank als Gründungsmitglied der *Besser-als-Bargeld-Allianz* dabei war. Als eine der größten und international aktivsten Banken der Welt teilt sie das Interesse aller Banken am Verschwinden des Bargelds. Die Bargeldversorgung kostet die Banken mehr Geld, als sie einbringt. Außerdem hat die Beseitigung von Bargeld den für uns unschönen, für die Banken aber wertvollen Effekt, dass alle mit ihrem Geld im Bankensystem sozusagen eingesperrt werden. Man kann sein Geld zwar noch von einer Bank zur anderen verschieben, wenn es kein Bargeld mehr gibt, man kann es aber nicht mehr aus dem Bankensystem herausholen. Die Banken müssen keine klamme Regierung mehr nötigen, Milliarden in die Hand zu nehmen, um sie zu retten, wenn sie sich kollektiv verzockt haben. Stattdessen können sie allmählich über Negativzinsen saniert werden, die die Verpflichtungen gegenüber ihren Einlegern jedes Jahr reduzieren. Oder es geschieht auf einen Schlag, indem der Staat verfügt, dass die Einlagen um 20, 30 oder 50 Prozent zu kürzen sind. Beidem können sich die Bankkunden nicht entziehen, wenn sie ihr Geld mangels Bargeld nicht mehr aus dem Bankensystem herausbekommen.

Eine weitere wichtige Gruppe in der Anti-Bargeld-Allianz sind die Großkonzerne der Informationstechnologie von der US-Westküste. Sie sind ebenfalls aus kommerziellen Gründen brennend an finanzieller Inklusion interessiert. Daten sind die Rohstoffe des 21. Jahrhunderts, wie Bundeskanzlerin Angela Merkel neuerdings gerne sagt. In den Worten einer EU-Kommissarin sind sie »das neue Öl des Internets und die neue Währung«.[15] Was früher die Ölbarone waren, sind heute Microsoft, Alphabet (der Mutterkonzern von Google), Amazon, Apple und Facebook sowie ihre chinesischen Pendants Baidu, Alibaba und Tencent. Das sind nicht von ungefähr die wertvollsten Unternehmen der Welt, gemessen am Aktienkapital. Sie stellen die Programme, die Geräte, die Server und die Plattformen der digitalen Wirtschaft. Sie bekommen dafür manchmal Geld, vor allem aber Daten, die sie in Geld und Macht ummünzen. Beim Bargeldverkehr fallen keine Daten an, die sie abgreifen und verwerten können, und kein Dienstleister kann direkt abkassieren. Beim digitalen Geldverkehr fallen dagegen die wertvollsten Daten an: Daten darüber, wie viel Geld wir haben und wofür genau wir es ausgeben. Auch bei der digitalen Identifikation, die wichtig für die Ausweitung des bargeldlosen Zahlungsverkehrs ist, sind die Silicon-Valley-Firmen und ihre chinesischen Pendants führend.

Besonders schön dokumentiert ist eine mögliche Nutzung von Zahlungsverkehrsdaten durch einen Patentantrag. Das Patent schützt ein Verfahren, mit dem MasterCard aus den Daten über Einkäufe seiner Kunden deren Größe und Gewicht berechnet, um diese Information an Fluggesellschaften zu verkaufen. Der Fluggesellschaft soll es mithilfe dieser Informationen ermöglicht werden, dem Fluggast einen passenden Sitz zuzuweisen. Sie könnte die Kunden natürlich einfach nach Größe und Gewicht fragen. Die Kunden würden auf diese Frage aber möglicherweise oft nicht wahrheitsgemäß antworten, mutmaßt MasterCard.[16]

Dan Schulman, der Chef des weltweit führenden Internet-Bezahldienstes PayPal, von dessen Mutter Ebay das Geld des Omidyar Network stammt, nahm 2015 an einem *Financial Inclusion*

Forum in Washington teil. Dort erläuterte er, finanzielle Inklusion sei eine riesige Geschäftsgelegenheit und ein Modewort, das bedeute,»die Leute ins System zu bringen«.[17] Die Verbindung von Bargeldzurückdrängung und den kommerziellen Interessen von PayPal ist ziemlich offenkundig. Doch auch das Omidyar Network hat entsprechende Interessen. Es ist ein Hybrid aus gemeinnütziger Stiftung und kommerziell-gemeinnützigem Wagniskapitalunternehmen. Als solches ist Omidyar Network hochinteressiert an finanzieller Inklusion und digitaler Identität. »Digitale Identität ist eine notwendige Bedingung für den Zugang zu Online-Banking, zu Sozialleistungen von der Regierung und für viele andere Dienste«, heißt es auf der Omidyar-Webseite. »Beim Aufbau unseres Portfolios in digitaler Identität werden wir in innovative Start-ups investieren, Forschung unterstützen und an politischen und technologischen Lösungen arbeiten, um sicherzustellen, dass Identitätssysteme so gestaltet werden, dass sie wirtschaftliche und soziale Inklusion für alle erweitern.«[18]

Die meisten Computer und Programme der öffentlichen Hand weltweit basieren auf der Windows-Benutzeroberfläche von Microsoft, dem Konzern, der die Bill & Melinda Gates Foundation speist. Pro Jahr zahlen allein deutsche Bundesbehörden mehr als eine viertel Milliarde Euro an Lizenzgebühren an Microsoft.[19] Auch sehr viele der Gerätschaften, mit denen die Menschen biometrisch erfasst werden, sind Windows-basiert. Dadurch bringt die globale finanzielle Inklusion Microsoft viel zusätzliches Geschäft und vor allem besonders wertvolle Daten. Microsoft ist zudem einer der großen Spieler in Sachen Gesichtserkennungs- und Biometrie-Software und im Cloud-Computing.

Die US-Regierung ist über die Entwicklungshilfebehörde USAID Teil der *Besser-als-Bargeld-Allianz*. Sie tut dabei das, was so gut wie jede Regierung tut: Sie macht sich das Geschäftsinteresse der heimischen Finanz- und IT-Dienstleister zu eigen und fördert diese nach Kräften. Schließlich sind es US-Konzerne, die global den internationalen Zahlungsverkehr, das Investmentbanking, das Internet, die sozialen Medien, den Markt für Speichermedien

(Cloud), das Softwareangebot und weite Teile des IT-Hardware-marktes dominieren. Diese Konzerne erwirtschaften einen sehr hohen Außenhandelsüberschuss mit Finanz- und IT-Dienstleistungen. 2015 betrugen die US-Exporte von Bankdienstleistungen 74 Milliarden Dollar, bei Importen von nur 18 Milliarden Dollar. Bei IT-Soft- und Hardware dürfte der Überschuss noch erheblich höher sein. Entsprechend gilt der US-Regierung die innovative Finanztechnologie, kurz FinTech, als strategisch wichtiger Wirtschaftszweig. In einem »White Paper« von Januar 2017 schreibt sie, die globale Führerschaft der USA zu bewahren, setzte voraus, in den USA beheimatete FinTech-Unternehmen beim Export ihrer Produkte und Dienstleistungen zu unterstützen.

Die darüber hinausgehenden strategischen Interessen der US-Regierung sind ebenso weitreichend wie ihre Möglichkeiten, diese Interessen zu verfolgen. Als Präsident Donald Trump 2017 Kürzungen des Entwicklungshilfebudgets ankündigte, wurde er über die Interessenlage der US-Regierung belehrt: Kürzungen des Entwicklungshilfebudgets dürften keinesfalls dazu führen, dass auch die Förderung der finanziellen Inklusion reduziert wird. Denn diese Hilfen nützten den US-Unternehmen und der nationalen Sicherheit. Amerikanische Finanzinstitute seien global führend. »Wenn all diese Akteure zusammenarbeiten, unter dem Schirm der US-Regierung, können sie eine finanziell eingegliederte Welt erschaffen«, mahnte Elisabeth Rhyne vom *Center for Financial Inclusion*. Sie hatte zuvor eine Mikrokreditinitiative von USAID geleitet.[20] Auch wegen der Vorteile für die nationale Sicherheit machte Rhyne ihrem Präsidenten die globale Bargeldzurückdrängung schmackhaft: »Indem finanzielle Inklusion Finanzströme sichtbarer macht, macht sie es schwerer, Terrorismus zu finanzieren.«

Wir erinnern uns an das Zitat von PayPal-Chef Schulman, finanzielle Inklusion bedeute, »die Leute ins System zu bringen«. Im System können sie dann, wie Microsoft-Gründer Bill Gates es auf der gleichen Veranstaltung in Washington ausdrückte, »beobachtet und bedient« werden. Gewinnträchtig bedient von meist amerikanischen Unternehmen, beobachtet von den US-Diensten. Diesen riet Gates, zu verhindern, dass Finanzströme über ein System abgewickelt würden, mit dem die USA nicht verbunden seien. Sonst sei es nämlich viel schwieriger, »die Transaktionen zu verfolgen, die man kennen sollte, und die Transaktionen zu blockieren, die man blockieren möchte«.[21]

Das war keineswegs ein ganz neuer Gedankengang. Schon 2012 hatte US-Präsident Obama per Dekret einen *Rat für globale Entwicklung* eingesetzt, angesiedelt bei USAID. Dieses Gremium sollte ihn darin beraten, per Entwicklungspolitik die Macht der USA zu mehren. Die ersten Sätze des Dekrets erklären, worum es der US-Regierung bei Entwicklungshilfe geht: »Um zu helfen, die nationale Sicherheit zu verteidigen und die amerikanischen wirtschaftlichen (...) und strategischen Interessen in der Welt zu fördern, ist es die Politik der Bundesregierung, Entwicklung in den Rang einer besonders wichtigen Säule der amerikanischen Macht zu heben.«[22] In diesem Sinne ist das Statement von USAID darüber zu verstehen, wie man die Entwicklungsziele der US-Regierung umsetzen hilft: »USAID ermutigt Regierungen, ein Regulierungsumfeld zu schaffen, das Wachstum digitaler Zahlungen begünstigt, und arbeitet mit Regierungen daran, digitale Finanzdienstleistungen für die Armen auszuweiten.« Außerdem sorgt USAID dafür, dass eigene Zahlungen und solche von anderen Gebern nur bargeldlos verteilt werden, um Nachfrage nach digitalen Zahlungsmöglichkeiten zu schaffen.[23]

Eine Vertreterin der allgegenwärtigen Gates-Stiftung war Mitglied im *Rat für globale Entwicklung* des Präsidenten, außerdem eine ganze Reihe von Vertretern der Finanzbranche. Wie der Präsident sicher nicht anders erwartet hatte, riet ihm diese von Wall Street und Silicon Valley dominierte Truppe, die sogenannte finanzielle Inklusion zur obersten Priorität der amerikanischen Entwicklungs- und Sicherheitspolitik zu machen.

Mit nationaler Sicherheit und den strategischen US-Interessen hat Bargeldbeseitigung auf mehrfache Weise zu tun. Das *Center for a New American Security* (CNAS), ein parteiübergreifendes geostrategisches Institut von Demokraten und Republikanern, nennt Finanzsanktionen »die neuen Werkzeuge des Wirtschaftskriegs«. Die Größe, Liquidität und Integrität des US-Finanzsystems seien wichtige strategische Stärken der USA, gerade auch, weil man durch Finanzsanktionen Länder, Unternehmen oder Personen davon ausschließen kann.[24] Jede international tätige Bank ist durch die USA erpressbar, weil der Lizenzentzug für das Dollar- und US-Geschäft dem Ruin gleichkommt. Man denke nur an die Deutsche Bank, die 2016 monatelang mit dem Finanzministerium der USA darüber verhandeln durfte, ob sie nun 14 Milliarden Dollar Strafe bezahlt und daran wahrscheinlich pleitegeht oder mit der Hälfte davonkommt.[25]

Wenn man die größten Banken fast jedes Landes auch ohne Gerichtsverhandlung in die Pleite treiben kann, wie es dem US-Finanzministerium offensteht, dann kann man auch Macht über deren Regierungen ausüben. Je intensiver möglichst viele Länder und Menschen möglichst tief in dieses Finanzsystem integriert sind, desto größer ist die Sanktionsmacht. Außerdem geht mit der Digitalisierung des Zahlungsverkehrs oft eine zunehmende Verwendung des Dollars einher. Für die US-Unternehmen, die in Afrika Zahlungsverkehr per Mobiltelefon anbieten, ist es zum Beispiel attraktiv und leicht, auch Zahlungsverkehr in Dollar anzubieten.

Mit »nationaler Sicherheit« ist in der Regel entweder militärische und sonstige Macht oder der Kampf gegen den Terror gemeint. Terrorismus kann in den hintersten Winkeln Pakistans, des Jemen, Malis, Nigerias und vieler anderer Länder ausgebrütet werden. Man kann diese unmöglich alle mit Beobachtern vor Ort im Blick behalten. Deshalb wird eine automatisierbare und zentralisierbare Form der Überwachung vorangetrieben, indem man daran arbeitet, dass auch in den zurückgebliebensten Weltgegenden Bargeld durch elektronisches Bezahlen abgelöst wird. Das Silicon Valley ist eng involviert. So schrieben Beschäftigte von Google 2018 einen Protestbrief an die Unternehmensführung, als die Zusammenarbeit von Google mit dem Drohnenprogramm der Regierung bekannt wurde. Das Projekt Maven, an dem Google beteiligt ist, dient dem erklärten Zweck, die Nutzung von Big Data und Maschinenlernen durch das US-Militär voranzubringen. [26] Wenn es kein Bargeld mehr gibt und durch biometrische Identifizierung niemand mehr inkognito ein Mobiltelefon oder einen Computer benutzen kann, dann rückt das Ziel näher, mit Drohnenangriffen nur die Menschen zu töten, die Anschläge planen – und nicht mehr gar so viele Unschuldige. Und für weniger dramatische Fälle von abweichendem und unerwünschtem Verhalten eröffnen sich Möglichkeiten für abgestufte Sanktionen, von einer Herabsetzung der Kreditwürdigkeit bis hin zu einer Sperrung der Konten von Unternehmen oder Personen.

USAID, die Weltbank und die öffentlich-private Partnerschaft

Im Hintergrund wirkt eine mächtige Organisation, in der die *Besser-als-Bargeld*-Konzerne ebenfalls einflussreiche Mitglieder sind. Der Klub nennt sich »*das* Forum für öffentlich-private Kooperation« und heißt World Economic Forum oder Weltwirtschaftsforum. Die politische Macht dieses Klubs der Milliardäre und Großkonzerne lässt sich schon daran ermessen, dass beim Jahrestreffen 2018 in Davos Donald Trump, Angela Merkel, Theresa May, Emmanuel Macron, Jean-Claude Juncker, Justin Trudeau, Narendra Modi und rund 70 weitere Staats- und Regierungschefs ihre Aufwartung machten.

Das Weltwirtschaftsforum unterhält oder unterhielt selbst Programme für die Förderung der Digitalisierung des Zahlungsverkehrs und, damit zusammenhängend, zur Unterstützung des Aufbaus umfassender biometrischer Bevölkerungsdatenbanken. Dort wird zum Beispiel ganz konkret verabredet, dass große multinationale Konzerne wie der Textilriese Gap nun von ihren Lieferanten in armen Ländern verlangen, ganz auf digitalen Zahlungsverkehr umzustellen. Lokale Unternehmen, die sich weigern, ihre Arbeiter und Lieferanten nur noch bargeldlos zu bezahlen, werden ausgelistet. [27]

Als die G7-Gruppe der größten Wirtschaftsnationen dem Weltwirtschaftsforum im Jahr 2000 Gelegenheit gab, eine Wunschliste zur Förderung der globalen Digitalisierung aufzustellen, wünschten sich die Konzerne formelle Prozeduren für die öffentlich-private Zusammenarbeit.[28] Diesem Wunsch kam USAID mit den *Global Development Partnerships* nach – *Globalen Entwicklungspartnerschaften,* mit denen sich die Entwicklungsbehörde ganz ungeniert als Dienstleisterin der Wall Street und des Silicon Valley gebärdet. »US-Unternehmen betrachten Entwicklung zunehmend als zentrale strategische Angelegenheit statt als ein Thema der Philanthropie«, wirbt USAID für private Partner.[29] Diesen wird einiges geboten: Die *Globalen Entwicklungspartnerschaften* wollten neben den Entwicklungszielen der US-Regierung auch die Geschäftsinteressen des privaten Sektors fördern, heißt es. Sie erschlössen den Unternehmen neue Märkte für günstige Produkte. Eine solche Entwicklungspartnerschaft zur Förderung des Geschäftsinteresses der beteiligten Unternehmen und der strategischen Interessen der US-Regierung sei die *Besser-als-Bargeld-Allianz.*

Auch die Weltbank zeigte sich sehr offen für das Anliegen des Weltwirtschaftsforums. Sie sieht sich heute als Katalysator für das Engagement großer internationaler Konzerne in Entwicklungs- und Schwellenländern. Weltbankpräsident Jim Yong Kim setzt nicht mehr so sehr auf staatliches Geld. Er will private Investoren davon überzeugen, dass sie gutes Geld verdienen können, wenn sie in Projekte mit der Weltbank investieren. Ein Bericht der *New York Times* kommentiert das im Titel wohlwollend so: *Die Weltbank erfindet sich neu als Geschöpf der Wall Street.*[30]

Die Weltbank ist wichtig, weil sie die entscheidende Rolle in einer Gruppe spielt, die so etwas wie die ältere Schwester der *Besser-als-Bargeld-Allianz ist,* einer Gruppe, die schon länger ähnliche Ziele verfolgt. Die Gruppe hat das angebliche Wohl der Armen sogar im Namen. Sie heißt *Consultative Group to Assist the Poor* (CGAP), übersetzt: *Beratungsgruppe zur Unterstützung der Armen,* und erblickte 1995 das Licht der Welt. Anfangs stand »P« für *Poo-*

rest, die Ärmsten also. Das änderte man bald stillschweigend in »P« wie *Poor*, die Armen, mutmaßlich, weil die Ärmsten für gewinnorientierte Unternehmen eine zu kleine und zu wenig zahlungskräftige Zielgruppe sind.[31] Mit dabei bei der Gründung von CGAP waren die meisten der späteren Gründungsmitglieder der *Besser-als-Bargeld-Allianz*: Bill & Melinda Gates Foundation, Omidyar Network, MasterCard und Citibank. Heute sind die beiden sich stark überschneidenden Gruppen gemeinsam führend in der globalen Anti-Bargeld-Kampagne aktiv.

Das Sekretariat der Consultative Group ist bei der Weltbank in Washington angesiedelt. Während USAID direkt der US-Regierung untersteht, ist das bei der Weltbank und deren Schwesterorganisation Internationaler Währungsfonds (IWF) indirekt der Fall. Der US-Sicherheitsberater und Geostratege Zbigniew Brzezinski beschrieb die wahren Machtverhältnisse 1998 so: Offiziell verträten beide Institutionen globale Interessen, in Wirklichkeit würden sie jedoch von den USA dominiert, die sie 1944 aus der Taufe hoben.[32] Die USA stellen immer den Weltbankpräsidenten und bestimmen, wo es langgeht. Schlaglichtartig wurde das deutlich, als der Chefvolkswirt der Weltbank, Paul Romer, Anfang 2018 öffentlich machte, dass die Weltbank jahrelang die Beurteilungen Chiles manipuliert hatte, um eine linke Regierung schlecht und eine US-freundliche rechte Regierung gut aussehen zu lassen. Er verlor umgehend seinen Job. Wirtschaftswissenschaftler haben nachgewiesen, dass vor allem die Interessen der USA die Entscheidungen von Weltbank und IWF bestimmen.[33]

Von Mikrokrediten über finanzielle Inklusion zur Bargeldabschaffung

Die große Überschneidung der Mitglieder zwischen *Consultative Group* und *Besser-als-Bargeld-Allianz* ist kein Zufall, denn das Hauptanliegen beider Gruppierungen ist letztlich dasselbe: möglichst viele Menschen möglichst eng in das von den USA dominierte formelle Finanzsystem einzubinden.

Die *Consultative Group* verfolgte dieses Ziel, indem sie in den 1990er Jahren daran arbeitete, das Mikrokredit-Modell des späteren Friedensnobelpreisträgers Muhammad Yunus groß zu machen. Zu Anfang hatte Yunus mit seiner Grameen Bank in Bangladesch armen Menschen subventionierte Kredite gegeben. Das passte zur Idee, den Armen zu helfen. Die Weltbank und ihre *Consultative Group* taten zweierlei: Sie bewarben die Idee und sie korrumpierten sie. Sie argumentierten, das Ganze könne nur »nachhaltig« funktionieren, wenn es Gewinn abwerfe. So entwickelte sich dank der Unterstützung aus Washington eine große kommerzielle Mikrokredit-Branche. Sogar die Grameen Bank stellte auf ein gewinnorientiertes Geschäftsmodell um. Ungebildeten Dörflern ohne Kapital und Sicherheiten werden dabei Kredite zu sehr hohen Zinsen in der Größenordnung von 30 Prozent, manchmal auch mehr als 100 Prozent, aufgeschwatzt. Die Ähnlichkeiten mit den Subprime-Krediten für Hauskäufe an nicht kreditwürdige Amerikaner sind kaum zu verkennen. Auch das Schneeballsystem der Subprime-Kredite, an dem viele Banker extrem gut verdienten, war zur Begründung und Tarnung mit sozialpolitischer Weltverbesserungs-Folklore unterlegt worden. Es sollte angeblich darum gehen, auch den ärmsten Mitgliedern der Gesellschaft, insbesondere den Farbigen, Zugang zu Hauseigentum zu verschaffen. CGAP-Mitglied Citibank war in beiden Subprime-Branchen eine ganz große Spielerin.

Die Nähe der beiden Geschäftszweige – Immobilien und Mikrokredite – spiegelt sich in vielen Lebensläufen wider. So war der stellvertretende Direktor der *Initiative für Finanzdienste für die Armen* der Gates-Stiftung, Jason Lamb, vorher für das Management des operationellen Risikos von Washington Mutual zuständig gewesen. Das war die Bank, die wohl am skrupellosesten und exzessivsten Subprime-Immobilienkredite vergeben hatte und wenige Tage nach Lehman Brothers zusammenbrach.[34] Die Bankerin Mona Kachwaha leitete zuerst das Risikomanagement für Immobilienkredite der Citibank, dann deren Mikrokreditgeschäft.[35] Derartige Biografien sind in dieser Szene keine Seltenheit.

Mit Kleinkrediten an Arme lässt sich viel Geld verdienen. Diese Erkenntnis kommt von Muhammad Yunus selbst. Er hatte festgestellt, dass sich hohe Rückzahlraten erreichen lassen, wenn man die engen sozialen Bindungen der Dörfler für sich arbeiten lässt. So werden teure Kredite an Gruppen vergeben, deren Mitglieder sich später gegenseitig unter moralischen Druck setzen, um die Kreditwürdigkeit der Gruppe zu wahren. Oder die Dorfgemeinschaft bürgt für die Kreditnehmer. Auf diese Weise konnten die Mikrokreditgeber trotz der exorbitant hohen Zinsen lange Zeit geringe Ausfallraten und entsprechend hohe Profite sicherstellen.

Yunus durfte dem ersten wissenschaftlichen Beirat der *Consultative Group* vorstehen. Seine Versprechungen waren grandios. Innerhalb einer Generation werde das Mikrokreditmodell die Armut auf der Welt besiegen, versprach er 1997. Unsere Kinder würden ins Armutsmuseum gehen müssen, um zu verstehen, was Armut war. Vor allem die Lage der Frauen werde sich entscheidend verbessern.[36]

Die Mikrokreditbranche wuchs in vielen armen Ländern so stark, dass die Märkte bald abgegrast waren. Die Voraussetzungen dafür, dass Yunus' Versprechungen in Erfüllung gingen, waren also da. Was jedoch stattdessen passierte, kam in den optimistischen Planungen nicht vor: Immer mehr Kreditnehmer kamen wegen der hohen Zinsen in Schwierigkeiten. Die armen Leute hungerten lieber, nahmen ihre Kinder von der Schule oder verkauften Vieh oder Land, als dass sie sich für zahlungsunfähig erklärten. Oder sie nahmen einen zweiten Kredit auf, um den Schuldendienst für den ersten zu leisten. Wenn gar nichts mehr half, nahmen sich viele Familienväter aus Scham das Leben. Immer wieder kam es regional zu Selbstmordepidemien.[37] Diese Schneeballsysteme brachen ab 2008 in vielen Ländern in sich zusammen, darunter in Nicaragua, Pakistan, Indien und Bangladesch.[38] Die Mikrokreditkrise in Bangladesch führte zu einer Untersuchung der Grameen Bank durch die Regierung. Yunus wurde zwangsweise aus der Führung seiner Bank entfernt. Dass es zu weit verbreiteten Exzessen kam, wird nicht bestritten. Bundesbankchef Jens Weidmann warnte Anfang 2017:»Die indische Mikrofinanzkrise von 2010 zeigt uns, was passieren kann, wenn zu viele Subprime-Schuldner Zugang zu Krediten bekommen.«[39] Eine Studie von 2014, die das große »gemeinnützige« Mikrokredit-Unternehmen Finca aus Washington in Auftrag gegeben hatte, belegt dies ebenfalls.[40] In dem Bericht steht: »Finca und unsere Kollegen in der Gemeinschaft der sozial verantwortlichen Kreditgeber sind erpicht darauf, eine Schuldenkrise in Mexiko zu vermeiden, wie sie in anderen Ländern große Verwerfungen verursacht hat.« Man erfährt von einer Umfrage unter Mikrofinanzpraktikern aus 79 Ländern, die ergab, dass Überschuldung überall die größte Sorge war. Die Autoren betonen:»Diese Situation ist verheerend für Kreditnehmer und ihre Familien, die mit immer weiter steigenden Schulden, extremen Strafzinsen und manchmal brutalen Eintreibepraktiken zu tun bekommen und deshalb immer noch einen weiteren Kredit aufnehmen, um die alten zu bedienen.«[41]

Was man von der Sorge des hoch bezahlten Finca-Managements um die Armen zu halten hatte, wurde 2016 klar, als Finca seine mexikanische Tochter und deren Kunden an das Unternehmen Te Creemos verkaufte und verriet.[42] Te Creemos gilt als einer der berüchtigtsten Kredithaie der Branche mit Zinssätzen über 100 Prozent.[43] Schon 2014 war der Finca-CEO mit nur grenzwertig-gemeinnützigen 1,2 Millionen Dollar entlohnt worden. Nach dem erfolgreichen Verkauf von Finca Mexiko dürfte den Gepflogenheiten in der Branche zufolge nochmals viel Geld an die weltverbessernden Manager geflossen sein.

Die Branche und ihre Fürsprecher reagieren geschmeidig, wenn sie genötigt werden, sich für die verheerenden Auswirkungen ihres Tuns zu rechtfertigen. Sie verweisen meist darauf, dass schwarze Schafe für das Desaster verantwortlich gewesen seien und nicht etwa das mit solchem Nachdruck beworbene gewinnorientierte Modell. Bill Gates hatte noch eine andere Variante parat. Ihm zufolge waren die hohen Kosten der physischen Interaktion mit den Kreditnehmern schuld, dass die Anbieter sehr hohe Zinsen verlangen mussten. Deshalb engagiere sich seine Stiftung nun so sehr für die Digitalisierung des Zahlungsverkehrs.[44] Am liebsten aber schweigt die Branche den Fehlschlag tot und propagiert weiter die gleiche Idee – unter neuem Namen, aber mit den alten falschen Versprechungen. Wir nähern uns jetzt rasant der Kampagne gegen das Bargeld. Der Übergang zu den neuen, weniger verdächtigen Begriffen liest sich in einem Expertenbericht unter Federführung der *Consultative Group* dann wie folgt.»Im Zuge der Verbreiterung des Angebots der Mikrofinanzinstitutionen um eine breitere Palette von Finanzdiensten für Arme entwickelte sich der Begriff *Mikrofinanz.* In jüngster Zeit ist es üblich geworden, *finanzielle Inklusion* für das Anbieten solcher Dienste zu verwenden.«[45]

Ehrlich gemeint wäre finanzielle Inklusion eine gute Sache. Kaum einer zweifelt daran, dass jemand, der in Deutschland kein Bankkonto bekommt, unter einer Form von Ausschluss leidet. Echte finanzielle Inklusion verlangt, dass jeder die Chance hat, elementare Finanzdienstleistungen in Anspruch zu nehmen. Ein Konto, über das man Geld unbar empfangen und versenden kann, gehört ganz sicher dazu. In einem Umfeld wie dem ländlichen Raum Indiens oder Malawis, wo nur wenige es sich leisten können, formale Finanzdienstleistungen in Anspruch zu nehmen, ist der Ausschlussaspekt anders gelagert. Die Menschen sind von der Möglichkeit ausgeschlossen, genug Geld zu haben, um sich Finanzdienstleistungen leisten zu können und Verwendung dafür zu haben. Wenn man ihnen die Chance gäbe, genug Geld zu verdienen, würden die Finanzdienstleistungen von selbst kommen. Gibt man ihnen ein Konto oder die Chance darauf, eines zu eröffnen, und sie haben immer noch kein Geld, dann hilft ihnen das vielleicht ein wenig, vielleicht aber auch gar nicht.

Weltbank, Gates-Stiftung und *Besser-als-Bargeld-Allianz* preisen finanzielle Inklusion in einem gemeinsamen Bericht im Jahr

2014 mit den gleichen Formulierungen und Argumenten an wie vorher die Mikrokredite. »Ohne Zugang zum formellen Finanzsystem sind Frauen, Arme und kleine Unternehmen und auf andere Weise Ausgeschlossene auf ihre (extrem begrenzten) informellen und halb formellen Ersparnisse und Kredite angewiesen, um Investitionen in Erziehung oder ein Unternehmen zu tätigen.« Das mache es schwerer, die Einkommensungleichheit zu beseitigen und breites Wirtschaftswachstum hervorzubringen.[46] Mit solchen Formulierungen legen sie den immer wieder vorgebrachten Fehlschluss nahe, dass die Ersparnisse der Ärmsten weniger begrenzt wären, wenn sie nur ein Konto hätten, und dass sich allein dadurch ihr Land wirtschaftlich viel besser entwickeln würde. Für diese steile Behauptung gibt es aber, wie wir noch sehen werden, keine seriösen Belege.

Finanzielle Inklusion als Neusprech für Bargeldbeseitigung

Begriffe wie *finanzielle Inklusion* und *finanzieller Ausschluss* könnten ohne Weiteres von George Orwell sein. Für die von ihm in seinem Zukunftsroman *1984* beschriebene totalitäre Regierung hat er *Neusprech* erfunden. Diese fiktive Regierung macht es den Menschen schwer, in unerwünschte Richtungen zu denken, indem sie die Bedeutung von Wörtern verdreht oder Slogans wie »Krieg ist Frieden«, »Freiheit ist Sklaverei« und »Nichtwissen ist Stärke« propagiert. Man muss in der Tat ziemlich misstrauisch eingestellt sein, um als Uneingeweihter bei *Hilfe für finanziell Ausgeschlossene* an das zu denken, was tatsächlich damit gemeint ist – nämlich Bargeldnutzer durch Druck zu zahlenden Kunden der Finanz- und Telekommunikationsbranche zu machen. Doch genauso ist es.

In einem Strategiepapier für Regierungen schreibt die *Consultative Group*, dass Partnerschaft mit dem privaten Sektor und ein *nachhaltiger* Ansatz essenziell für die finanzielle Inklusion seien.[47] Hier wird der positiv besetzte Begriff der Nachhaltigkeit mit etwas ganz anderem aufgeladen: Nachhaltigkeit bedeutet im Zusammenhang mit finanzieller Inklusion kommerziell *gewinnträchtig*. Denn das Wohl der Menschheit hängt nach dieser Ideologie vom Engagement kommerzieller Firmen ab, und die engagieren sich nur dauerhaft, wenn sie dabei Gewinne machen. Ohne die orwellsche Begriffsumdeutung klingt dasselbe ganz anders, wenn sich Mitglied Visa gegenüber Analysten und Investoren zu seinen Zielen äußert: Bargeld zu beseitigen sei seine Priorität, sagte Vorstandschef Al Kelly 2017 auf einer Investorenkonferenz. Barzahlungen in elektronische Zahlungen zu transformieren sei der wichtigste Wachstumshebel für Visa.[48]

Die Arbeitsdefinition der *Consultative Group* betont, finanzielle Inklusion verlange *effektiven* Zugang zum Finanzsystem.[49] Dieser sei nur dann gegeben, wenn die digitalen Finanzdienste von den Kunden tatsächlich genutzt werden und wenn sie gleichzeitig für die Anbieter Gewinne abwerfen. Wenn also zum Beispiel alle Bürger Zugang zu kostenlosen Konten bei einer Staatsbank oder der Post hätten, wären sie nach dieser Definition immer noch Ausgeschlossene. Denn die Dienste würden dann nicht *nachhaltig* im Sinne von *gewinnbringend* angeboten. Finanziell ausgeschlossen bleibt nach dieser Definition auch jeder Kunde, der sich entscheidet, sein Konto kaum zu nutzen, weil er Bargeld bevorzugt. Mit anderen Worten: Ohne Zurückdrängung des Bargelds gibt es keine echte finanzielle Inklusion. Da Bargeld aber die am einfachsten zu nutzende und für die Nutzer billigste Bezahltechnologie ist, ist in Wahrheit etwas anderes gemeint: Es geht darum, die Menschen von der Option der Bargeldnutzung auszuschließen oder diese unattraktiver zu machen. Finanzielle Inklusion ist Neusprech für finanziellen Ausschluss.»Finanziell Ausgeschlossene« kann man generell übersetzen mit »Bargeldnutzer«.

Dass es vor allem gegen das Bargeld gehen soll, wurde auch auf dem *Financial Inclusion Forum* im Dezember 2015 in Washington deutlich. PayPal-Chef Dan Schulman sprach von Bargeld als dem Hauptkonkurrenten, den es anzugreifen gelte. Die prominente UN-Sonderbeauftragte für finanzielle Inklusion, Königin Máxima, Prinzessin der Niederlande, sagte:»Der Feind ist das Bargeld«, und der gleiche prägnante Spruch kam von Strive Masiyiwa, dem Gründer und Chef von Econet, einem großen afrikanischen Mobilfunkanbieter mit Bezahlplattform.[50]

Dagegen ist es mit dem vorgeschobenen Ziel, den Armen zu helfen, nicht weit her. Stephanie Blankenburg, Leiterin der Abteilung Entwicklungsfinanzierung bei der Handels- und Entwicklungskonferenz der UN (UNCTAD), lässt sich von den schönen Reden und falschen Begriffen nicht beeindrucken.»Wenn jemand einen oder zwei Dollar pro Tag verdient, wozu braucht diese Person Bankdienstleistungen, für die sie auch noch Gebühren bezahlen muss?«, fragt sie zu Recht.[51]

Die Weltbank hat auf ihrer Webseite unter dem Stichwort»finanzielle Inklusion« eine originelle Antwort auf diesen Einwand. Dort steht, dass 59 Prozent derer, die kein Konto haben, als Grund nennen, dass sie nicht genug Geld haben, um es sinnvoll nutzen zu können. Daraus folgert die Weltbank nicht etwa, dass diese Leute vor allem mehr Geld brauchen, sondern, »dass Finanzdienste noch nicht bezahlbar genug sind oder noch nicht genug auf die Nutzer mit niedrigen Einkommen zugeschnitten«.[52] Nicht minder absurd, mit einem guten Schuss Zynismus versetzt, kommt ein gemeinsamer Bericht von Weltbank, Gates-Stiftung und *Besser-als-Bargeld-Allianz* daher. Darin beklagen die Verfasser, dass über drei Viertel der Erwachsenen, die von weniger als 2 Dollar am Tag leben, kein Konto bei einer formalen Finanzinstitution haben. Dieser Klage lassen sie die Verheißung folgen:»Digitale Zahlungen schaffen die Gelegenheit, die Armen in ein System automatischen Sparens oder wiederkehrender Spar-Aufforderungen einzubinden, was helfen kann, psychologische Barrieren gegen das Sparen zu überwinden.«[53] Auf gut Deutsch: Das Problem dieser Menschen ist, dass sie nicht diszipliniert genug sind, von ihren weniger als 2 Dollar am Tag genug zurückzulegen, um sich aus der Armut herauszusparen. Schon in einem Bericht der *Consultative Group* von 2009 zeigte sich, dass es dort mit dem Glauben an die eigenen Verheißungen nicht weit her war. »Es gibt ein beträchtliches Ausmaß an Kontroverse über den Anspruch, mit Finanzdienstleistungen die Einkommen zu steigern und die Menschen aus der Armut herauszuheben«, wird dort eingeräumt. Darauf käme es aber gar nicht an, denn: »Ob Ersparnisse und Kredit den Menschen nun helfen, der Armut zu entfliehen, oder nicht, so schätzen die Armen formale Finanzinstrumente, weil sie ihnen helfen, mit der Armut umzugehen.«[54]

Angesichts dieses minimalistischen Anspruchs an den Erfolg der eigenen Politik ist es fast unnötig, festzustellen, dass die globale Armut mit Mikrofinanz und finanzieller Inklusion tatsächlich nicht wie versprochen beseitigt wurde. Über zwei Jahrzehnte, nachdem Yunus sein hochfliegendes Versprechen gegeben hat, die Armut zu beseitigen, und dreieinhalb Jahrzehnte – also eine ganze Generation –, nachdem er die Grameen Bank gegründet hatte, gibt es nicht einmal einen breit akzeptierten Nachweis, dass Mikrokredite, Mikrofinanz oder finanzielle Inklusion überhaupt einen nennenswert positiven Beitrag zum Abbau der Armut geleistet hätten. Und die starke Benachteiligung der Frauen, die formelle Finanzdienste angeblich beseitigen sollten, muss auch eine Generation später noch als Pseudoargument für die Dringlichkeit von finanzieller Inklusion herhalten. Das Land, das den größten Anteil am globalen Rückgang der Quote der sehr Armen hatte, China, ist ausgerechnet das Land, zu dem der finanziellen Inklusionsbranche der Zugang verwehrt war.

Selbst wenn man sich nicht sehr dafür interessiert, ob das, was unter dem Vorwand der Armutsbekämpfung in Entwicklungsländern betrieben wird, funktioniert oder nicht, sollte einen die finanzielle Inklusion nicht kalt lassen. Sie war nämlich, wie wir noch sehen werden, der Vorwand, um eine globale Allianz von Konzernen und Regierungen gegen das Bargeld zu schmieden.

Deren Aktivitäten haben sich nur zu Anfang auf die ärmeren Länder konzentriert. Inzwischen hat diese Kampagne auch die Industrieländer und Deutschland fest im Griff.

Falsche Versprechungen und gekaufte Beweise

Der Befund, dass finanzielle Inklusion nicht gegen Armut hilft, passt schlecht zur Behauptung zahlreicher Studien, sie könnten positive Wirkungen nachweisen. Die Werber für finanzielle Inklusion nehmen sehr gerne auf solche Studien Bezug. Der Widerspruch erklärt sich zum Teil dadurch, dass ein beträchtlicher Teil der häufig zitierten »Belege« von den großen US-Wirtschaftsprüfern wie McKinsey oder Boston Consulting Group stammt. Sie sind gegen ein gutes Salär oder sonstige Gefälligkeiten gern bereit, eine passende Studie zu veröffentlichen. Da steht dann auf das Komma genau drin, wie viel Geld sich durch Bargeldbeseitigung einsparen und wie viel mehr Wachstum sich damit generieren lässt. Kaum je sind diese Zahlen mehr als gröbste Überschlagsrechnungen unter günstigsten, oft völlig unrealistischen Annahmen, oft erfährt man die Annahmen gar nicht. Oft sind es wohl freihändige Setzungen.

Da diese Berichte keinen wissenschaftlichen Anspruch haben, setzt sich niemand ernsthaft damit auseinander. Aber dafür, dass die Weltbank und die verschiedenen Anti-Bargeld-Gruppen scheinbare Belege herumreichen können, taugen sie allemal. Ein Beispiel sind die 110 Milliarden Dollar, die jedes Jahr angeblich wegen des Bargelds durch Korruption und Schwund aus öffentlichen Kassen verloren gehen. Das hat McKinsey über sein Global Institute »ausgerechnet«. Auch der in Inklusionskreisen viel zitierte Befund, dass ein Drittel aller Bargeldhilfen an Bedürftige in falsche Kanäle gelange, stammt von diesem Institut.[55] Natürlich gibt es keine Belege und natürlich stellt McKinsey dem keine Schätzung gegenüber, welcher Anteil von digitalen Hilfszahlungen abgezweigt wird. Nach dem gleichen Prinzip hat das McKinsey Global Institute festgestellt und verbreitet, dass sich die Wirtschaftsleistung der Entwicklungs- und Schwellenländer durch digitale Finanzdienste um 3,7 Billionen Dollar vermehren ließe, also um mehr als die Wirtschaftsleistung Afrikas. Volle 95 Millionen zusätzliche Stellen würde das angeblich bringen.[56]

Was bei den Broschüren der Wirtschaftsprüfer recht offensichtlich ist, stellt sich auch als Problem der »wissenschaftlichen« Studien heraus: Sie sind überwiegend kaum das Papier wert, auf das sie gedruckt sind. Das war das wenig schmeichelhafte Ergebnis einer von der britischen Regierung bezahlten systematischen Begutachtung aller Wirkungsanalysen zur Mikrofinanz. Die Schlussfolgerung lautete: »Der gegenwärtige Enthusiasmus ist auf Sand gebaut.«[57] In einem aktuellen Sammelband mit Analysen dieser »populärsten Entwicklungsidee aller Zeiten« wird die Fokussierung auf Mikrofinanz sogar als insgesamt schädlich dargestellt. Es habe Solidarität und Vertrauen in Gemeinschaften zerstört, lokale Wirtschaften geschwächt, Geschlechtergleichberechtigung behindert und Armut und Exklusion verschlimmert, urteilen die beitragenden Anthropologen, Ökonomen und Politikwissenschaftler.[58]

Aber wie kann das sein, wo es doch so viele Studien gibt, die das Gegenteil behaupten? Die Antwort ist einfach: Es wurde dafür bezahlt. Der Wirtschaftswissenschaft wurde früh die Rolle zugedacht, die gemeinnützige Tarnkappe für Gewinn- und Machtinteressen zu liefern. In einem Bericht der *Consultative Group* aus dem Jahr 2009 wird dieses Programm zur Korrumpierung der Wissenschaft ziemlich offen skizziert. Unter der Überschrift »Rolle der Geldgeber« heißt es dort: »Mehr Forschung ist nötig, um den Wert von finanzieller Inklusion in Sachen soziale Absicherung zu *dokumentieren*.« Das machte denjenigen, die für ihr Institut Sponsorengelder einwerben wollten, unmissverständlich deutlich, in welche Richtung die Forschungsergebnisse zu gehen hatten. Auch brauche es mehr Forschung, »um die Geschäftsmöglichkeiten der Banken besser zu verstehen, damit Politiker die Anreize entsprechend strukturieren können«. Die geförderten Wissenschaftler sollen also Marktforschung für MasterCard, Citibank und Co. betreiben, damit die Inklusionslobbyisten dafür sorgen können, dass die gewinnträchtigen Geschäftsmodelle regulatorisch unterstützt werden.

Als nachahmenswertes Beispiel für ein solches Geschäftsmodell wird ein Unternehmen angeführt, das in Südafrika die Geldtransfers für ein staatliches Hilfsprogramm abwickelt und den Empfängern gleichzeitig Konsumentenkredite anbietet. Die künftigen Sozialleistungen des Staates, auf die das Unternehmen direkten Zugriff hat, lässt es sich als Sicherheit für die Kredite verpfänden. Die Tatsache, dass das Unternehmen trotz dieser exzellenten Absicherung Wucherzinsen nimmt, und der Vorschlag, dass hier ein klein bisschen Regulierung nicht schaden würde, werden in einer Fußnote versteckt.[59]

Damit genug Wissenschaftler solche Forschungen mit vorgegebenem Ergebnis verfolgen, sponserten die Gates-Stiftung und einige ihrer Allianzpartner mit Dutzenden Millionen Dollar an vielen führenden US-Universitäten Lehrstühle und Institute. So wurde 2009 mithilfe einer Millionenspende der Gates-Stiftung an der Universität Chicago das *Consortium on Financial Systems and Poverty* (CFSP) gegründet. Dieses bezahlte unter anderem Studien, die herausfanden, dass arme Menschen in Kenia, die an das mobile Geldsystem M-Pesa angeschlossen waren, in Notlagen mehr Geld von mehr Leuten und von weiter her bekamen als solche, die dem System nicht angeschlossen waren. Das ist jedoch nicht wirklich überraschend und bedeutet nicht, wie behauptet, dass die Leute wegen M-Pesa mehr Geld bekommen. Denn wer keine potenziellen Geldgeber im Ausland oder in der Stadt hat, hat wenig Grund, bei M-Pesa mitzumachen. Berücksichtigt man das bei einer statistischen Untersuchung nicht, deckt man einen Scheinzusammenhang von Teilnahme an M-Pesa und Mehr-Geld-Bekommen auf.[60]

Das *Institute for Money Technology & Financial Inclusion* (IMTFI) an der University of California, das ebenfalls viele Millionen Dollar von der Gates-Stiftung bekommen hat, erstellt viel zitierte Studien mit dem Titel *Kosten des Bargelds* für verschiedene Länder, darunter Indien, Mexiko und die USA. [61] Die errechneten Kosten fallen hoch aus. An der New York University wurde 2006 von Jonathan Morduch mit dem Geld der Gates-Stiftung eine *Financial Access Initiative* (FAI) aus der Taufe gehoben.[62] Die Gates-Stiftung ist auch größte Geldgeberin des *Center for Global Development* (CGD) in Washington, mit Ableger in London. 2018 belief sich die Förderung dieses Instituts allein von der Gates-Stiftung auf annähernd eine halbe Million Dollar pro Monat.[63] Zusammen mit MasterCard, Microsoft, Citibank und anderen finanziert die Stiftung außerdem das *Institute for Business in the Global Context* (IBGC) an der Tufts University. Dort wird »aufsteigenden Sternen« unter den Politikern armer Länder finanzielle Inklusion beigebracht.[64] Zusammen mit dem *Besser-als-Bargeld*-Partner USAID sponsert die Gates-Stiftung an der Universität Berkeley ein *Center for Effective Global Action* (CEGA), wo man sich unter anderem um innovative Finanzlösungen für die Landwirtschaft kümmert.[65]

Zu den ganz großen und wichtigen Instituten, die von Gates gesponsert werden, gehört an der Bostoner Eliteuni MIT das *Abdul Latif Jameel Poverty Action Lab* (J-PAL) und das damit personell eng verflochtene halb kommerzielle Institut *Innovations for Poverty Action* (IPA). Letzteres wird laut Jahresbericht von 2015 auch noch von anderen Mitgliedern der *Besser-als-Bargeld-Allianz* gesponsert, nämlich Citi, USAID, Omidyar Network und Ford Foundation, sowie von anderen großen wohltätigen Organisationen wie BlackRock, Deutsche Bank und JP Morgan. Mit fast 40 Millionen Dollar Zuschüssen, die 2015 von den finanzkräftigen Spendern zuflossen, ist das Institut in der Lage, weitere Forscher für die gute Sache einzuspannen. So schrieb IPA jüngst 4,1 Millionen Dollar an Forschungszuschüssen für Wissenschaftler aus, »die zeigen wollen, wie man Frauen durch digitale Finanzdienste ermächtigen kann«.[66] Es ist offenkundig, dass Forscher, die ergebnisoffen an ihre Arbeit herangehen, keine Chance auf solche Fördermillionen haben.

Bei der Brookings Institution, einer der wichtigsten wirtschaftswissenschaftlichen Einrichtungen der USA, finanzierte die Gates-Stiftung 2008 mit 5,8 Millionen Dollar die Einrichtung eines Programms namens *Afrikanische Wachstumsinitiative*.[67] Aus diesem gehen regelmäßig Papiere hervor, die die überragende Bedeutung von finanziellen Innovationen und Inklusion für das Wachstum betonen. Manchmal wird darin sogar ausdrücklich für die *Besser-als-Bargeld-Allianz* des Hauptsponsors geworben, mit ungenierten Sätzen wie:»Im Jahr 2018 ist es Zeit, dass alle afrikanischen Wirtschaften der *Besser-als-Bargeld-Allianz* beitreten.«[68]

Damit die in den Wirtschaftswissenschaften hip gewordenen kontrollierten Feldexperimente in Entwicklungsländern in Sachen finanzielle Inklusion die richtigen Ergebnisse zeitigen, ist die Gates-Stiftung Großsponsor der 2008 gegründeten *International Initiative for Impact Evaluation*. Allein für die ersten fünf Jahre sagte Gates 21 Millionen Dollar zu. Weitere Sponsoren kommen ebenfalls aus dem Anti-Bargeld-Lager.[69]

Auch in Entwicklungsländern werden viele Institutionen gesponsert, die wissenschaftliche Evidenz gegen das Bargeld beibringen sollen. Als ein Beispiel für viele sei das *Centre for Financial Regulation and Inclusion* (Cenfri) in Südafrika genannt. Es wird von Gates Foundation, MasterCard und UNCDF gemeinsam finanziert.[70] Ein weiteres wichtiges Beispiel, dem wir später noch einmal begegnen werden, ist der *Financial Sector Deepening Trust Kenya*.

Es gibt daher kaum einen etablierten Armuts- und Entwicklungsforscher in den USA, und wenige außerhalb des Landes, der nicht Teil dieses von den Anti-Bargeld-Gruppen geförderten umfangreichen Netzwerks ist. Die UNCTAD-Ökonomin Blankenburg weist denn auch darauf hin, dass die Forschungen mit positiven Ergebnissen praktisch ausnahmslos von interessierter Seite bezahlt wurden. Die wenigen nicht von der Anti-Bargeld-Kampagne gesponserten Institute und Forscher sind fast durch die Bank sehr kritisch gegenüber den Versprechungen der finanziellen Inklusion.

Hin und wieder tanzen allerdings auch von Gates oder der Weltbank geförderte Wissenschaftler vorsichtig aus der Reihe. So räumte Jonathan Morduch, Direktor der *Financial Access Initiative*, Anfang 2018 etwas versteckt in einem großen Bericht ein: »Heute fällt Yunus' Vision mitsamt ihren Annahmen auseinander. Mikrofinanz hat sich als ziemlich gutes Geschäftsmodell erwiesen, aber nicht als eine Maßnahme gegen die Armut.« Er zieht sich dann auf die gleiche Ausflucht zurück, die schon die *Consultative Group* 2009 bemühte. Auch wenn die finanzielle Inklusion gegen die Armut nichts bringe, so sei sie doch eine gute Sache, weil die Armen Finanzdienste schätzten.[71] Die Asiatische Entwicklungsbank (ADB), Teil der Weltbankgruppe, kam 2018 in einer Studie zu dem Ergebnis, in armen Ländern lasse sich keine Verminderung der Armut durch mehr finanzielle Inklusion feststellen. Viel wichtiger für die Armutsbekämpfung sei es, die Produktivität in der Landwirtschaft zu erhöhen.[72] Eine ganz ähnliche Aussage kam von Abhijit Banerjee und Esther Duflo von J-Pal. Sie hatten die Inklusionspropaganda zuvor mit vielen Studien und dem gehypten Weltbestseller *Poor Economics* einträglich befördert.[73]

Trotz aller Gegenbeweise behauptete die deutsche Regierung auch noch 2017 in der typischen Inklusions-Blähsprache: »Inklusive und nachhaltige Finanzsysteme sind ein Schlüsselelement für inklusives und nachhaltiges Wachstum.« Mit dieser vielfach widerlegten Behauptung machte sie finanzielle Inklusion zu einer von drei Top-Prioritäten ihrer Präsidentschaft der G20-Gruppe der wichtigsten Wirtschaftsnationen.[74] Auf mein zweifelndes Nachfragen beschied mir eine Sprecherin des Finanzministeriums: »Zahlreiche unabhängige Studien liefern empirische Evidenz für den Zusammenhang zwischen finanzieller Inklusion und Wachstum, verringerter Ungleichheit und verringerter Armut.« Sie verwies zum Beleg auf eine Veröffentlichung von Thorsten Beck von der Cass Business School in London. Dieser erwiderte auf Anfrage jedoch, dass Finanzdienstleistungen nicht unbedingt der am meisten einschränkende Faktor im Entwicklungsprozess seien. Auch räumte er ein, es gebe keine wissenschaftlichen Nachweise dafür, dass Zugang zu Finanzdienstleistungen auf Länderebene der Armutsbekämpfung dient.[75]

Ebenso ungeniert behauptete der Weltbank-Direktor für das südliche Afrika noch Ende 2017 in bester Yunus-Manier: »Finanzielle Inklusion ist zentral, um extreme Armut auszuradieren.« Der Anlass war, dass der Finanzminister Sambias feierlich eine von der Weltbank geförderte *Nationale Strategie der finanziellen Inklusion* verkündete. Mehr als 30 Länder hatten bis dahin bereits mit Weltbank-Förderung ähnliche Anti-Bargeld-Strategien vorgelegt.[76]

Daran, dass nicht nur Sambia, sondern inzwischen fast die halbe Welt erklärt hat, bargeldlos oder bargeldarm werden zu wollen, hat ein Mann ganz großen Anteil, wie wir im nächsten Abschnitt sehen werden: der umtriebige Microsoft-Gründer Bill Gates mit seiner Stiftung. Sie ist nicht nur maßgebliches Mitglied der *Besser-als-Bargeld-Allianz* und der *Consultative Group*, sondern auch noch Dompteur von fast 100 Zentralbanken armer Länder, die Gates zu einer weiteren wichtigen Anti-Bargeld-Gruppe zusammengespannt hat.

Bill Gates' Allianz für Finanzielle Inklusion

Im Jahr 2005, als MasterCard den Krieg gegen das Bargeld ausrief, warb die Gates-Stiftung Alfred Hannig von der deutschen Entwicklungshilfebehörde Gesellschaft für internationale Zusammenarbeit (GIZ) ab.[77] Man kannte sich aus der *Consultative Group*. Hannigs Aufgabe für Gates bestand darin, eine globale Allianz zur Förderung der finanziellen Inklusion zusammenzuzimmern. Offiziell gegründet wurde diese *Alliance for Financial Inclusion* (AFI) oder *Allianz für Finanzielle Inklusion* dann im Jahr 2008. Hannig konnte annähernd 100 Notenbanker aus armen Ländern anlocken. Sie werden mit Geld von Gates, Weltbank und

Co. und mit technischer Hilfe von Unternehmen wie Master-Card, Visa und Vodafone dabei unterstützt, den Zahlungsverkehr zu digitalisieren und das Bargeld zurückzudrängen. Hannig anzuheuern lohnte sich nicht nur wegen seiner guten Kontakte in den Entwicklungsländern. Die laufende Organisation der AFI hat günstigerweise die GIZ übernommen.[78] Das bringt dieser angeblichen Regierungsallianz erheblich mehr Glaubwürdigkeit, als wenn das Sekretariat direkt bei der Stiftung des Microsoft-Gründers angesiedelt wäre. Die Rechnungen zahlt aber die Stiftung, heißt es.

Die teilnehmenden Notenbanken müssen als Gegenleistung Selbstverpflichtungen abgeben und sich in Sachen Regulierung und Marktöffnung nach den Vorgaben von Gates und Washington richten. In der *Maya-Erklärung* von 2011 verpflichteten sie sich,»die überragende Bedeutung der finanziellen Inklusion dafür anzuerkennen, dass arme Menschen ermächtigt werden und ihr Leben sich zum Besseren wendet«. Diese Verpflichtung auf einen Glaubenssatz hat den Vorteil, dass man einfach weitermachen kann, auch wenn längst bewiesen und zugegeben ist, dass er gar nicht stimmt. Außerdem verpflichteten sich die Unterzeichner,»*vollen Gebrauch* von passender *innovativer Technologie* zu machen«. Das bedeutet übersetzt, dass sie den IT-, Telekommunikations- und Finanzkonzernen aus den Industrieländern widerstandslos das Feld überlassen und die Bargeldnutzung soweit möglich zurückdrängen sollen.

Ein relativ aktuelles Beispiel für das dahinter stehende Geben und Nehmen liefert der AFI-Nachzügler Jordanien. Die Regierung des Landes, das viele syrische Flüchtlinge beherbergt, hielt im Dezember 2017 in Amman ein *Politikforum für finanzielle Inklusion* ab und verabschiedete dabei eine *Nationale Strategie für finanzielle Inklusion*. Diese hatten die internationalen Gäste des Forums um Bill Gates sicherlich schon vorformuliert mitgebracht. Dafür bekam Jordanien gut zwei Monate später 3 Millionen Dollar von der Gates-Stiftung, die aus anderen Quellen auf 11 Millionen Dollar aufgestockt werden sollen. Bezahlt werden soll damit die Infrastruktur für mobile Finanzdienste, damit Regierungszahlungen an arme Jordanier und humanitäre Mittel für Flüchtlinge bargeldlos übermittelt werden können.[79] Das ist der Hintergrund für die vielen in deutschen Medien sehr präsenten Geschichten darüber, wie innovativ und fortschrittlich die Geldüberweisungen an die Flüchtlinge in Jordanien abgewickelt werden. Dazu später mehr.

Wer sich auf den Internetseiten der Inklusionsszene umtut, liest laufend solche Erfolgsmeldungen. Man erfährt zum Beispiel, dass die Zentralbank von Ruanda Bürger, Händler und Unternehmen auffordert, digital zu bezahlen, um Ruandas Ziel einer bargeldlosen Wirtschaft näher zu kommen.[80] Man erfährt auch von schönen Geschäftsabschlüssen für Allianzpartner, zu denen das führt. So durfte MasterCard 2013 verkünden, dass das Unternehmen in Nigeria den Zuschlag für die ersten 13 Millionen *National Identity Smart Cards* bekommen hatte. Diese fungieren nicht nur als biometrische Personalausweise, sondern gleichzeitig als MasterCard-Bezahlkarten. 13 Millionen zwangsweise zugeführte Kunden auf einen Schlag, mit Aussicht auf weitere gut 100 Millionen Zwangskunden in der nächsten Stufe! Wenn das keine erfolgreiche Eroberung jungfräulichen Territoriums ist! Der Leiter der zuständigen Behörde in Nigeria sagte: »Wir haben MasterCard als Lieferant ausgewählt, weil das Unternehmen sich für die Förderung der finanziellen Inklusion durch die Zurückdrängung von Bargeld eingesetzt hat.« Ein bisschen klingt das für mich so, als wollte er einen gewissen Druck aus dem Gates-Lager andeuten. Außerdem hat laut MasterCard eine Rolle gespielt, dass der Kartenanbieter einschlägige Erfahrung vorweisen konnte. Auch Ägypter weisen sich bereits mit einem MasterCard-Personalausweis aus.[81]

In Kenia arbeitet MasterCard ebenfalls daran, über das Vehikel finanzielle Inklusion »unsere Vision einer Welt jenseits des Bargelds auf dem ganzen Kontinent zu erreichen«. Das versicherten MasterCard-Manager, als das Unternehmen Partner der Regierung für die Ausgabe der sogenannten Huduma-Karte wurde.[82]

Das ist eine Karte für Bezugsberechtigte von sozialen Leistungen und gleichzeitig eine MasterCard-Prepaid-Karte. Die Inhaber können und sollen also ihr Geld vom Staat bargeldlos ausgeben und MasterCard verdient seine Prozente in beiden Richtungen – wieder von Millionen Zwangskunden auf einen Schlag. In Brasilien kam Konkurrent Visa mit Regierungszahlungen an die Bürger groß ins Geschäft. Die Staatsbank Caixa Economica stellte 12,4 Millionen Empfänger der Bolsa-Família-Beihilfen auf ein Konto um, das eine Visa-Debitkarte beinhaltet.[83] Derartige Beispiele für kommerzielle Profite aus der Bargeldbekämpfung unter dem Deckmantel der *Allianz für Finanzielle Inklusion* gibt es unzählige, und das nicht nur bei den Kartenanbietern. Kenia mit seinem mobiltelefonbasierten Geldtransfersystem M-Pesa gehört zweifellos dazu.

Schauplatz Kenia: Fragwürdiges Musterbeispiel für Inklusion mit mobilem Geld

In Kenia wurde innerhalb weniger Jahre ein Geldsystem namens M-Pesa aufgebaut. Es funktioniert auch auf einfachen Mobiltelefonen per Textnachricht (SMS) und wird inzwischen von der großen Mehrheit der kenianischen Haushalte genutzt. »Pesa« ist Suaheli für »Geld«. Das System finanziert sich über happige Nutzungsentgelte. Die Nutzer füllen ihre Telefonzeitguthaben durch Einzahlung von Geld auf das Konto des Betreibers Safaricom auf. Sie können diese Guthaben dann von einem M-Pesa-Mobilkonto zum anderen übertragen, ohne selbst ein Bankkonto haben zu müssen. Empfänger können sich ein M-Pesa-Guthaben auch als Bargeld auszahlen lassen.

Eine Broschüre der *Allianz für Finanzielle Inklusion* beschreibt die Ausgangslage so: »70 Prozent der Bevölkerung lebten in ländlichen Gemeinden, mit begrenztem Zugang zu grundlegender Infrastruktur. Es gab sehr begrenzten Zugang zu bezahlbaren

Zahlungsverkehrsdiensten oder Sparkonten. Zum Zeitpunkt des Genehmigungsantrags von M-Pesa gab es nur 1,5 Bankfilialen und nur einen Geldautomaten pro 100 000 Einwohner. Doppelt so viele Kenianer hatten Mobiltelefone wie Bankkonten.«[84] M-Pesa wird oft als *das* Vorbild schlechthin für den afrikanischen Kontinent und darüber hinaus angepriesen. Gemessen an der Zahl der Kenianer, die formelle digitale Finanzdienste nutzen, war M-Pesa tatsächlich ein spektakulärer Erfolg. Das Gleiche gilt, wenn man den Wahlspruch und Titel einer Broschüre der Gates Foundation zum Maßstab nimmt: *Armut mit Gewinn bekämpfen.*[85] Der Profit steht bei M-Pesa nämlich weit vorne. Vor allem bei kleinen Transaktionen, die bei den Armen dominieren dürften, sind die Gebühren extrem hoch. Bargeld abzuheben kostet bis zu 20 Prozent. Geldtransfers an Nichtkunden schlagen mit bis zu 44 Prozent zu Buche. Guthabenübertragungen zwischen M-Pesa-Kunden sind immerhin für Kleinstbeträge umsonst, für größere kosten sie bis zu 11 Prozent.[86] Betreiber Safaricom ist nicht umsonst ein sehr rentables Unternehmen.

Zu den Safaricom-Gewinnen trägt bei, dass viele Nutzer gar nicht oder nur schlecht lesen können und oft auch schlecht sehen, weil die Versorgung mit Gesundheitsdiensten und Sehhilfen mangelhaft ist. Mit allen möglichen Tricks werden die Kunden dazu gebracht, mit einem einfachen Klick ein teures Abo abzuschließen, zum Beispiel für Klingeltöne. Falls sie irgendwann herausfinden, warum ihr M-Pesa-Konto immer so schnell leer ist, werden sie diese Abos kaum ohne Hilfe wieder los. Sie müssen sich dafür durch viele Ebenen eines verschachtelten Menüs hangeln. Drei Feldforscherinnen aus den USA und Kenia kamen daher in einer von USAID geförderten Studie zu dem Ergebnis: »Statt der marginalisierten Bevölkerungsteile ist es vor allem der Anbieter Safaricom, der profitiert.«[87] Sie finden das »Gesetz der Verstärkung« bestätigt, das Kentaro Toyama, Mitbegründer von Microsoft Research in Indien, in einem 2015 erschienenen Buch mit vielen Beispielen unterlegt hat. »Es wäre schön, wenn Technologie den Armen, Ungebildeten und Machtlosen mehr nützen würde als den Reichen«, so Toyama. In der Praxis sei der Haupteffekt von Technologie jedoch immer, die bestehenden Kräfte zu verstärken.[88]

Safaricom vereinigt rund 90 Prozent der Einnahmen aus Telefonie und SMS und 80 Prozent der 28 Millionen Nutzer mobiler Gelddienste in Kenia auf sich. Erst 2018 ließ sich das Unternehmen nötigen, Geldüberweisungen zwischen dem eigenen Netzwerk und dem der beiden kleinen Konkurrenten Airtel und Telkom zu ermöglichen. Der Grund für das Einlenken dürfte der gewesen sein, dass die Telekommunikationsaufsicht Pläne ventiliert hatte, den Fast-Monopolisten aufzuspalten.[89]

Die Gates-Stiftung hatte schon 2013 gewarnt, begrenzter Wettbewerb könne die Preise für Konsumenten übermäßig hoch halten. Als abschreckendes Beispiel hatte sie ausgerechnet Kenia angeführt, »wo der Preis für das Überweisen von 1,50 Dollar 30 Cent beträgt, zehnmal so viel, wie der gleiche Anbieter in Tansania verlangt«.[90] Bill Gates hielt diese Feststellung seiner eigenen Stiftung nicht davon ab, 2015 auf dem *Financial Inclusion Forum* in Washington wahrheitswidrig die niedrigen Kosten von Finanzdiensten für Arme in Kenia als Beispiel für die wohltätigen Wirkungen der finanziellen Inklusion anzuführen.[91] Bemerkenswert ist außerdem, dass die Gates-Stiftung vergisst, die zentrale Rolle ihres Kooperationspartners Bank of Kenya und einer von Gates maßgeblich geförderten Einrichtung bei der Herbeiführung dieses gewinnträchtigen Fast-Monopols von M-Pesa zu erwähnen.

Bevor wir uns dieser Rolle widmen, sei eines erwähnt: Die Gewinne aus M-Pesa gehen zu einem Großteil nach Großbritannien. Muttergesellschaft von Safaricom ist der britische Telekommunikationskonzern Vodafone. Das ist wichtig, um zu verstehen, warum man die Rolle von London und Washington gerne verdunkelt, wenn über M-Pesa geschrieben wird.[92] Das britische Entwicklungshilfeministerium und Gates spielten dabei eine wichtige Rolle.

Eine Studie der *Allianz für Finanzielle Inklusion* für Länder, die den kenianischen Erfolg nachahmen wollen, huscht über die wahren Ursprünge schamhaft hinweg. Sie beschreibt die Rolle der kenianischen Zentralbank bei der Entstehung von M-Pesa so: »Die *Umfrage zum Zugang zu Finanzdiensten 2006* (Financial Access Survey) machte der Zentralbank die geringe Reichweite des traditionellen Bankensektors deutlich. Zufällig fragte M-Pesa kurz nach Veröffentlichung des *Financial Access Survey* bei der Zentralbank wegen des Plans an, M-Pesa zu starten.«[93] Doch eine im Anhang der Studie als Faksimile dokumentierte Zeitungsanzeige der Zentralbank bringt eine gewisse Aufklärung.[94] Dort heißt es: »2005 forderte eine Entwicklungshilfeorganisation interessierte Parteien auf, Vorschläge zu unterbreiten, wie man auf kosteneffiziente Weise den kenianischen Finanzsektor durch besseren Zugang zu Finanzdiensten und -produkten vertiefen könnte. Der Mobiltefonieanbieter Safaricom reichte zusammen mit Vodafone UK (...) einen Vorschlag auf Basis von Geldtransfer via Mobiltelefon ein.«

Der tatsächliche Ursprung sah also so aus: Die britische Entwicklungshilfebehörde, das Department for International Development (DFID), hatte eine Marktforschungsstudie in Auftrag gegeben, um dem heimischen Konzern Vodafone bei der Eroberung des afrikanischen Marktes zu helfen. Die DFID hob dafür den *Financial Sector Deepening Trust Kenya* (FSD) aus der Taufe. Zu dessen wichtigsten Geldgebern zählt auch die Gates-Stiftung. Man kam auf die Idee, die Mobiltelefonie als Basis für die Verbreitung von Mikrokrediten zu nutzen. DFID beschloss gemeinsam mit Vodafone einen Pilotversuch. Die kenianische Zentralbank, Mitglied von Gates' *Allianz für Finanzielle Inklusion*, genehmigte diesen schnell und unkompliziert. 2007 startete dann M-Pesa, wieder mit Freifahrschein von der Zentralbank. Diese verzichtete großzügig darauf, M-Pesa wie ein Finanzinstitut zu regulieren. Die *Financial Access Study*, die »zufällig« kurz vor dem Safaricom-Antrag der Zentralbank die Notwendigkeit und den Nutzen des Projekts deutlich machte, kam von FSD Kenya, also letztlich von der britischen DFID. Nichts war zufällig daran.

Grundlage dafür, dass Vodafone/Safaricom die spektakuläre Ausweitung seiner Finanzdienste gelang, war beständige massive Protektion vonseiten der Zentralbank. M-Pesas Expansion setzte auf über 100 000 selbstständige Agenten für Geldeinzahlungen und -auszahlungen. Das sind Geschäftsleute, die an M-Pesa-Kunden Bargeld auszahlen oder Einzahlungen entgegennehmen und das zunächst über ihr eigenes Bankkonto abwickeln. Dafür bekommen sie eine Provision. In Indien hatte man mit einem ähnlichen agentenbasierten Modell ebenfalls große Erfolge beim Erreichen der Landbevölkerung mit Bankdienstleistungen. Dort arbeiteten die Agenten jedoch für die Banken. Das wäre im Prinzip in Kenia auch möglich gewesen. Aber die kenianische Zentralbank, die mit Bill Gates und DFID eng kooperierte, hielt Vodafone/Safaricom jede Konkurrenz von lokalen Banken vom Hals. Der zuständige Direktor der Zentralbank für Zahlungsverkehr, Gerald Nyaoma, war gleichzeitig Botschafter (Policy Champion) der *Allianz für Finanzielle Inklusion*. Den Banken verbot die Zentralbank bis zum Jahr 2010, Agenten einzusetzen – so lange, bis M-Pesa schon den Markt beherrschte und nicht mehr einzuholen war. Damit nicht genug, gab sie auch dem M-Pesa-Konkurrenten Zain jahrelang keine Genehmigung, mobilen Geldverkehr anzubieten.

M-Pesa ist ein beliebter Vertriebskanal für Mikrokredite geworden, auch für Firmen aus dem Silicon Valley. Es gibt Dutzende Anbieter, viele davon völlig unreguliert. Manche lassen sich Zugriff auf das künftige Gehalt geben, um sich die Kreditsumme zurückzuholen. Unverlangt auf das Handy oder Smartphone geschickte verlockende und verwirrende Kreditangebote mit unklaren oder versteckten Konditionen, kombiniert mit nutzlosen und teuren Kreditversicherungen sind gang und gäbe. Viele der Anbieter verlangen Zinsen von mehreren Hundert Prozent pro Jahr.[95]

Datenschutz ist in Kenia so gut wie unbekannt. Die SMS-Nachrichten von M-Pesa sind sehr leicht abzugreifen und zu manipulieren. Vodafone, Safaricom oder andere beliebig zwischengeschaltete Anbieter können zudem mit den Daten machen, was sie wollen. Auch die Regierung will alle Daten. Sie befahl 2017 den

Telekommunikationsanbietern, ihr Zugang zu jeglicher Kommunikation zu ermöglichen. Sie kann so den gesamten mobilen Geldverkehr der Bürger überwachen.[96]

Der britische Entwicklungsexperte Alan Gibson versteckte im hinteren Teil einer Auftragsarbeit zum zehnjährigen Jubiläum von FSD Kenia 2016 ein Verdikt, das die Rhetorik von Gates-Stiftung und Co. Lügen straft: »Eine grundsätzlichere Frage ist der Grad, in dem Fortschritte bei der finanziellen Inklusion sich in merklichen Veränderungen im Leben der armen Menschen niederschlagen.« Er moniert: »Die Finanzierung der realen Wirtschaft hat sich kaum verändert, die Kreditvergabe an den für Arme besonders wichtigen Agrarsektor ist sogar zurückgegangen.«[97] Ein mobiles Bezahlsystem, das unbestreitbar sehr viele Menschen ins System gebracht hat, konnte deren Lebensbedingungen also nicht nennenswert verbessern. Dann kommt das große Aber von Gibson: »Unzweifelhaft ist dagegen, dass die Anbieterseite des Finanzmarkts in den letzten zehn Jahren in großem Umfang profitiert hat. Die Inklusionsjahre waren sehr gute Jahre für die Anbieter.«

2. Unzertrennlich: Finanzielle Inklusion und biometrische Datenbanken

Finanzielle Inklusion ist nicht nur Codewort und Begründung für die Bargeldbeseitigung. Der Begriff erfüllt diese Funktion auch noch für die Kampagne, allen Menschen eine biometrisch unterlegte Kennung zu geben und diese in zentralen oder vernetzten Datenbanken zu speichern. Von dort sollen Regierung, Finanzbranche, IT- und Telekommunikationsbranche darauf zugreifen können. Als Biometrie bezeichnet man die Identifikation von Personen anhand ihrer unveränderlichen und einzigartigen körperlichen Eigenarten. Meist sind das digitalisierte Fingerabdrücke, Iris-Scans, Gesichtsfotos und künftig vielleicht auch DNA. Durch die zentral gespeicherten biometrischen Merkmale und die Verknüpfung mit unseren Kommunikationsgeräten soll sichergestellt werden, dass niemand mehr anonym irgendetwas tun kann.

»Eines der größten Hindernisse für die Eröffnung eines Bankkontos ist das Fehlen eines akzeptablen Identitätsnachweises.« So drängte die Vizechefin der philippinischen Zentralbank im April 2018 das Parlament, einer nationalen biometrischen Datenbank aller Bürger zuzustimmen.[1] Diese ist Teil des von USAID für die Philippinen ausgearbeiteten Programms zur finanziellen Inklusion, genannt E-Peso.[2]

Entwicklungshilfe, die die Leistungsfähigkeit des Staates verbessern und demokratische Verhältnisse fördern möchte, würde den Regierungen helfen, ein gut funktionierendes Meldewesen aufzubauen, das jedem Bürger einen Identitätsnachweis gibt und gleichzeitig für ein angemessenes Maß an Datenschutz sorgt. Was dagegen derzeit in großem Maßstab stattfindet, praktisch überall, wo Weltbank, Gates-Stiftung und Co. Geld und technische Hilfe geben, ist etwas ganz anderes. Man verweist zwar auf das Entwicklungsziel der Vereinten Nationen, jedem Neugeborenen eine staatlich anerkannte Identität zu geben. Das tatsächliche Ziel reicht jedoch sehr weit darüber hinaus. Es geht darum, ganze Bevölkerungen vollständig zu erfassen, auch die, die schon eine anerkannte Identität haben. Das Ganze soll auf eine Weise vonstattengehen, die in den Entwicklungszielen gar nicht genannt ist, nämlich digital und biometrisch. Dabei ist biometrische Identifikation derzeit bei Säuglingen und Kleinkindern gar nicht massentauglich einsetzbar, weil sich die biometrischen Merkmale bei ihnen zu sehr verändern. Die Hauptzielgruppe des Weltentwicklungsziels, die Neugeborenen, ist also außen vor.

Den engen strategischen Zusammenhang der Kampagnen von finanzieller Inklusion und biometrischer Erfassung beschreibt USAID in einer Handreichung für Mitarbeiter so: »Digitales Bezahlen kann dazu genutzt werden, digitale Identifizierung voranzutreiben – und umgekehrt –, und so die zuvor ausgeschlossenen Bevölkerungsgruppen in den sozialen und finanziellen Mainstream bringen.«[3] Auf die Förderung der digitalen finanziellen Inklusion haben sich die meisten Länder schon vor geraumer Zeit verpflichten lassen. Nun wird ihnen als Zugabe biometrische Identifizierung aufgedrängt, mit der Begründung, das sei modern, effizient und notwendig für die finanzielle Inklusion. Digitale Finanztransaktionen sollen zudem zur Betrugs- und Terrorbekämpfung eindeutig bestimmten Personen zuordbar sein. Den Finanzinstituten ist wichtig, dass das auf computertaugliche Weise geschieht, damit es automatisch abgewickelt werden kann. Besonders wichtig ist das den global aktiven US-Instituten. Denn wenn der Identitätsnachweis über papierene, nicht standardisierte Dokumente liefe, hätten lokale Institute ihnen gegenüber einen großen Vorteil. Den Sicherheitsbehörden, vor allem denen der USA, ist der digitale Aspekt ebenfalls besonders wichtig. Denn nur er ermöglicht zentrale und automatische Überwachung.

Es gibt allerdings einen Zielkonflikt zwischen den gewünschten strengen Anforderungen an die Identifizierung und dem Ziel, möglichst viele Menschen in das überwachte System zu bringen. Zwei Autoren der Gates-Stiftung erklären den Konflikt so:»Entweder es lässt sich zuverlässig verfolgen, wer Transaktionen tätigt, oder es lässt sich zuverlässig verfolgen, welche Transaktionen getätigt werden.« Je weniger anspruchsvoll man mit Identifizierungsanforderungen sei, desto weniger sicher sei man über das Wer, aber desto mehr Transaktionen liefen digital und überwachbar ab.

Ihre Lösung für den Zielkonflikt sieht so aus:»Die Ziele der Sicherheitsbehörden dürften besser erreicht werden, wenn ihr erstes Ziel darin besteht, die Leute in das formale – überwachbare – Finanzsystem zu bringen. Wir werden die Massen nicht in die Banken holen, wenn die Kontoeröffnung nicht einfach ist.« Wenn alle einmal im System sind, so die Empfehlung, kann man die Zügel anziehen. Man könne zunächst für größere Transaktionen und für stärker genutzte Konten die Anforderungen hochschrauben und nach und nach dann für alle übrigen.[4] Diese Strategie wird, wie wir noch sehen werden, weltweit verfolgt. In Ländern wie Indien, wo noch die weitaus meisten Transaktionen mit Bargeld ablaufen, wird im Eiltempo eine extrem unsichere und fehleranfällige biometrische Datenbank aufgebaut und zur Grundlage für die Identifizierung bei Bankgeschäften gemacht. Man verlässt sich darauf, das System später nachschärfen zu können. In Ländern wie Deutschland dagegen, wo ohnehin praktisch jeder schon ein Konto und eine Karte hat, werden die Anforderungen an die korrekte Identifizierung von Bankkunden selbst bei Kleinbeträgen bis ins Absurde gesteigert. Denn in solchen Ländern wirken sich diese strengen Regeln gegen die Bargeldnutzung aus.

Indem man für das Führen eines Kontos und die Teilnahme am bargeldlosen Zahlungsverkehr eine biometrisch belegte Identität zur Bedingung macht, kann man die Bürger zwingen, sich biometrisch erfassen zu lassen. In Nigeria zum Beispiel arbeitet die Regierung mit Unterstützung der Gates-Stiftung und der Weltbank daran, die gesamte erwachsene Bevölkerung von 120 Millionen Menschen in eine biometrische Regierungs-Datenbank zu zwingen. Sie erklärte im Februar 2018 die biometrisch unterlegte *Nationale Identitätsnummer* zum allein zulässigen Identitätsnachweis für jegliche Finanztransaktion über Banken.[5]

Für viele Menschen sind große biometrische Datenbanken eine Horrorvision: einerseits, weil sie denen, die auf die Datenbank zugreifen und Daten dort einspeisen können, eine äußerst unheimliche Kontrolle und Macht geben; andererseits, weil so etwas nie fälschungs- und manipulationssicher ist. Die Amerikaner sind so misstrauisch ihrem Staat gegenüber, dass es dort keinen staatlichen Identitätsnachweis wie unseren Personalausweis gibt. Man verwendet Führerschein, Sozialversicherungsnummer oder Ähnliches. In Deutschland gibt es zwar einen Personalausweis, inzwischen auch maschinenlesbar und mit darauf gespeichertem digitalisiertem Foto. Aber aus Gründen des Datenschutzes und der Datensicherheit darf es kein zentrales Register mit den biometrischen Daten geben. Diese werden nur von den lokalen Meldeämtern gespeichert. Die Bundesdruckerei, die die Personalausweise produziert, muss die Daten wieder löschen, wenn der Ausweis zugestellt ist.

In Frankreich hat das Verfassungsgericht 2012 Regierungspläne für den Aufbau einer biometrischen Datenbank aller Bürger gestoppt. Das Gericht urteilte, dass die Einschränkung der persönlichen Freiheiten im Verhältnis zum Nutzen grob unverhältnismäßig gewesen wäre. Moniert wurde auch, dass polizeiliche Ziele damit vermischt werden sollten, eine Identifikationsmöglichkeit für alltägliche Transaktionen zu schaffen, ohne vernünftige Garantien für die Sicherheit der Daten.[6]

Auch die britische Regierung hatte Pläne, alle Einwohner in einer zentralen Datenbank mit ihren biometrischen Merkmalen zu speichern. Die Daten sollten für alle möglichen öffentlichen oder privaten Zwecke genutzt werden. Es gab eine lange Kontroverse, die schließlich 2010 dazu führte, dass das Projekt aufgegeben wurde. In einem großen Bericht der London School of Economics and Political Science (LSE) wurde das Für und Wider des Gesetzesvorhabens aufgearbeitet. Schon im Vorwort schreibt der britische Datenschutzbeauftragte Richard Thomas, das Vorhaben rufe erhebliche Sorgen in Sachen Datensicherheit und Datenschutz hervor, ohne dass dem große Vorteile gegenüberstünden. So ließe sich Terrorismus erheblich besser mit schärferen Grenzkontrollen und besserer Ausstattung der Polizei bekämpfen als mit dieser zentralen Datenbank. »Der Plan ist zu komplex, technisch unsicher, unnötig freiheitsbeschränkend und hat kein öffentliches Vertrauen«, heißt es in dem Bericht. Wegen seiner Größe und Komplexität setze es umfangreiche Sicherungsmaßnahmen voraus, die das Unterfangen sehr teuer machen würden. »Das Risiko eines Versagens des Systems ist so groß, dass es als eine mögliche Gefahr für das öffentliche Wohl und die Rechte der Individuen betrachtet werden muss.« Auch warnten die LSE-Wissenschaftler, wie das französische Verfassungsgericht, ausdrücklich davor, zu viele Ziele gleichzeitig zu verfolgen: »Das Ziel der Verbrechensbekämpfung lässt sich kaum sinnvoll mit dem Ziel kombinieren, die biometrischen Identitätsnachweise für die Zuteilung öffentlicher Dienste und Leistungen zu verwenden.« Auch sei zu befürchten, dass Menschen wegen fehlender oder nicht richtig funktionierender biometrischer Identitätsnachweise der Zugang zu zum Teil lebenswichtigen staatlichen Leistungen und Hilfen versperrt werde.[7]

Arme haben kein Recht auf Datenschutz

Ich habe die Gründe, warum biometrische Mega-Datenbanken in Großbritannien und Frankreich gestoppt und in solcher Form in kaum einem westlichen Industrieland (offen) eingeführt wurden, deswegen so ausführlich dargestellt, weil all das für Entwicklungs- und Schwellenländer absurderweise keine Rolle spielen darf. Diesen Ländern werden vor allem aus den USA, Großbritannien, Schweden und von der Weltbank genau diese zentralen, multifunktionalen Datenbanken aller Bürger aufgedrängt und von ihnen finanziert. Dabei sprechen die meisten Argumente dort noch viel stärker dagegen als in entwickelten Ländern mit Datenschutz, höherer Datensicherheit und stabiler Demokratie.

Besonders ehrgeizig in Sachen biometrische Erfassung ist das Weltwirtschaftsforum, der Klub der größten internationalen Konzerne und Multimilliardäre. Um den Zustand der Welt zu verbessern, so der Slogan, arbeitet der Klub an einem globalen Konzept für ein Netz biometrischer Datenbanken, das möglichst alle Weltbürger erfassen soll. Das Programm nennt sich *Disruptive Innovation in Financial Services*, zu Deutsch etwa *Umwälzende Innovation in Finanzdiensten*. Es wird von der allgegenwärtigen Bill & Melinda Gates Foundation gesponsert.[8] In einem Bericht des Forums wird bedauernd eingeräumt, dass sich eine einheitliche globale Identitätsdatenbank über alle Länder hinweg nicht umsetzen lässt. Um dennoch zum Ziel zu kommen, müsse man einzelne Systeme aufbauen und später Verbindungen zwischen diesen Systemen schaffen. Am besten, so die Empfehlung, kümmern sich die Finanzinstitute um den Aufbau dieses vernetzten Systems. Denn sie hätten Erfahrung damit, auf globaler Ebene Standards zu entwickeln und diese dann national umzusetzen.[9]

Die Weltbank hat ein Programm namens *Identification for Development* aufgelegt, mit dem sie biometrische Erfassung und zentrale Datenbanken in armen Ländern weltweit fördert. Es ist natürlich wieder als öffentlich-private Partnerschaft mit vorwiegend amerikanischen Konzernen und Stiftungen gestaltet. Dass diese Datenbanken dann oft von autoritären Regierungen verwaltet werden und es kaum Datenschutz und völlig unzureichende Datensicherheit gibt, spielt keine Rolle. Die Gates-Stiftung fördert auch dieses Programm. Auch Bill Gates' Partner in der *Besser-als-Bargeld-Allianz*, das Omidyar Network, ist ein Hauptsponsor.[10]

Gates erläuterte 2015 auf dem *Financial Inclusion Forum* in Washington, dass es sein Ziel sei, in Indien, Pakistan, Bangladesch und Afrika umfassende Identifikationssysteme zu schaffen. Seine Stiftung arbeite dort eng mit den Zentralbanken zusammen.[11] Sicher nicht zufällig nimmt er sich die bevölkerungsreichsten Länder der Welt – außer China, wo er keinen Zugang hat – zuerst vor. In Washington gibt es seit 2014 auch eine Organisation namens *ID4Africa*. Chef ist ein Veteran der US-Sicherheitsindustrie, Joseph Atick. Die sehr finanzkräftige Gruppe wirbt in Afrika dafür, dass alle biometrisch erfasst werden. Sie hat hochrangige »Botschafter« in fast allen Ländern und veranstaltet große Kongresse. Im Beirat sitzen Weltbank und UNCDP, außerdem das von Gates finanzierte *Center for Global Development*.

Für den *ID4Africa*-Kongress 2018 in Nigeria schrieb Atick auf, wie sich seine Organisation die ideale biometrische Datenbank vorstellt: als *harmonisiertes Ökosystem*. Auf dieses Schlagwort wurden die Kongressteilnehmer aus ganz Afrika eingeschworen. Definiert ist *Harmonisierung* als genau das, was in westlichen Demokratien nicht möglich ist, jedenfalls nicht offen: »Die Identität einer Person ist über alle Datenbanken hinweg miteinander zu verknüpfen.« Daten von Meldeämtern, Gesundheitsinstitutionen, Versicherungen und privaten Einrichtungen sollen alle so verbunden sein, dass, wenn eine aktualisiert wird, diese Änderung in allen anderen direkt übernommen wird: »Eine Identifikationsnummer für ein Individuum über ein ganzes Leben für alle Anwendungen sollte das Prinzip sein.«[12] Ein absoluter Horror für jeden Datenschützer.

Geheimdienste als treibende Kraft

Die enge Verbindung des ID-Themas mit den Sicherheitsbehörden und der Sicherheitsbranche bei *ID4Africa* ist kein Einzelfall. Das sieht man leicht an der Besetzung der jährlichen *Glo-*

bale-Identität-Gipfel, die die US-Regierung zur Zusammenarbeit mit den »biometrischen und Identitätsgemeinschaften« abhält. Diese Treffen sind auf der offiziellen Seite dominiert vom Verteidigungsministerium, der Homeland Security und dem FBI und auf der privaten Seite von Firmen aus den Branchen biometrische Identifikation, Verteidigung und IT. Diese haben in aller Regel sehr enge Geschäftskontakte zu Geheimdiensten, Militär und Polizei.[13] Seit 2017 heißt das Treffen *Federal Identity Forum & Homeland Security*.

Um die Technologie der biometrischen Identifikation haben sich zunächst vor allem die Geheimdienste gekümmert. Im Jahr 1992 bildeten der Geheimdienst NSA und die Standardisierungsbehörde NIST gemeinsam das *Biometric Consortium*. Im Jahr 1993 startete das US-Verteidigungsministerium unter Federführung seiner Forschungsbehörde DARPA das *Programm zur Nutzung und Weiterentwicklung der Gesichtserkennung* (Face Recognition Technology program, FERET). Den großen politischen Schub gab es 2001 durch den Terroranschlag auf das World Trade Center. Der *Nationale Wissenschafts- und Technologierat* der US-Regierung gründete einen *Unterausschuss für Biometrie*, um die Forschung und internationale Zusammenarbeit auf diesem Gebiet zu verbessern. Die EU schloss sich an und gründete das *Europäische Biometrieforum* (EBF), um nationale Programme zur biometrischen Erfassung der Bevölkerung zu stärken und zu koordinieren. In weniger als zwei Jahren hatte praktisch die gesamte westliche Welt die Nutzung biometrischer Verfahren in den Rang einer politischen Priorität erhoben.[14] Parlamente waren damit allenfalls rudimentär befasst.

Auf offiziellem oder inoffiziellem Wege finden diese Daten ihren Weg zu den Geheimdiensten. Ein Artikel im *National Defense Magazine* von 2009 zitiert Al Miller, einen Berater der Heimatschutzbehörde, mit der Feststellung, die USA hätten 2008 schon 25 bilaterale Vereinbarungen zum Austausch biometrischer Daten gehabt. Immer wenn ausländische politische Führer nach Washington kämen, sorge das Außenministerium dafür, dass sie ein solches Abkommen unterschreiben.[15] Im November 2011 veröffentlichte WikiLeaks geheime Berichte der US-Botschaft in Pakistan aus dem Jahr 2009. Es ging um ein Angebot der US-Heimatschutzbehörde, der pakistanischen Regierung die Geräte und Software zu schenken, mit der sich die Voranmeldedaten für Flugpassagiere analysieren und mit anderen Datenbanken verknüpfen lassen. Der Hintergrund: Pakistan hat ein Programm zur biometrischen Erfassung aller Bürger, genannt Nadra, nach der Abkürzung der zuständigen Behörde. Die Flugdatenbank hätte mit Nadra verknüpft werden müssen, was den USA vermutlich den Zugang zu den biometrischen Daten aller pakistanischen Bürger eröffnet hätte.

Schon das Vorgängerprogramm für die Analyse der Fluganmeldungen namens Pisces hatte man von den USA geschenkt bekommen. Der Anbieter von Pisces war der NSA-Auftragnehmer, für den Edward Snowden gearbeitet hatte. Der Verdacht lag nahe, dass eine Hintertür für die NSA eingebaut war.[16] Pakistan hatte offenbar keinen Zugang zu dem Programm und konnte selbst nichts daran ändern oder es untersuchen. Alle Passwörter waren exklusiv in der Hand des Herstellers.[17] In einem Bericht der Tageszeitung *Daily Pakistan* von damals wird der großzügige Eifer der USA, Pakistan einen Nachfolger für Pisces zu schenken, damit erklärt, dass die Regierung gerade im Begriff war, Pisces durch eine selbst entwickelte Technologie zu ersetzen.

Es scheint, als sei aus dem Deal damals nichts geworden, auch wegen pakistanischer Sorgen um schlechte Presse. Dafür wurde später bekannt, dass die Nadra-Behörde ihre Dienstleistungen für Auslandspakistanis in Großbritannien an die zufällig 2009 gegründete Privatfirma *International Identity Services* (IIS) abgegeben hatte.[18] Somit hatte eine kleine britische Gesellschaft Zugang zu allen biometrischen und sonstigen Daten fast aller Pakistani. Das dürfte den Informationshunger der NSA auf ähnliche Weise gestillt haben, wie wenn sie Pakistan das Pisces-Nachfolgerprogramm hätte liefern dürfen.

Der Zugang von Geheimdiensten und Polizeibehörden zu allen Transaktionen, die mithilfe biometrischer Daten abgewickelt werden, dürfte sich nochmals dramatisch verbessern, wenn die Identifizierung über Daten auf den Smartphones durch die Identifizierung mittels in der Cloud gespeicherter Daten abgelöst wird. Die Cloud ist ein Marketingbegriff für Computerserver großer zentraler Anbieter wie Google, Microsoft oder Amazon. Man kann sich darauf verlassen, dass die Sicherheits- und Geheimdienste ihren Zugang zu diesen Servern haben. Im März 2018 hat US-Präsident Trump ein »Cloud-Gesetz« verabschiedet, das ohne Aussprache als Anhang eines Haushaltsgesetzes durch das Parlament geschleust wurde und das genau das sicherstellen soll.

Flüchtlinge als wehrlose Versuchskaninchen

Den Zusammenhang von biometrischer Erfassung und finanzieller Inklusion hat Elisabeth Rhyne vom *Center for Financial Inclusion* in besonders deutlichen Worten hergestellt. Sie drängte darauf, die Hilfe für Kriegs- und Katastrophenopfer für die Bargeldbeseitigung zu instrumentalisieren. Diese nur noch digital auszuzahlen koste nichts, bringe aber viel, und die Regierungen der Empfängerländer könne man nötigen, es mit ihren eigenen Hilfen ebenso zu machen.[19]

Vor allem das UN-Flüchtlingshochkommissariat UNHCR ist in dieser Richtung sehr aktiv, oft zusammen mit der Gates-Stiftung und anderen aus der *Besser-als-Bargeld*-Fraktion. Für Nigeria kündigte das UNHCR im Dezember 2017 an, man wolle zusammen mit der nationalen Identitätsbehörde NIMC 100 000 durch die Terrororganisation Boko Haram intern Vertriebene im Norden des Landes biometrisch erfassen, um ihnen eine nachweisbare Identität und damit »mehr Sicherheit« zu geben.[20] In Jordanien und anderen Nachbarländern Syriens waren im Februar 2018 sogar schon 2,3 Millionen syrische Flüchtlinge biometrisch registriert. Dort ist das Mittel der Wahl der Iris-Scanner. Nach Angaben der Hilfsorganisation Oxfam sollen 2017 bereits 4 Millionen Geflüchtete in 43 Ländern biometrisch erfasst worden sein, ganz überwiegend von den UN-Organisationen und ihren Partnern. Kooperierende Hilfsorganisationen werden unter Druck gesetzt, dem Beispiel der UN zu folgen.[21] Hauptbegründung – oder Vorwand, je nach Sichtweise – ist finanzielle Inklusion. Es geht angeblich um die Erleichterung des bargeldlosen Bezahlens für die Flüchtlinge. In den Lagern gibt es von UNHCR und Hilfsorganisationen keine Rationen mehr, sondern Geld, mit dem die Flüchtlinge in Läden vor Ort einkaufen können. Nachdem die Flüchtlinge biometrisch registriert sind, können sie nur noch einkaufen, indem sie sich durch den Blick in eine Kamera an der Kasse ausweisen. Das dient gleichzeitig als Genehmigung des Kassenbelegs. Bezahlt für die technische Ausrüstung hat die *International Finance Corporation* (IFC), eine Tochter der Weltbank. UNHCR hat inzwischen begonnen, die Blockchain-Technologie zu nutzen. Dabei werden die Daten der Flüchtlinge, inklusive der Information, wann und wo sie einkaufen, für immer unabänderlich im Internet gespeichert, allerdings so anonymisiert, dass idealerweise nur der Geldgeber die Identität kennt.[22]

Wie unsicher das in Wirklichkeit ist, weiß man. Im Dezember 2017 hackte sich ein Technologieunternehmen in den Cloud-Server einer Datenplattform, die von UN-Behörden und sogenannten Nichtregierungsorganisationen genutzt wurde, und bekam Zugriff auf Namen, Fotos und Familiendaten von Tausenden Hilfsempfängern in Westafrika. Verbindliche Richtlinien über die Erhebung und Sicherung dieser sensiblen Daten von sehr verwundbaren Menschen gibt es nicht. Auch wird Betrug und Umlenkung von Hilfen auf diese Weise nicht weniger wahrscheinlich, sondern sogar erleichtert, wenn die Daten auf unsicheren Datenbanken gespeichert werden, zu denen alle möglichen Nutzer Zugriff haben.[23]

Damit man kein Bargeld ausgeben muss, werden die Flüchtlinge also einer Totalüberwachung unterworfen, bei der der Betreiber der Datenbank, oft auch das Gastland, und jeder erfolgreiche Hacker jeden Einkauf und jeden Ortswechsel nachverfolgen können. So etwas könnte man den Leuten ansonsten allenfalls in China aufzwingen, aber Flüchtlinge haben ja keine große Wahl, wenn sie nicht über finanzielle Reserven verfügen. Dass es bei aller Inklusionsrhetorik vorrangig um Überwachung und Kontrolle der Flüchtlingsbewegungen geht, ist ziemlich offensichtlich. Wer einmal biometrisch registriert wurde, kann weltweit schnell und zuverlässig identifiziert werden.

Das ist problematisch, wenn man bedenkt, dass es sich bei Flüchtlingen oft um Menschen handelt, die verfolgt werden. Nicht nur in den Herkunftsländern, sondern auch in den ersten Zielländern der Flüchtlinge gibt es oft keine stabilen demokratischen Verhältnisse. Sie haben keinerlei Garantie, dass ihre Daten nicht in den Händen fragwürdiger Regime oder Gruppen landen, die ihnen und ihren zu Hause gebliebenen Verwandten nicht wohlgesinnt sind. Regierungen des Libanon und anderer Gastländer haben sich Zugang zu den Datenbanken mit den Flüchtlingsdaten ausbedungen und Geberländer setzen die Daten in ihrem »Krieg gegen den Terror ein«.[24] Schon die von Edward Snowden veröffentlichten geheimen NSA-Dokumente zeigten, dass die NSA und ihr britischer Gegenpart internationale Hilfsorganisationen gezielt ausspionierten.[25]

Wer sich nicht biometrisch registrieren lässt, bekommt vom Betreiber der meisten Flüchtlingscamps im Nahen Osten, dem UNHCR, keine Hilfe. Insofern ist die Einwilligung in die Datenschutzregeln des UNHCR, der sich das Recht zur beliebigen Datenweitergabe einräumen lässt, alles andere als freiwillig. In Europa dürften die Iris-Scanner, die in Jordanien massenhaft eingesetzt werden, unter solchen Bedingungen nicht verwendet werden. Westliche Tech-Unternehmen und Regierungen benutzten Flüchtlinge als Probanden in schwach regulierten Gegenden, kritisiert Paul Currion, ein unabhängiger Berater für humanitäre Fragen, der im Irak und in Afghanistan für Hilfsorganisationen gearbeitet hat.[26] Für die Tech-Unternehmen ist das prima: Sie können ihr Geschäftsmodell als humanitäre Hilfe verkaufen, bauen dabei Verbindungen zu westlichen Regierungen auf und können in großem Maßstab ihre Geräte testen.

Ursprünglich wurde das biometrische Registrierungsprogramm des UNHCR von der EU und der US-Regierung gesponsert. Dabei drängte die US-Regierung auf die Nutzung einer vom Heimatschutzministerium entwickelten Fingerabdruck-Technologie.[27] Die Geräte und Technologie für das UNHCR liefert heute das Unternehmen IrisGuard von Imad Malhas. Im Aufsichtsrat des Unternehmens sitzen Richard Dearlove, bis 2004 Direktor des britischen Auslandsgeheimdienstes MI6, und Frances Townsend, Beraterin für Heimatschutz des damaligen US-Präsidenten George W. Bush. Den Vorläufer seines Systems für die Flüchtlingslager setzte IrisGuard in den Vereinigten Arabischen Emiraten ein, um illegale Einwanderer zu identifizieren, damit sie abgeschoben werden konnten. Malhas kann die Tests mit den Flüchtlingen gut gebrauchen. Er will seine Scanner zu Allroundprodukten machen, unter anderem für das Homebanking über private Laptops, damit sich niemand mehr Passwörter merken muss. Auch das Bezahlen durch den Blick in die Kamera statt mit Kreditkarte oder Mobiltelefon wie in den Flüchtlingscamps hält er für massentauglich. Getestet an Millionen unfreiwilligen Versuchskaninchen wird es ja schon.[28]

Die große britische Hilfsorganisation Oxfam hat aus solchen Gründen 2015 beschlossen, bis auf Weiteres keine biometrischen Verfahren mehr einzusetzen. Die Organisation beauftragte das Beratungsunternehmen The Engine Room mit einer Bestandsaufnahme der Chancen und Risiken.[29] Die Berater sichteten die Literatur zu dem Thema und befragten vor Ort tätige Entwicklungshelfer ebenso wie betroffene Flüchtlinge. Das Ergebnis war wenig schmeichelhaft: »Biometrie fällt in die Kategorie der experimentellen Anwendungen von Technologien, die sehr viel Hype und Aufmerksamkeit bekommen, obwohl es keinen Nachweis gibt, dass sie tatsächlich zur Lösung humanitärer Probleme beitragen.« Es sei noch nicht einmal ernsthaft untersucht worden, ob der erhebliche Zeit- und Kostenaufwand der Einführung durch die späteren Zeit- und Kostenersparnisse gerechtfertigt ist. Das ist ein starkes Indiz, dass es darum nicht wirklich geht. Bei genauerer Betrachtung blieb auch von der Verheißung der Werber wenig übrig, Biometrie könne die Fehlleitung von Hilfsleistungen abstellen. Bekanntermaßen geschehe das Meiste an betrügerischer Umleitung von Hilfsgeldern nicht erst bei Hilfsempfängern, die sich zweimal anstellen. Biometrie werde aber ausschließlich zur Kontrolle der Flüchtlinge genutzt, nicht zur Kontrolle der eigenen Angestellten oder der Mitarbeiter von Partnerorganisationen.

Die US-Regierung hält sich in Abwesenheit einer heimischen Willkommenskultur nicht lange mit dem Vorwand auf, was geschieht, geschehe zum Wohle der Flüchtlinge. Die US-Heimatschutzbehörde rüstet die Beamten des Nachbarlands Mexiko an Kontrollpunkten und in Immigrationsgefängnissen mit Gerätschaften und Beratern zur Erfassung biometrischer Merkmale aus. Das soll nach Ansicht von US-Regierungsstellen Vorbild für ähnliche Programme in weiteren Ländern Mittelamerikas sein. Die in Mexiko erfassten Daten gehen unmittelbar an die Heimatschutzbehörde und andere US-Behörden.[30] Das Geheimprogramm aus dem Jahr 2014 wurde erst 2018 durch die *Washington Post* bekannt gemacht, weil die aggressive Rhetorik von Präsident Trump gegenüber Mexiko der Zeitung zufolge die Fortsetzung dieses wichtigen Programms gefährde. Die *Post* gehört übrigens Amazon-Chef Jeff Bezos.

Schauplatz Indien: Bargeldabschaffung und eine biometrische Mega-Datenbank

Am 8. November 2016 geschah auf zwei gegenüberliegenden Seiten des Globus Spektakuläres. Doch nur das Ereignis in den USA erregte bei uns größere Aufmerksamkeit. Dort gingen die Wähler zu den Urnen, um Wahlmänner zu wählen, die schließlich Donald Trump ins Präsidentenamt bringen sollten. In Indien trat um acht Uhr abends Ministerpräsident Narendra Modi vor die Kameras. Er verkündete völlig überraschend, dass ab Mitternacht die beiden größten Geldscheine zu 500 und 1000 Rupien (umgerechnet etwa 7 Euro und 14 Euro) keine Zahlungsmittel mehr sein würden. Mit dieser »Demonetisierung«, wie das in Indien genannt wurde, konnten auf einen Schlag 85 Prozent des umlaufenden Bargeldes nicht mehr benutzt werden. Eine solch autoritäre, überfallartige Maßnahme ohne jede Parlamentsbeteiligung kann man sich bei uns kaum vorstellen. Dabei wäre sie hierzulande noch vergleichsweise harmlos. In Mitteleuropa hat fast jeder mindestens eine Kredit- oder Girokarte und ein Bankkonto. In Indien werden 97 Prozent der Zahlungen im Einzelhandel mit Bargeld abgewickelt und 94 Prozent der Händler hatten zur Zeit der Demonetisierung keine Kartenlesegeräte.[31] Ein Internetzugang ist für viele Inder pure Theorie. Auch das Mobilfunknetz funktioniert auf dem Land allenfalls rudimentär und in städtischen Regionen eher schlecht.

Die plötzlich ungültigen Scheine mussten die Menschen in völlig überlasteten Banken vor Jahresende auf ein Konto einzahlen und bei größeren Mengen zudem die legale Herkunft des Geldes beweisen. Andernfalls verfiel es. Bankautomaten gaben kein Geld mehr aus. Die Notenbank druckte zwar neue Scheine, aber vor allem solche zu 2000 Rupien. Diese waren größer als die alten Scheine und passten nicht in die Automaten. Auch waren sie von begrenztem Nutzen, denn es gab praktisch kein Wechselgeld für diese großen Scheine. Die Bargeldauszahlung am Bankschalter wurde streng rationiert.

Für Abermillionen Inder brachte der Mangel an Geld große Härten, oft sogar existenzielle Bedrohung mit sich. Vor allem Wanderarbeiter und generell die vielen sehr Armen in abgelegenen ländlichen Regionen wurden hart getroffen. Sie hatten entweder keinen Zugang zu einem Konto oder sie mussten tagelang bei Banken anstehen, anstatt ihren Lebensunterhalt zu verdienen.

Niemand hatte mehr Bargeld, um Tagelöhner oder Rikschafahrer oder Schuhputzer zu bezahlen. Wer über etwas Bargeld verfügte, hob es sich für wichtige Käufe auf. Sehr viele Menschen verloren ihre Stelle und ihr Einkommen, weil ihre Arbeitgeber keine Abnehmer für ihre Produkte oder Dienstleistungen mehr fanden und ihnen das Geld für Lohnzahlungen fehlte. Viele Millionen kleine Händler wurden hart getroffen. Wer eine Kreditkarte hatte, ging lieber ins Einkaufszentrum, wo er bargeldlos bezahlen konnte, als beim Händler um die Ecke sein knappes Bargeld auszugeben.

Ein Augenzeugenbericht zur Bargeldbeseitigung

Der Bericht, den mir ein im südindischen Bundesstaat Kerala lebender Deutscher für meinen Blog zur Verfügung stellte, gibt ein Bild von dem Chaos:[32]

»Kerala, 14.11.2016: So eine indische Währungsreform ist aufregend! Für ahnungslose Touristen besteht die Möglichkeit, einmalig 5000 Rupien (70 Euro; N.H.) in neue Scheine umzutauschen, allerdings, wie für alle anderen auch, nur bis zum 30. Dezember. Die Tausenden Wanderarbeiter aus Orissa, Bihar und West-Bengalen, die hier in Kerala ohne Papiere als Sklaven in den unmenschlichen Sperrholzfabriken arbeiten und ihr Geld bis zur Heimfahrt verstecken, haben ganz schlechte Karten! Es gibt deshalb schon kleine Unruhen. Unter bestimmten Voraussetzungen, die für uns zum Glück zutreffen, können wir bis zu 250000 Rupien, aber nur 49000 pro Tag, bar aufs Konto einzahlen, ohne Herkunftsnachweise vorlegen zu müssen, was an einer von drei Schlangen in unserer völlig verstopften Bank geschieht. Man steht stundenlang an, es wird geschubst, gedrängelt, und immer sind alle ganz eng aneinandergequetscht. Es stinkt, ist furchtbar heiß und lärmt, weil keiner weiß, wo er sich nun anstellen soll. Eine Schlange ist zum Einzahlen größerer Beträge, die nächste nur zum Umtausch und die dritte für das Einzahlen kleinerer Werte sowie das Abheben frischen Geldes. Frauen bilden separate Schlangen, es winden sich letztlich sechs Menschenreihen kreuz und quer durch den relativ kleinen Raum, vorbei an nur halb offenen, mit dicken Ketten fixierten Scherengittern, in den Gang die enge Treppe runter – entsetzlich! Dazwischen im dunklen Flur noch ein improvisiertes Tischchen, an dem vor Schweiß triefendes Personal sitzt, um des Schreibens Unkundigen zu helfen, die Formulare auszufüllen. In Kartons, Schüsseln, Eimern und lose die Drahtwände hochgestapelt die alten Geldscheinbündel.

Einige Tage später: Mittlerweile hat sich die Bankensituation, zumindest bei uns im Dorf, etwas beruhigt. Aber von Normalität kann keine Rede sein. Andernorts geht es jetzt erst richtig los, da ganze Geschäftszweige infolge von Bargeld- und Wechselgeldknappheit zusammenbrechen, was natürlich Kettenreaktionen auslöst und Tausende ins Elend stürzt. Hunderte Leute setzen ihrem Leben ein Ende, nicht wissend, wie sie das alles überstehen sollen; Haben sie z. B. kürzlich ihr gesamtes Land für die Behandlung einer Krankheit oder eine geplante Hochzeit verkauft, wird dieses Geld plötzlich als illegal eingestuft und erfordert ungeheure Anstrengungen, es zu legalisieren, wenn überhaupt möglich. Manche der Schwächeren brechen während des manchmal tagelang dauernden Anstehens vor und in den Banken zusammen, oft mit Todesfolge. Zunehmende Demos, Streiks und teilweise gewalttätige Aufstände sind an der Tagesordnung, so manche Landesregierung opponiert vehement gegen die Entscheidungen und Vorgehensweise der Zentralregierung in Delhi.

Ein Monat später, 13.12.2016: Es gibt immer noch kaum Bargeld, man bekommt davon wöchentlich von den Banken nur lächerlich wenig ausgezahlt – 24 000 Rupien (280 Euro) in riesigen 2000-Rupien-Scheinen, die keiner wechseln kann. Man treibt die Menschen dadurch mit Zwang zu Kontereröffnungen und bargeldlosem Geldtransfer.«

Variable Begründung für eine radikale Maßnahme

Selbst ein Jahr später gab es noch große Probleme mit der Bargeldversorgung, weil die Notenbank nicht die passenden kleineren Scheine druckte und die Banken sich zunehmend weigerten, den Händlern ihre Münzeinnahmen abzunehmen. Dagegen protestierten im Oktober 2017 Händler mit Plakaten. Sie wurden ins Gefängnis gesteckt, wegen Anstiftung zum Aufruhr. Der Hauptbeschuldigte, Raju Khanna, sagte:»Wir müssen bald unser Geschäft aufgeben. Seit der Demonetisierung gibt es nicht genug Geldscheine in Umlauf. Kleine Händler wie wir bekommen nun vor allem Kleinmünzen. Aber die Banken nehmen diese nicht mehr an. Sie sagen, sie haben keinen Platz für die vielen Münzen.«[33]

Regierungschef Modi zeigte sich gänzlich unbeeindruckt von den Problemen der Menschen und ließ durchblicken, dass ihm solche Schwierigkeiten für Bargeldnutzer ganz recht sind.»Mein Ziel ist es, Banknoten hinter uns zu lassen und zu digitalen Konten überzugehen. Ich will eine Gesellschaft ohne Bargeld«, sagte er im Juni 2017 in einem Interview.[34] In diesem Sinne werden nach und nach die Regierungspläne umgesetzt, Barzahlungen an Tankstellen, in Krankenhäusern und Universitäten und generell für Käufe von über umgerechnet 4000 Euro zu verbieten. Importe von Kartenlesegeräten und Fingerabdruck-Scannern wurden zollfrei gestellt.[35]

Anfangs hatte die indische Regierung ihre radikale Maßnahme als Kampagne gegen Kriminalität und Korruption verkauft. Der Verteidigungsminister sprach Mitte November 2016 von einem chirurgischen Eingriff gegen Schwarzgeld, Terrorfinanzierung und Drogengeld.[36] Die Regierung prognostizierte, dass ein Drittel des Bargeldes verfallen würde, weil seine Besitzer nicht wagen würden, es auf die Bank zu bringen. Nichts davon trat ein. Im September 2017 veröffentlichte die Notenbank das Endergebnis: Volle 99 Prozent der für ungültig erklärten Scheine waren bei Banken eingezahlt worden.[37] Ohnehin war die Begründung für die Demonetisierung von vornherein fragwürdig, da nur ein kleiner Teil der großen illegal erworbenen Vermögen als Bargeld gehalten wird. Das meiste wird in Form von Unternehmen, Schmuck, Häusern und Grundstücken gehalten, oft auch außer Landes.[38] Doch noch 2016 hatte Modi die Begründung für seine rabiate Kampagne geändert. Jetzt ging es plötzlich um finanzielle Inklusion der Armen und um Modernisierung des Finanzsystems. Im Parlament präsentierte er am Jahresende eine weitere originelle Variante: Man müsse die Armen gegen jene ermächtigen, die das Bankensystem betrögen und ihm Einlagen entzögen.[39]

Die Besitzer von Schwarzgeld und von legalem Geld, für das Nachweise fehlten, fanden Wege, das Geld zu waschen. Unternehmer entlohnten Arbeiter und Lieferanten im Voraus, um ihr Geld loszuwerden. Andere bezahlten Leute ohne eigenes Geld oder kriminelle Netzwerke dafür, das Geld unter deren eigenem Namen einzuzahlen. Manche Bankbeamte ließen sich bestechen. So verloren zwar Schwarzgeldbesitzer und Leute mit viel legalem Bargeld einen Teil ihres Barvermögens, aber das geschah nur zugunsten von Gelegenheitskorrupten und Kriminellen. Letztlich war das Ganze ein großes Korruptionsförderungsprogramm. »Keiner der Besitzer von Schwarzgeld, mit denen wir sprachen, beklagte sich über die Demonetisierung«, schreibt ein Team von Wissenschaftlern, das die Auswirkungen im Bundesstaat Tamil Nadu erforschte.[40]

Wer sich allerdings ausgiebig bei den Wissenschaftlern über die Demonetisierung beschwerte, waren ausgerechnet Frauen. Das ist bemerkenswert, weil die Digitalisierung des Zahlungsverkehrs als Maßnahme zur Inklusion oder gar *Ermächtigung* von Frauen verkauft wird. In Indien stellte sich das Gegenteil als wahr heraus. Weil sich das Geld auf Konten so leicht feststellen und nachverfolgen lässt, fühlten sich die indischen Frauen durch die Demonetisierung entrechtet und ausgeliefert. Sie waren gewohnt, ihr eigenes Geld innerhalb ihrer persönlichen Netzwerke unter Kontrolle zu haben, »Wenn ich das Geld auf der Bank habe, muss ich meinem Ehemann alles erklären und beweisen«, sagte die Hausfrau S. Dalit den Wissenschaftlern. Eine Ladenbesitzerin namens P. berichtete aus ihrem Kundinnenkreis: »L. hat einen Ehemann, der das Geld für Alkohol ausgibt. Sie hatte 50 000 Rupien für die Zukunft des Kindes beiseitegeschafft, von denen er nichts ahnte. Jetzt weiß er es. Jetzt macht er ihr Probleme und will das Geld haben. Das andere Problem ist, dass man befürchten muss, das Geld von der Bank nicht gleich zu bekommen, wenn man es braucht. Die Banken geben nur kleinere Beträge heraus.«

Als gäbe es solche Probleme nicht, erklärte Melinda Gates zum Weltfrauentag 2018, warum die Gates-Stiftung 170 Millionen Dollar für die *Ermächtigung* der Frauen per Bankkonto in Indien, Kenia, Uganda und Tansania ausgeben werde. »Wenn Frauen Geld in der Hand haben und die Autorität, zu entscheiden, wie sie es ausgeben, bekommen sie Selbstvertrauen und Macht. Unsere Investitionen konzentrieren sich deshalb darauf, sicherzustellen, dass Frauen digitale Finanzdienste nutzen können.«[41]

Viele Spuren führen nach Washington

Die US-Investmentbank Morgan Stanley listete als Aktien, die von der vorübergehenden Bargeldabschaffung in Indien besonders profitieren würden, die Papiere von Amazon, Visa und MasterCard auf.[42] »Die Digitalisierung des Zahlungsverkehrs könnte Indien zu einem bedeutsamen Markt für internationale Konzerne machen«, sagte der Leiter des Asien-Researchs, Anil Agarwal, bei der Vorstellung der Studie und sprach von »einer Multi-Billionen-Dollar-Gelegenheit.«[43] Amazon ist in Indien die Nummer zwei hinter dem Marktführer Flipkart, der rund 40 Prozent des dortigen Online-Handels kontrolliert. Im April 2018 kaufte der US-Warenhauskonzern Walmart für 16 Milliarden Dollar eine Mehrheitsbeteiligung von 77 Prozent an Flipkart und vereitelte so, dass Amazon zum Zuge kam. Die restlichen Anteile werden unter anderem von Microsoft und der chinesischen Tencent gehalten.[44] Der indische Online-Handel ist nun zu deutlich über der Hälfte in amerikanischer Hand.[45]

Aber warum würde ein Regierungschef, selbst ein autokratischer und extravaganter wie Narendra Modi, seinen Rückhalt in der Bevölkerung riskieren, um ausländischen Zahlungsverkehrsdienstleistern und heimischen Banken einen Gefallen zu tun? Der indischen und internationalen Öffentlichkeit erzählte man zunächst über die Medien die Geschichte, nur eine Handvoll Vertrauter Modis habe den Plan im Geheimen ausgeheckt.[46] Schaut man sich die Vorgeschichte genauer an, so ist diese Version ziemlich unplausibel.

Zu den ersten prominenten ausländischen Besuchern Indiens nach dem Paukenschlag der Demonetisierung gehörte nicht von ungefähr Bill Gates. Er hielt eine Vorlesung über Modernisierung, zu der Premierminister Modi ebenso pilgerte wie Finanzminister Arun Jaitley und eine ganze Reihe weiterer Minister. Digitales Bezahlen könne das Leben der Armen transformieren, sagte Gates. Wenn die vorübergehende Bargeldbeseitigung dazu beitrage, die Digitalisierung des Bezahlens zu beschleunigen, dann sei das die vorübergehenden Schmerzen allemal wert.[47]

Die indische Regierung durfte durchaus erwarten, dass Gates ihr den Rücken stärkte. Immerhin arbeiteten Gates-Stiftung und indische Zentralbank seit 2012 bei der Digitalisierung des Zahlungsverkehrs eng zusammen. 2012 war das Jahr, in dem die indische Zentralbank ein Kernmitglied (Principal Member) der von Gates finanzierten *Allianz für Finanzielle Inklusion* wurde. Auf dem *Financial Inclusion Forum* in Washington im Dezember 2015 hatte Gates verkündet, dass seine Stiftung anstrebe, innerhalb von drei Jahren, also bis etwa Ende 2018, die Wirtschaft Indiens vollständig digitalisiert zu haben.[48] Von diesem ehrgeizigen Ziel war Gates Ende 2016 noch weit entfernt. Ein Schub, wie der durch Modis radikale Maßnahme gegen das Bargeld, war also hochwillkommen.

Indiens Notenbankpräsident Raghuram Rajan (2013 bis 2016) war 2003 bis 2006 Chefvolkswirt des Internationalen Währungsfonds in Washington. Bis zu seinem Amtsantritt bei der Notenbank lehrte der Wirtschaftswissenschaftler an der Universität Chicago. Eine seiner ersten Amtshandlungen war die Einsetzung einer Kommission zur Förderung der finanziellen Inklusion. Als Leiter berief er den in den USA ausgebildeten Banker und Aufsichtsratsmitglied der indischen Notenbank Reserve Bank of India Nachiket Mor. Dieser ist seit März 2016 daneben Chef der Bill & Melinda Gates Foundation India. Weitere Mitglieder der Inklusionskommission, wie der Ex-Chef der Citibank Vikram Pandit, hatten ebenfalls enge Beziehungen zu Bill Gates und seiner *Besser-als-Bargeld-Allianz*.

Rajan selbst scheint weniger radikale Maßnahmen gegen das Bargeld bevorzugt zu haben. Er verzichtete nach öffentlichen Anfeindungen aus der Regierungspartei im Sommer 2016 auf die übliche zweite Amtszeit als Notenbankchef.[49] In einem Buch, das ein Jahr nach seiner Abdankung erschien, schreibt Rajan, dass die Regierung ihn im Februar 2016 nach seiner Meinung zur Demonetisierung gefragt habe. Er habe geantwortet, dass er die kurzfristigen Verwerfungen und Schäden für zu groß halte.[50] Wirtschaftsminister Shaktikanta Das sagte, die Regierung sei seit März in intensiven Gesprächen mit der Notenbank gewesen und im Mai sei die Demonetisierung gemeinsam beschlossen worden.[51] Die Geschichte vom engen Zirkel um Modi, die man zuerst verbreitet hatte, war also falsch.

Modi hatte längere Zeit keinen guten Stand in den USA. Der radikale Hindu-Nationalist stand seit 2002 wegen seiner umstrittenen Rolle als Minister im Bundesstaat Gujarat bei anti-moslemischen Ausschreitungen mit vielen Toten auf einer Visa-Sperrliste der USA.[52] Das war vergeben und vergessen, als er nach seiner Wahl zum indischen Ministerpräsidenten 2014 seinen Antrittsbesuch beim US-Präsidenten absolvierte. Obama schwor den Gast auf finanzielle Inklusion ein und verkündete eine bevorzugte Sicherheitspartnerschaft mit Indien. Zu beidem gehörte der Ausbau des ambitionierten Programms, alle 1,3 Milliarden Inder mit einer Identifikationsnummer auszustatten, die mit biometrischen Merkmalen verknüpft ist. Dieses sogenannte Aadhaar-Programm hatte Modi als Oppositionspolitiker heftig bekämpft. Nach seinem Antrittsbesuch in Washington wurde er zum glühenden Befürworter.[53] Als Obama dann im Januar 2015 seinen Gegenbesuch machte, wurde der Beitritt Indiens zur *Besser-als-Bargeld-Allianz* beschlossen und verkündet.[54] Allianzmitglied USAID ist stolz auf seine Rolle bei der Zurückdrängung des Bargelds in Indien. In einer 2017 veröffentlichten Anleitung, wie man Regierungen dazu bringt, Bargeld zu beseitigen, wird Indien als Erfolgsbeispiel genannt. USAID schreibt:»Unter Verweis auf die Selbstverpflichtungen, die bei einem Spitzentreffen von Präsident Obama und Premierminister Modi abgegeben worden waren, gründete USAID eine enge Partnerschaft mit dem indischen Finanzministerium, formell genannt *Partnerschaft für inklusives bargeldloses Bezahlen*. Ihr Ziel ist es, innovative Ansätze für die verstärkte Nutzung von digitalem Bezahlen zu identifizieren, zu testen und massentauglich zu machen.[55] Assoziierte Mitglieder dieser Partnerschaft waren neben der *Besser-als-Bargeld-Allianz* insgesamt noch einmal separat die Allianzmitglieder Visa und MasterCard, außerdem andere Finanz-, IT- und Telekommunikationsunternehmen mit einem Geschäftsinteresse an Bargeldbeseitigung in Indien. Im Januar 2016 machte USAID in einem ersten Bericht zu dieser Partnerschaft schon im Titel deutlich, worum es ging: *Bargeld überwinden*.[56]

Das Problem aus der Sicht von USAID stellt sich so dar:»Händler und Konsumenten sind in einem Cash-Ökosystem gefangen, das ihr Interesse [an bargeldlosen Verfahren; N.H.] hemmt.« Es brauche also einen Impuls von außen. Die groß angelegte Demonetisierung zehn Monate später sollte von der indischen Regierung und ihren amerikanischen Fans dafür gepriesen werden, genau diesen Impuls in Richtung Digitalisierung geliefert und viele Konsumenten und Händler aus der Gefangenschaft im Bargeld-Ökosystem befreit zu haben.

Im Juli 2016 veröffentlichten die Boston Consulting Group (BCG) und Google einen gemeinsamen Bericht über den»500-Milliarden-Dollar-Goldtopf«, den der indische Markt für digitales Bezahlen darstelle. Auf Seite drei des Berichts heißt es, ganz so, als wüssten die Autoren, was demnächst kommen würde:»Wir erwarten, dass das Feld des digitalen Bezahlens in den nächsten Tagen grundlegende Verwerfungen erfahren wird.« Der Bericht sagt eine Verzehnfachung des digitalen Bezahlens bis 2020 voraus.[57] Auf Anfrage betonte Koautor und BCG-Seniorpartner Alpesh Shah, die Autoren hätten nichts von Modis Plänen gewusst. Der Bericht habe auch keine Beziehung zur Anti-Bargeld-Partnerschaft von USAID, indischem Finanzministerium und interessierten Firmen. Gegen beide Versicherungen spricht nicht nur das verräterische Zitat. Zum Lenkungsausschuss des Berichts gehörten Vertreter von Visa, PayTM und Vodafone, alle Teil der Anti-Bargeld-Partnerschaft von USAID und indischem Finanzministerium. Außerdem wirkt die Hauptprognose des Berichts ohne Vorahnung des radikalen Anti-Bargeld-Schritts von Regierungschef Modi völlig unplausibel.

BCG und Google waren in ihrem Bericht bemerkenswert ehrlich, worum es bei Finanzdigitalisierung im Grunde wirklich geht: um die Gewinne der vorrangig US-amerikanischen Zahlungsverkehrsdienstleister. Für diese war der Bericht gedacht, damit sie bereit wären, wenn es losginge. Die Autoren sparen sich das Gerede von finanzieller Inklusion und Hilfe für die Armen, das man in Berichten liest, die für die allgemeine Öffentlichkeit bestimmt sind. Auf 5 Milliarden Dollar im Jahr schätzen sie das erreichbare jährliche Gebührenaufkommen für die Zahlungsverkehrsdienstleister. Der Regierung geben sie die Empfehlung, in der Bevölkerung das Bewusstsein für die Kosten des Bargelds zu schaffen, einschließlich indirekter Kosten durch die nötige Bekämpfung von Schwarzgeld, Steuerhinterziehung und so weiter. Die Regierung Modi hat zu Beginn der Demonetisierung über kaum etwas so viel gesprochen wie über Schwarzgeldbekämpfung, und sie ließ die ganze Bevölkerung in Form der Demonetisierung drastisch die Kosten der (angeblichen) Schwarzgeldbekämpfung spüren.

Im September 2016, zwei Monate vor der Demonetisierung, veröffentlichte die US-amerikanische Unternehmensberatung McKinsey in Kooperation mit der Gates-Stiftung und unter Mithilfe von Nachiket Mor, Aufseher der indischen Notenbank und frischgebackener Chef der Gates-Stiftung Indien, einen Bericht, der versprach, dass die vollständige Digitalisierung des Zahlungsverkehrs die Wirtschaftsleistung in Indien um 10 Prozent steigern würde.[58] Im Oktober gründeten USAID und die indische Regierung zusammen mit kommerziellen Partnern das Gemeinschaftsprojekt Catalyst mit dem Motto *Inklusive Partnerschaft für bargeldloses Bezahlen.*[59] US-Botschafter Jonathan Addleton sagte bei der Eröffnung Bemerkenswertes: »Indien ist die Speerspitze der globalen Anstrengungen, die Wirtschaften zu digitalisieren.« USAID verpflichtete sich, Catalyst für drei Jahre zu finanzieren.

Einen Monat später kam Modis Paukenschlag der Demonetisierung. Die rabiate Maßnahme führte weltweit zu Kopfschütteln. Nur in den USA gab es offenbar fast nur Fans in der veröffentlichten Meinung. Ein Sprecher des US-Außenministeriums war wie Gates voll des Lobes. Die Maßnahme sei zwar eine Erschwernis für viele Inder und amerikanische Besucher, aber sie sei wichtig und nötig, um gegen illegale Aktivitäten vorzugehen. Modi-Berater Arvind Gupta schrieb zusammen mit Ökonomieprofessor Philip Auerswald von der George Mason University im *Harvard Business Review* ein Loblied auf die Demonetisierung als »einzigartige digitale Disruption« durch die Regierung.[60]

Bhaskar Chakravorti, Executive Director des von der Gates-Stiftung und Citibank großzügig unterstützten *Institute for Business in the Global Context* an der Tufts University räumte zwar ein, dass die Demonetisierung in Sachen Korruptionsbekämpfung nicht erfolgreich war. Das mache aber nichts, stellte er fest. Die wichtigste Erkenntnis liege doch darin, dass Modi für den spektakulären Misserfolg von den Wählern nicht abgestraft wurde. Das zeige: »Es kommt darauf an, eine gute Geschichte zu erzählen, nicht auf harte Erfolgsbeweise.« In der Tat ein hervorragende Nachricht für diejenigen, die die globale Kampagne für die Beseitigung des Bargelds unter dem Deckmantel der finanziellen Inklusion und der Terrorbekämpfung vorantreiben. Hier werden überall nur Geschichten erzählt. Erfolgsnachweise in Hinblick auf die vorgeblichen Ziele gibt es nirgends.[61]

Eine biometrische Datenbank für eine Milliarde Menschen

Bill Gates sieht sich mit seiner Stiftung in Indien als eine Art Neben- oder gar Überregierung. Das machte er im Dezember 2015 auf dem *Financial Inclusion Forum* in Washington mehr als deutlich:

»Es ist eine wundervolle Sache, in ein Land zu gehen und ein breites Identifikationssystem aufzubauen. Indien ist ein interessantes Beispiel. Dort wird das Aadhaar-System, eine zwölfstellige Identifikationsnummer, die mit biometrischen Merkmalen unterlegt ist, gerade im ganzen Land allgegenwärtig. Wir haben vor, diese ID so zu nutzen, dass, wenn Sie irgendeine öffentliche Dienstleistung haben wollen, sagen wir, Sie gehen in eine Arztpraxis, wir in der Lage sein werden, diese ID zu nutzen, um sehr schnell Ihre Gesundheitsdaten aufzurufen. Wenn Sie von einem Teil des Landes in einen anderen umziehen, werden Sie verfolgt [tracked] und bedient.«[62]

Was in Amerika und Europa den Bürgern aus gutem Grund nicht zuzumuten ist, lässt sich im gigantischen Freiluftlabor Indien ohne Weiteres durchsetzen und erproben. Die indische Regierung hat inzwischen nach eigenen Angaben bereits über eine Milliarde Einwohner des Landes in der zentralen biometrischen Allzweck-Datenbank namens Aadhaar erfasst. Jeder Bürger bekommt eine mit seinen biometrischen Merkmalen verknüpfte eindeutige Aadhaar-Nummer.

Architekt des Mega-Projekts war Nandan Nilekani. Der Gründer und Aufsichtsratsvorsitzende von Infosys, Indiens zweitgrößtem IT-Unternehmen, wurde zum ersten Leiter der zuständigen Behörde *Unique Identification Authority of India* (UIDAI) berufen. Auch die Interessenvertretung der indischen IT-Branche, die *National Association of Software and Service Companies*, hat er gegründet. In den beiden Jahren, bevor er Chef von UIDAI wurde, war Nilekani Mitglied des Stiftungsrats des Weltwirtschaftsforums. In Sachen Philanthropie arbeitet er in verschiedenen Projekten eng mit Bill Gates und seiner Stiftung zusammen. Die biometrische Datenbank aller Inder ist also das Kind eines Vertreters der Branche, die am meisten in Form von Aufträgen und Daten davon profitiert, und eines Interessenvertreters der großen multinationalen Konzerne, die sich mit Nachdruck solche Datenbanken von den Regierungen gewünscht haben.

Laut Nilekani geht es auch bei Aadhaar um finanzielle Inklusion. »Der Gedanke ist, inklusiv zu sein. Die Oberklasse und die Mittelklasse haben viele Identitätsnachweise, aber die Armen haben keinen«, begründete er das Projekt 2009.[63] Er erklärte nicht, warum man dafür über einer Milliarde Indern, die zumeist schon eine »Identität« haben, einen biometrischen Identitätsnachweis aufzwingen muss, ohne den sie dann keine staatliche Leistung mehr empfangen, keine Steuern zahlen, keinen Telefonvertrag abschließen und keine Banktransaktion mehr vornehmen können.

Reetika Khera, Professorin am Indian Institute of Technology, widerspricht in einem Fachzeitschriftenaufsatz dem Versprechen der Regierung, Aadhaar sei in der Lage, finanziellen Ausschluss zu beenden und die Lebensbedingungen für die Armen zu verbessern.[64] Die begrenzten Vorteile der Aadhaar-Datenbank hätte man mindestens ebenso gut auch auf anderem Wege erreichen könnte, ohne die massiven Gefahren und Nachteile, die mit einer derartigen zentralen Datenbank verbunden sind, schreibt sie. Diese zentrale Datenbank habe außer der Überwachungsfunktion nur den Vorteil, dass man etwas Geld spart, wenn man nicht für verschiedene Zwecke mehrmals Fingerabdrücke erfassen muss. Diese Kostenersparnis bezahle man mit einer Vervielfachung der Missbrauchsrisiken und der Gefahren für die bürgerlichen Freiheiten. Wie schon die Londoner Forscher aus Anlass des britischen Programms sagte Khera für Indien das voraus, was dann tatsächlich geschah und noch geschieht: der massenhafte Ausschluss der Armen statt ihrer Inklusion.

Es gibt viele Arten, wie man wegen Aadhaar ungerechtfertigt von Programmen und Leistungen ausgeschlossen werden kann. Wer ständig Ziegelsteine anfasst, hat nach einigen Jahren keine lesbaren Fingerabdrücke mehr. Iris-Scanner könnten das zwar ausgleichen, aber die sind teuer und bei Weitem nicht überall vorhanden. Leute entwickeln außerdem Augenkrankheiten, die das Iris-Bild verändern. Kranke und Alte können niemanden mehr schicken, um Getreiderationen oder sonstige Hilfen für sie abzuholen. Wanderarbeiter können oft kein Geld senden oder empfangen, weil die Adresse nicht mit dem Datenbankeintrag übereinstimmt. Die Geräte zur Ersterfassung funktionieren nicht immer perfekt und werden auch nicht immer korrekt bedient. Dasselbe gilt, wenn die Identität eines Menschen später mit der Datenbank abgeglichen wird.

Fehlender Internetanschluss und mangelhafte Mobilfunkabdeckung tun ein Übriges, um die Bestätigung der eigenen Identität im Alltag für viele zu einem Glücksspiel werden zu lassen. Schlimm ist das vor allem für Menschen, denen die Reserven fehlen: Arbeitslose, die beim staatlichen Arbeitsbeschaffungsprogramm abgewiesen werden, weil der Identitätsnachweis nicht klappt; Kinder, die nicht an der Schulspeisung teilnehmen können, weil sie keine Aadhaar-Karte haben; Bedürftige, die ihre staatlich subventionierte Reisration nicht kaufen können. Homosexuelle, Prostituierte und Angehörige anderer Gruppen, die befürchten, diskriminiert oder attackiert zu werden, verzichten manchmal lieber auf Leistungen als sich mit ihrer Nummer auszuweisen. Die Regierung und die UIDAI-Behörde leugneten jahrelang hartnäckig diese massenhaft auftretenden Probleme, von denen überall zu lesen war, und blieben bei ihrer Eingliederungsrhetorik.

Im April 2017 machte jedoch die Regierung des Bundesstaats Telangana erstmals staatsweite Daten einer Untersuchung öffentlich. Danach war die Fehlerrate beim Arbeitsbeschaffungsprogramm für arme Landbewohner extrem hoch. Bis zu einem Drittel der Arbeiter seien vom System nicht erkannt worden und hätten keinen Lohn bekommen, vor allem wegen abgenutzter Fingerabdrücke und nicht vorhandener Iris-Scanner.[65]

Schon die Art, wie diese monströse Datenbank zustande kam, sagt eigentlich alles. Von 2009 bis 2016 gab es kein Gesetz dazu, nur Regierungsverordnungen ohne ernsthafte Parlamentsbeteiligung. Erst 2016 brachte die Regierung ein Gesetz zu Aadhaar ein. Sie deklarierte es als *Finanzgesetz*, um die zweite Parlamentskammer außen vor zu halten, in der die Regierungspartei sich nicht auf eine Mehrheit verlassen konnte. Nachdem das Gesetz durch war, schaffte die Regierung im Eiltempo Fakten und erließ unzählige Verordnungen, die die Aadhaar-Nummer für alle möglichen Zwecke verbindlich machten, vom Steuerzahlen über Bankgeschäfte bis zu einer ganzen Reihe von sozialen Leistungen. Viele private Unternehmen, von Telekommunikation über Arztpraxen bis Amazon, taten von sich aus dasselbe.

Das indische Verfassungsgericht hat mehrmals geurteilt, die Aadhaar-Nummer dürfe nicht für staatliche Leistungen verpflichtend gemacht werden. Die Regierung Modi hat das höchste Gericht jedes Mal zugunsten der erklärten Ziele von Bill Gates ignoriert. Im August 2017 kam dann wieder ein deutliches Signal vom Verfassungsgericht. Es urteile zu Aadhaar, dass es in Indien entgegen der Auffassung der Regierung ein Grundrecht auf Privatheit gibt; bei uns würde man dazu »informationelle Selbstbestimmung« sagen.[66]

Unter diesem Aspekt ist Aadhaar die größte anzunehmende Katastrophe. Denn die Regierung drängt darauf, dass die Aadhaar-Nummer als zusätzliches Datenfeld in unzählige private und öffentliche Datenbanken eingetragen wird. Die überall einheitliche Nummer sorgt dafür, dass all diese Datenbanken verbunden werden. Man kann durch Abfrage einer einzigen

Nummer alles über eine bestimmte Person aus allen Datenbanken abrufen, die diese Nummer verwenden. Auf viele dieser Datenbanken haben auch normale Bürger und Unternehmen über das Internet Zugriff. Der Bürger hat keine Möglichkeit mehr, zu beeinflussen, wer was über ihn weiß. Das kann Opposition gegen mächtige Interessen sehr gefährlich machen und leistet totalitären Verhältnissen Vorschub.[67]

Unzähligen Medienberichten zufolge ist die Aadhaar-Datenbank extrem anfällig für Missbrauch. Die UIDAI behauptete jedoch in schöner Regelmäßigkeit, die Daten seien völlig sicher. Wer auf Schwachstellen hinweist, wird polizeilich verfolgt. So ging es zum Beispiel dem Unternehmer Sameer Kochhaar. Er hatte auf seiner Website einen Artikel publiziert, in dem er zeigte, wie man Aadhaar-Daten leicht von Unternehmen stehlen kann, die erfasste Daten bei sich speichern.[68] Ebenso ging es einer Reporterin, die berichtet hatte, dass sie über WhatsApp für nur 7 Euro einen Zugangscode für die Aadhaar-Datenbank kaufen konnte. Mit diesem Code war es ihr möglich, Namen, Telefonnummern und Adressen von Millionen Menschen herunterzuladen. Für weitere 5 Euro bekam sie ein Programm, mit dessen Hilfe sie Aadhaar-Karten unter diesen Namen ausdrucken konnte.[69] Überall, wo man sich mit der Aadhaar-Nummer ausweisen kann, kann der Inhaber solcher gefälschter Karten unter dem Namen der Person auftreten, deren Daten gestohlen wurden. Das ist zum Beispiel bei Bankgeschäften in Postfilialen auf dem Land der Fall, wenn es dort gerade keine funktionierenden biometrischen Lesegeräte gibt.

Gleichzeitig erlegt das Gesetz UIDAI keinerlei Verpflichtung auf, Bürger, deren Daten gestohlen oder missbraucht wurden, hierüber zu informieren. Bürger haben auch kein Auskunftsrecht und keine Möglichkeit, von sich aus eine Untersuchung möglichen Missbrauchs zu erzwingen. Chinmayi Arun, Chefin des Centre for Communication Governance an der Nationalen Rechtsuniversität Delhi, kritisiert das heftig. »Andere Länder, wie die USA, die so gern den indischen Bürgern die Idee zentraler Regierungsdatenbanken andienen, verwalten ihre eigenen nicht mit solch mutwilliger Gedankenlosigkeit.«[70]

Im Januar 2018 räumte UIDAI erstmals indirekt ein, dass das System nicht sicher ist, und kündigte eine zusätzliche Sicherungsebene in Form einer zweiten, temporären Aadhaar-Nummer an, genannt *virtuelle ID*. Das ist eine Nummer, die die Bürger statt ihrer originären Aadhaar-Nummer angeben können. Diese *virtuelle ID* soll künftig immer wieder abgeändert werden, sodass Unternehmen, die die Daten speichern, nur Nummern haben, die irgendwann verfallen.[71]

Doch die schlimmsten Formen des Missbrauchs kann man auch so nicht abstellen. Fremde Fingerabdrücke lassen sich sehr leicht in Besitz bringen. Und wer biometrische Daten erfasst, um diese zu kontrollieren, kann diese auch missbrauchen, um unter fremder Identität aufzutreten. Er kann unter fremdem Namen Geldgeschäfte tätigen oder einkaufen. Derjenige, dessen Identität gestohlen wurde, kann sich sehr schwer dagegen wehren und den Missbrauch beweisen. Ein Passwort kann man ändern, seine Iris oder seine Fingerabdrücke nicht.

Wieder führen die Spuren in die USA

Der Impuls für dieses Mega-Biometrieprojekt scheint ebenso aus Washington gekommen zu sein wie der Impuls für die Maßnahmen gegen das Bargeld, auch wenn das in der offiziellen Geschichtsschreibung des Aadhaar-Programms nie erwähnt wird. Laut Professor Reetika Khera geht die Planung dafür, eine biometrische Datenbank für die Verteilung von staatlichen Leistungen zu nutzen, auf eine vom Indien-Büro der Weltbank in Auftrag gegebene Studie des kalifornischen Software-Unternehmens Call2Call von 2008 zurück.[72]

Pionier war der Bundesstaat Andhra Pradesh. Das *Andhra Pradesh Smartcard Programme* war das Pilotprojekt für ganz Indien – und ein riesiger Feldversuch mit den Armen des Bundesstaats als

Versuchskaninchen. Es handelte sich um einen *Randomized Controlled Trial* (RCT), übersetzt etwa *kontrolliertes Feldexperiment mit Zufallskomponente*, welches das Institut J-Pal aus Boston zusammen mit der Regierung von Andhra Pradesh durchführte. J-Pal ist das von Mitgliedern der *Besser-als-Bargeld-Allianz* und weiteren Geldgebern aus dem Silicon Valley äußerst großzügig finanzierte Forschungsinstitut von Abhijit Banerjee und Esther Duflo. Die konkrete Evaluierung in Andhra Pradesh wurde vom Omidyar Network gesponsert. Diesem danken die Autoren auch für »langfristiges Engagement für die Erforschung der positiven Wirkung biometrischer Identifizierung auf die finanzielle Eingliederung und die Transparenz der Regierung«. Man beachte die Beschränkung auf Erforschung nur *positiver* Wirkungen, womit die unwissenschaftliche Vorfestlegung ganz klar eingeräumt wird. Von Anfang an hatte man die Übertragung auf ganz Indien und insbesondere die Nutzung im Finanzbereich im Auge. Entsprechend waren die Mitarbeiter der UIDAI-Behörde bis hinauf zum Chef Nilekani für die Studienautoren von J-Pal verfügbar, um hierüber zu sprechen.[73]

Parallel zum Aufbau der Behörde UIDAI, die Aadhaar verwalten sollte, bastelte man in Washington an einer *e-Transform Initiative*, die im April 2010 im Beisein indischer Regierungsvertreter verkündet wurde. Es war eine öffentlich-private Partnerschaft der Weltbank mit Frankreich und den Firmen Microsoft, L1 Identity Solutions, IBM und Gemalto. Es sollte sich so ergeben, dass L1 drei Monate später einen der ersten großen Aufträge zum Aufbau von Aadhaar abstaubte. Das Unternehmen lieferte die Geräte für die biometrische Erfassung der Bürger. Die Einbeziehung ausgerechnet Frankreichs in die Initiative deutet stark darauf hin, dass man in Washington noch mehr ahnte oder wusste. Das französische Unternehmen Safran gewann nämlich über eine indische Tochter den Auftrag, die erfassten Daten in die Aadhaar-Datenbank einzupflegen, und direkt den Auftrag, die Daten auf Dopplungen zu überprüfen. Nochmals einige Wochen später kaufte Safran dann L1 Identity Solutions.[74]

Auch MasterCard war bereit, als es losging, wie man einem Bericht der *New York Times* aus dem Jahr 2010 über einen Trip des frischgebackenen Chefs von MasterCard nach Mumbai entnehmen kann. Kurz nach dem Start der Regierungskampagne, jedem Inder eine mit Fingerabdrücken und Iris-Scans verknüpfte Kennnummer zu geben, war Ajay Banga vor Ort, um seine Hilfe anzubieten. MasterCard hoffe darauf, groß ins Geschäft zu kommen, hieß es, wenn die Regierung dank der leichteren Identifizierbarkeit der Begünstigten statt Reis oder Lebensmittelmarken künftig häufiger Geld auf digitalem Weg an Bedürftige verteilte.[75] Genau das gehört zu den Hauptforderungen der *Besser-als-Bargeld-Allianz*. Auch Staatsbedienstete sollen nach Möglichkeit kein Bargeld, sondern nur noch Geld auf ein Konto oder eine Zahlkarte bekommen, natürlich gern von MasterCard oder Visa bereitgestellt,»um das digitale Ökosystem zu stärken«, wie es so schön heißt. Die Zahlungsdienstleister bekommen dann mit jedem Zahlungsvorgang Geld und wertvolle Daten.

Unter diesen Umständen braucht man sich auch nicht zu wundern, dass das Aadhaar-Projekt trotz oder gerade wegen seiner extremen Auswüchse in Washington auf große Gegenliebe stößt und viel Lob erntet. Die Weltbank lobt es ebenso wie die Gates-Stiftung und die *Besser-als-Bargeld-Allianz*.[76] Besonders kreativ und unredlich ging die Weltbank beim Loben vor. Von ihr stammt der von UIDAI und indischer Regierung immer wieder gern zitierte Befund, dass Aadhaar der Regierung jährlich sagenhafte 11 Milliarden Dollar einspare, und zwar in Form von vermiedener Fehlleitung von Mitteln im Sozialetat. Die exorbitante Summe stammt aus einem Bericht der *Consultative Group to Assist the Poor*, auf die die Weltbank in einer Fußnote verweist. Das Problem war nur, wie die Wissenschaftler Jean Drèze und Reetika Khera herausfanden: Die 11 Milliarden Dollar in der von der Weltbank zitierten Quelle beziehen sich nicht auf Einsparungen, sondern sie beziffern die *gesamten* staatlichen Sozialleistungen.

Und was tat die Weltbank, nachdem sie auf den Fehler aufmerksam gemacht worden war? Sie änderte ihren *Weltentwick-*

lungsbericht 2016, in dem das stand. Sie stellte aber nicht etwa die falsche Behauptung klar, sondern änderte nur den Beleg. Sie verwies nun auf zwei eigene Berechnungen, die von bis zu 100 Milliarden Dollar Sozialleistungen ausgingen. Von dort kam sie auf geschätzte 11 Milliarden Dollar Einsparungen durch Aadhaar. Damit dieser hohe Wert herauskam, erklärte die Weltbank einfach Straßen, Brücken und alles Mögliche andere zu »Sozialleistungen«.[77] Wie sagte doch EU-Kommissionspräsident Jean-Claude Juncker einst? »Wenn es ernst wird, musst du lügen.« Der Weltbank ist es offenbar todernst mit der biometrischen Erfassung der Inder.

Das gilt übrigens auch für das benachbarte, ebenfalls sehr bevölkerungsreiche Bangladesch. Dort hat die Weltbank mit einem mit 219 Millionen Dollar dotierten »Entwicklungshilfe«-Projekt eine biometrische *National Identity Smartcard* entwickelt, die keine Überwachungswünsche offenlässt.[78] Abdrücke aller Finger und der Iris-Scan werden auf diesen smarten Karten gespeichert. Die seit Oktober 2016 an 100 Millionen Bangladeschis ausgegebenen Karten sollen zum Steuerzahlen, für Bankdienstleistungen, Gesundheitsdienste und über ein Dutzend weitere Leistungen verwendet werden. Und das Beste: Über sie sollen die Nutzer biometrisch mit ihren Mobiltelefonen verknüpft werden, was diese zu perfekten Überwachungsinstrumenten macht.[79]

Direkter Zugang für Geheimdienste

Für die sogenannten Sicherheitsinteressen der USA ergeben sich aus harmonisierten biometrischen Datenbanken mit einer einheitlichen Nummer erhebliche Vorteile. Das beginnt schon damit, dass im Land aktive US-Telekommunikationskonzerne und Internetkonzerne wie Amazon die Daten verwenden und speichern. Über diese US-Unternehmen haben dann die US-Dienste bei Bedarf Zugriff auf die Daten der Inder. Wegen der leichten und eindeutigen Identifizierung der Personen durch die

Aadhaar-Nummer sind diese Daten viel aussagekräftiger und leichter automatisiert zu nutzen, als wenn jede Datenbank eigene Ordnungsprinzipien hätte.

Hinzu kommt: Die drei privaten Unternehmen, die von der UI-DAI-Behörde ohne offene Ausschreibung die ersten Aufträge bekamen, die Software und Technik bereitzustellen und die Daten zu prüfen, haben engste Verbindungen zu den amerikanischen und französischen Geheimdiensten. L1 Identity Solutions ist ein großer Auftragnehmer der US-Geheimdienste und Sicherheitsbehörden. Im Aufsichtsrat (Board of Directors) von L1 saßen Ex-CIA-Chef George Tenet und Louis French, Ex-Chef des FBI, sowie Admiral Loy, damals Direktor der Homeland Security. Das halbstaatliche französische Unternehmen Safran arbeitet ebenfalls für die Verteidigungs- und Sicherheitsindustrie.[80] »Wenn man solchen privaten Unternehmen Zugang zu der Datenbank gibt, können ausländische Geheimdienste auf Informationen über jeden indischen Bürger zugreifen«, kritisierte der frühere indische Armeeoffizier und Geheimdienstexperte Mathew Thomas. Auch die Technologie für Pakistans biometrische Bevölkerungsdatenbank Nadra wurde von L1 Identity Solutions geliefert. Pakistan ist von besonders großem Interesse für die US-Geheimdienste.[81]

In Bangladesch vergab die Weltbank den Auftrag für die biometrischen *Identity Smartcards* an Oberthur Technologies aus Frankreich, die dann prompt 2017 von dem fusionierten Unternehmen Safran/L1 übernommen wurden. Der zuständigen Behörde in Bangladesch war das offenbar weder recht noch geheuer. Sie ließ den Kontrakt mit der Firma auslaufen,[82] aber die Daten bekam sie dadurch sicherlich nicht zurück.

Das US-Unternehmen MongoDB, ein Spezialist für Datenbankmanagement, erhielt 2013 ebenfalls einen Auftrag von UI-DAI. Zu den Investoren in das Start-up gehörte In-Q-Tel, der Venture-Capital-Arm des Auslandsgeheimdiensts CIA.[83] Das ist durchaus nichts Seltenes. In-Q-Tel und damit die CIA sind meistens beteiligt, wenn im Silicon Valley etwas Neues mit möglichen Anwendungen für die Geheimdienste entsteht. UIDAI und die indische Regierung haben zwar immer bestritten, dass ausländische Unternehmen Zugang zu unverschlüsselten biometrischen Daten der Aadhaar-Datenbank hätten. Doch im Rahmen eines Verfahrens vor dem indischen Verfassungsgericht war die Behörde genötigt, Verträge mit den Gerätelieferanten und Dienstleistern vorzulegen. Daraus geht hervor, dass Unternehmen wie L1 vertragsgemäß Zugang zu allen Rohdaten hatten und diese auch speichern durften und sollten.[84]

Was prinzipiell möglich ist, wenn ausländische Geheimdienste über Biometrie-Firmen potenziellen Zugang zu den von diesen erfassten Daten haben, zeigt eine Beschwerde des kenianischen Oppositionsführers Raila Odinga über die Wahlen 2017. Die Weltbank unterstützt Kenia beim sogenannten e-Government und der biometrischen Registrierung der Bevölkerung.[85] Die Wahlbehörde beauftragte Safran mit der Lieferung von Geräten zur biometrischen Wählererkennung und elektronischen Abstimmung. Odinga schrieb nach der Wahl einen Beschwerdebrief an die französische Regierung. Darin warf er Safran, inzwischen fusioniert mit Oberthur zu OT-Morpho und dann umbenannt in Idemia, vor, unerlaubten Zugang zur Datenbank und Manipulation der Daten zugelassen zu haben. Dafür seien die Log-in-Daten des IT-Managers der Wahlkommission verwendet worden, der zwei Wochen vor der Wahl tot aufgefunden worden war. Odinga präsentierte Computerlogs, die zeigen sollten, wann und wie die Datenbank gehackt wurde. Es sei ein Algorithmus eingefügt worden, der das Wahlergebnis manipulierte. OT-Morpho widersprach dem und sagte, eine eigene Untersuchung unter Einbeziehung externer Experten habe ergeben, dass es keinerlei Manipulationen gegeben habe.[86] Das kann man glauben oder nicht. Der oberste Gerichtshof Kenias tat es nicht und annullierte die Wahl. Dass es dazu kam, lag sicherlich auch daran, dass die Wahlkommission sich der Forderung des Gerichts widersetzte, Zugang zu den Computerservern zu gewähren.[87]

Im Sommer 2017 kam über die Enthüllungsplattform WikiLeaks sogar ans Licht, wie die CIA mithilfe von Software der

US-Firma Crossmatch biometrische Daten »befreundeter« Geheimdienste erbeutet. Die veröffentlichten Dokumente enthalten Gebrauchsanweisungen für CIA-Agenten, wie diese aus Datenbanken der Partnerdienste heimlich biometrische Profile auslesen können, wenn sie, als Servicepersonal getarnt, die aus den USA gelieferte Soft- und Hardware warten. Crossmatch, ein Dienstleister der amerikanischen Sicherheits- und Geheimdienstbranche, war auch einer der ersten Auftragnehmer von UIDAI zum Aufbau der Aadhaar-Datenbank.[88] Der pensionierte Generalmajor der indischen Armee S.G. Vombatkere schrieb in Bezug auf die Aadhaar-Datenbank:»Es ist nur eine Frage des Aufwands, den man treibt, um in mit dem Internet verbundene Systeme einzudringen.« Er fügte hinzu, dass der US-Geheimdienst das wohl gar nicht nötig habe. Denn die indische Regierung habe sich die Soft- und Hardware für die biometrische Datenbank von internationalen IT-Unternehmen zusammengekauft. Dabei sei doch allgemein bekannt, dass die US-Behörden gesetzliche Vollmacht haben, von US-Firmen Datenherausgabe zu verlangen, wenn sie die nationale Sicherheit für tangiert erklären.»Wenn eine fremde Macht die Daten fast aller indischen Bürger hat, einschließlich ihrer biometrischen Merkmale, kann sie so viel Schaden anrichten, dass sich die indische Regierung im Streitfall alles andere als Nachgeben gar nicht mehr erlauben kann«, lautete das Verdikt des Ex-Generalmajors.[89]

3. Der heimliche Krieg der Schattenmächte gegen das Bargeld

An den Schauplätzen Kenia und Indien konnte man sehen, von wem und wie dort die Agenda der Bargeldbeseitigung und Totalüberwachung vorangetrieben wird. Ähnliches geschieht in den Industrieländern. Es wird dort aber gradueller und indirekter vorgegangen. Die Herkunft der entsprechenden Maßnahmen ist weniger deutlich zu erkennen. Um zu verstehen, warum es im digitalen Geldverkehr keine Privatsphäre mehr gibt, warum Anti-Geldwäsche-Regeln bei uns immer bargeldfeindlicher ausgestaltet und Bargeldnutzer mit immer neuen Schikanen überzogen werden, müssen wir in eine diffuse internationale Schattenwelt eintauchen, deren Akteure wir teilweise bereits kennengelernt haben. In dieser Schattenwelt wimmelt es von Gruppen mit unverständlichen Abkürzungen wie G20 und FATF, BIZ und CPMI, G30 und WEF, BTCA, AFI und CGAP, um nur die wichtigsten im Finanzbereich zu nennen. In anderen Branchen gibt es sie ebenfalls in großer Zahl. Fritz Glunk hat sie im Titel seines lesenswerten Buches treffend *Schattenmächte* genannt. Im Untertitel hat er kurz und prägnant beschrieben, was sie tun: *Wie transnationale Netzwerke die Regeln unserer Welt bestimmen.*[1] Auch der erste Satz seines Buches bringt die Wirkungsweise bereits gut auf den Punkt: »Viele Wege führen am Parlament vorbei.«

Transnational bedeutet dabei, im Gegensatz zu international, dass es nicht nur um Beziehungen zwischen Nationen geht, sondern um nationenübergreifende Einheiten, wie zum Beispiel innerhalb multinationaler Konzerne oder im Rahmen der weltweiten Mitgliedschaft des Weltwirtschaftsforums oder der *Besser-als-Bargeld-Allianz.*

Die Schattenmächte lieben es, im Hintergrund zu bleiben, sodass die meisten kaum jemand kennt. Dabei bestimmen sie weite Bereiche unseres Lebens, gerade was die Finanzen angeht. Diese transnationalen Gruppen machen zusammen das aus, was gern als *Global Governance* bezeichnet wird. Sie bestimmen die Regeln einer globalisierten Wirtschaft, teilweise ganz an den Parlamenten vorbei, teilweise so, dass die Parlamente am Ende nur noch ihren Haken unter die nationalen Umsetzungsgesetze machen dürfen. Trotzdem sehen manche, wie etwa die SPD-nahe Friedrich-Ebert-Stiftung, in ihnen hoffnungsvoll den Sauerteig einer künftigen Weltregierung.[2] Der ehemalige Außenminister und SPD-Chef Sigmar Gabriel hat das 2018 dahingehend konkretisiert, dass er die G20, den Klub der 20 mächtigsten Regierungen, zu einem »Parlament des Multilateralismus« gemacht sehen möchte, zu einer »informellen zweiten Kammer« der Vereinten Nationen. Er räumt ein, dass die derzeitige Form eines »Klubs der Mächtigen« Verschwörungstheorien und Ohnmachtsgefühle in den Bevölkerungen befördere und damit Wasser auf die Mühlen der Nationalisten und Populisten in aller Welt sei. So denunziert er in einem Nebensatz alle berechtigte Kritik und wischt sie damit summarisch beiseite. Wenn aber der Generalsekretär der UN als 21. mit am Tisch sitzen und den großen Rest der Welt vertreten dürfte, wenn etwas mehr Transparenz geschaffen und der Tagungsort nach New York verlegt würde, dann wäre die G20 *das* Forum für das einträchtige Streben nach allem Guten in der Welt, von Frieden, Wohlstand, Klimaschutz, Digitalisierung und vielem mehr.[3]

Zum Teil bestehen diese Gruppen nur aus Regierungs- oder aus Behördenvertretern. Zum Teil sind es gemischte Gruppen, in denen öffentliche Institutionen mit großen Unternehmen und unternehmensnahen Stiftungen zusammenarbeiten. Dazu gehört die *Besser-als-Bargeld-Allianz.* Und schließlich gibt es noch rein private internationale Allianzen oder Foren, wie etwa das

Weltwirtschaftsforum, die aber informell oft staatliche Stellen mitwirken lassen.

Alle diese Schattenmächte bewegen sich strikt im informellen Bereich, das heißt, sie zeichnen sich durch Unverbindlichkeit aus. Sie mögen eine feste Form haben, aber sie sind durch keine festen Regeln gebunden und stellen keine verbindlichen Regeln auf. Sie können – eigentlich – niemandem etwas vorschreiben. Das gilt auch für die von Regierungs- oder Behördenvertretern gebildeten Gruppen wie die G20. Es sind Klubs, die sich ohne Mandat von irgendwem selbst gegründet haben. Statt Protokolle gibt es bestenfalls wolkige Kommuniqués und unverbindliche Empfehlungen. Das ist aber keine Schwäche, sondern ein Herrschaftsprinzip dieser Gruppen. Der Mangel an Formalität geht bei näherer Betrachtung mit der fast völligen Abwesenheit von demokratischer Kontrolle einher. Über die G20 sagte der britische Premier David Cameron einmal, ihre größte Stärke sei »die Macht der Nicht-Formalität«.[4] Von nicht repräsentierten Ländern wird die G20 zum Teil heftig kritisiert und ihre Legitimität angezweifelt.[5] Ihre unter Demokratiegesichtspunkten sehr fragwürdige Wirkungsweise wird dagegen im bürgerlichen Lager selten problematisiert.

Eine seltene Ausnahme gab es im Fall der Group of Thirty (G30) mit Sitz in Washington. Sie bringt die wichtigsten Notenbanker mit den Spitzenmanagern der weltweit mächtigsten Geschäftsbanken und Kapitalanlagegesellschaften zusammen. Hier wurden jüngst die Vermischung von privatem und öffentlichem Interesse und der undurchsichtige Charakter der Gruppe zum Thema. Die EU-Bürgerbeauftragte Emily O'Reilly kam zu dem Urteil, dass es sich für den Präsidenten der Europäischen Zentralbank nicht geziemt, in einem solchen Klub Mitglied zu sein und hinter verschlossenen Türen Kungelrunden mit privaten Geschäftsbanken abzuhalten. Geheim ist bei der G30 sogar, wer im Stiftungsrat, dem Board of Trustees, sitzt. Dieses Gremium entscheidet, wer Mitglied in dem exklusiven Klub werden darf.[6] Eine ganze Reihe von Mitgliedern hat sich in der Anti-Bargeld-Kampagne in Wort und Tat hervorgetan. Dazu gehören insbesondere der frühere US-Finanzminister und Harvard-Präsident Larry Summers und sein Harvard-Kollege Ken Rogoff, aber auch EZB-Präsident Mario Draghi und der spanische Ex-Minister und Goldman-Sachs-Banker Guillermo de la Dehesa.[7] Es ist sehr selten, dass eine EU-Organisation einer solchen Empfehlung der Bürgerbeauftragten nicht nachkommt. Die EZB machte eine solche Ausnahme und stellte sich stur.[8] Offenbar war der G30 die Teilnahme des EZB-Präsidenten wichtig genug, dass die Reputation der Notenbank als unabhängige Institution dahinter zurückstehen musste. Die Entscheidung Draghis wurde in den Medien und in der Politik scharf kritisiert. Von einer gefährlichen Nähe einer politisch nicht kontrollierten Notenbank zur Finanzbranche war die Rede.[9] Und das völlig zu Recht: Wer nach den Ursachen der großen Finanzkrise von 2008 oder der derzeitigen Krise des Euroraums sucht, die viele Millionen Europäer in Armut und Hoffnungslosigkeit gestürzt hat, sollte an der Kungelei der Notenbanken mit den Geschäftsbanken, die in solchen Gruppen gefestigt wird, nicht vorbeischauen. Was die anderen Gruppen angeht, in denen Regierungsvertreter und internationale Organisationen mit Unternehmenslobbys hinter geschlossenen Türen die Regeln der Wirtschaft und Gesellschaft unter sich ausmachen, fehlt dieses Problembewusstsein noch.

Drei der transnationalen Schattenmächte hatten wir bereits kennengelernt, die *Consultative Group to Assist the Poor* (CGAP), die *Allianz für Finanzielle Inklusion* (AFI) und die *Besser-als-Bargeld-Allianz* (BTCA). Ziel dieser Gruppen ist, möglichst viele Menschen möglichst eng in das von den US-Konzernen gemanagte formale Finanzsystem einzubinden. Nun wollen wir uns das Netzwerk öffentlich-privater Partnerschaften dieser Gruppen ansehen, mit dem sie ihre Interessen und Pläne durchsetzen.

Die G20-Regierungen im Dienste der Besser-als-Bargeld-Allianz

Eine zentrale Rolle in der Kampagne zur weltweiten Beseitigung des Bargelds hat die G20-Gruppe der 19 führenden Wirtschaftsnationen und der Europäischen Union. In ihr vertreten sind neben Repräsentanten der EU die Regierungen der folgenden Länder: USA, China, Indien und Deutschland, außerdem Frankreich, Großbritannien, Italien, Russland, Türkei, Kanada, Mexiko, Brasilien, Argentinien, Japan, Südkorea, Australien, Indonesien, Saudi-Arabien und Südafrika.

Die G20 ist aus der Krise geboren und in einer Krise groß geworden. Im Dezember 1999, nach der gerade noch abgewendeten Pleite des riesigen amerikanischen Hedgefonds LTCM und der Asienkrise, rief US-Finanzminister Larry Summers zum ersten Mal die Finanzminister und Notenbankchefs der Zwanzig zusammen. Summers ist heute einer der wichtigsten Akteure der globalen Kampagne gegen das Bargeld. Erklärtes Ziel war, »einer neuen, sich globalisierenden Finanzwelt Stabilität zu geben«.[10] Es ging Summers also darum, krisenbedingte Rückschritte bei der finanziellen Globalisierung zu verhindern. Das darf man getrost übersetzen mit »Bewahrung und Ausbau der globalen Dominanz von Wall Street und Silicon Valley«. Dieses Vorhaben gelang, die Krisenvermeidung funktionierte hingegen nicht so gut. Nur acht Jahre später brach die größte Finanzkrise seit der Weltwirtschaftskrise Ende der 1920er Jahre aus, die erneut fast zu einer Kernschmelze des (westlichen) Weltfinanzsystems führte. Erneut galt es, einen Globalisierungsrückschritt zu verhindern. Also wurden die Ministertreffen, die bis dahin unregelmäßig stattgefunden hatten, auf Initiative von US-Präsident George W. Bush zum wichtigsten Koordinierungsgremium der weltweiten Wirtschafts- und Finanzpolitik hochgestuft. Im November 2008 traf sich zudem in Washington zum ersten Mal die G20 auch auf Ebene der Staats- und Regierungschefs.

Die aufgewertete G20-Gruppe wurde umgehend dafür instrumentalisiert, den Boden für die weitere Markteroberung durch die amerikanischen Tech- und Finanzkonzerne zu bereiten und die strategischen Ziele der US-Regierung zu befördern. Diese Instrumentalisierung der G20 entsprach den ausdrücklichen Empfehlungen des von Präsident Obama eingesetzten *Nationalen Entwicklungsrats*. Dieser empfahl dem Präsidenten: »Speisen Sie das in die G20 ein, zum Beispiel, indem Sie eine *G20-Strategie für globale finanzielle Inklusion* initiieren.«[11] Der Entwicklungsrat begrüßte dann auch enthusiastisch »das Engagement der US-Regierung innerhalb der G20« und empfahl, die G20-Regierungen müssten nun noch dazu gebracht werden, »sich zu Fortschritten auf dem Weg zu den von der *Besser-als-Bargeld-Allianz* formulierten Zielen zu verpflichten«.[12]

Washington nutzte seinen großen Einfluss als Führungsmacht und Geburtshelfer der G20, um die Zurückdrängung des Bargelds als ein vorrangiges Ziel der Staatengemeinschaft zu etablieren. Schon 2009 in Pittsburgh verpflichteten sich die G20-Regierungschefs feierlich, »die sichere und gesunde Ausbreitung neuer Darbietungsarten von Finanzdiensten für die Armen zu unterstützen und, aufbauend auf dem Beispiel der Mikrofinanz, erfolgreiche Modelle der Finanzierung von kleinen und mittleren Unternehmen massentauglich zu machen«.[13] Dass man Mikrofinanz zum Erfolgsmodell erklärte, war mutig, um nicht zu sagen frech. In bewährter Manier tat man so, als ginge es um die Finanzierung kleiner und mittlerer Unternehmen. Dabei ging es bei Mikrofinanz – und geht es bei finanzieller Inklusion – fast nur um Finanzdienstleistungen für Konsumenten und prekäre Selbstständige.

Außerdem beschloss die G20, dass die *Consultative Group to Assist the Poor* die Sache in die Hand nehmen sollte, also die Unternehmen MasterCard, Visa und Citibank, die aus kommerziellen Gründen einen Krieg gegen das Bargeld ausgerufen hatten. Neben der federführenden *Consultative Group* stellten die *Allianz für Finanzielle Inklusion* (AFI) und die Weltbank die Mitglieder einer Expertengruppe, die die Anti-Bargeld-Strategie der G20 ausarbeiten sollte. In ihrem Bericht betonen die Experten-Lobbyisten, dass die armen Kunden typischerweise Marktpreise bezahlen und das Geschäft mit ihnen daher gewinnträchtig sei.[14] Die Verheißung, dass das Programm die Regierungen der G20 nichts kosten würde, dürfte erklären, warum die G20-Mitglieder die von der *Consultative Group* entworfene Selbstverpflichtung zur Förderung der finanziellen Inklusion so leicht unterschrieben. Hinzu kam, dass sie inmitten der Weltfinanzkrise anderes zu tun hatten, als sich darüber Gedanken zu machen, ob das vielleicht nur ein Trick war – ein Trick, um ihnen eine Kampagne gegen das Bargeld unterzuschieben, die später auch ihre eigenen Länder betreffen würde.

Auf Basis dieses interessengeleiteten Expertenberichts rief die G20 im Jahr 2010 die *Globale Partnerschaft für finanzielle Inklusion* (GPFI) ins Leben.[15] Zu Umsetzungspartnern erklärte sie die Lobbyisten, die das Programm entworfen hatten, also die *Consultative Group*, die *Allianz für Finanzielle Inklusion*, die Weltbank-Gruppe und, mit deren Gründung 2012, auch die *Besser-als-Bargeld-Allianz*. Für den Glamourfaktor bei Fotoshootings und als hochrangige Lobbyistin engagierte man Königin Máxima, Prinzessin der Niederlande, als *Sonderbotschafterin für finanzielle Inklusion*. Die jüngste Aktion der Sonderbotschafterin: Sie rief auf dem Davoser Treffen des Weltwirtschaftsforums 2018 eine *CEO-Partnerschaft für finanzielle Inklusion* ins Leben. Teilnehmer sind, neben den üblichen Verdächtigen wie PayPal und MasterCard, auch große Konsumgüterhersteller wie Unilever und PepsiCo. Sie sollen das Bargeld zurückdrängen helfen, indem sie selbst überall nur noch bargeldlos zahlen und Geld annehmen und dasselbe auch von all ihren Lieferanten verlangen.[16]

Die Umsetzungspartner der G20-Partnerschaft sind, wie bereits erwähnt, auch diejenigen, die fast alle »wissenschaftlichen« Studien zur finanziellen Inklusion bezahlen. In den *G20-Prinzipien für Innovative Finanzielle Inklusion,* dem Strategiepapier der Partnerschaft, verweisen die Autoren von der *Consultative Group* auf solche gekaufte Evidenz, um wie seinerzeit Mohammad Yunus von einer Auslöschung der Armut durch Finanzdienstleistungen zu fabulieren.[17] Dabei haben wir bereits gesehen, dass sich die *Consultative Group* schon 2009 äußerst skeptisch über diese Verheißung geäußert hatte. Hier und da liest man im weiteren Verlauf des Strategiepapiers, worum es wirklich geht, nämlich darum,»mit neuen Produkten und neuen Technologien unterversorgte Märkte zu erreichen«. Märkte, nicht Menschen, sind das Ziel.[18]

Ganz im Sinne der Partnerschaft der Regierungen mit den privaten Unternehmen, die im G20-Strategiepapier angemahnt wird, beackert der *United Nations Capital Development Fund* (UN-CDF) jungfräuliche Territorien in den ärmsten Ländern, damit diese später von kommerziellen Unternehmen gewinnbringend kultiviert werden können. Mit dem Programm *Mobile Money for the Poor*, also *Mobiles Geld für die Armen* oder kurz MM4P, will die Organisation»demonstrieren, wie technische, finanzielle und politische Unterstützung helfen kann, *nachhaltige*, filiallose mobile Finanzdienste für den Massenmarkt tauglich zu machen«. Partner des Programms sind die Gates-Stiftung und die Master-Card-Stiftung.[19]

Im Rahmen solcher Programme finanziert die Gates-Stiftung dann schon mal mit 11 Millionen gemeinnützig-steuerabzugsfähigen Dollar ein»Labor« von MasterCard, in dem neue Produkte für Kenia und Afrika entwickelt werden, und stellt weitere 8 Millionen bereit, um die dort entwickelten Produkte marktreif zu machen. Walt Macnee, Vize-Chef von MasterCard, äußerte sich aus diesem Anlass begeistert darüber, dass inzwischen alles als Entwicklungshilfe zählt, was die Gewinne von Unternehmen steigert, die in armen Ländern Handel treiben. Die Trennlinien zwischen gewinnorientierten Unternehmen, gemeinnützigen Stiftungen und Regierungen verschwömmen, stellte er fest.»Unsere Unterhaltungen, oft ohne Zuhörer und bilateral, haben den simplen Altruismus hinter sich gelassen«, so Macnee. Jeglicher Antagonismus von früher, als man noch von unterschiedlichen Interessen zwischen gewinnorientierten Unternehmen und gemeinwohlorientierten Regierungen und Stiftungen ausging, sei verschwunden.[20] Heute ist alles gut für das gemeine Wohl, was die Gewinne der Unternehmen mehrt.

Standardsetzer als Geheimtruppe gegen das Bargeld

Interessanterweise weiß kaum jemand von einer G20-Partnerschaft gegen das Bargeld. Das liegt vor allem daran, dass sie fast nur indirekt und im Hintergrund wirkt. Ihre wichtigste Waffe gegen das Bargeld sind die »standardsetzenden Gruppen« im transnationalen Schattenreich. Von Anfang an wurde sehr darauf geachtet, diese Gruppen in die Kampagne einzubinden.

Die wichtigsten dieser ebenso informellen wie extrem einflussreichen standardsetzenden Gruppen sind für unsere Zwecke die *Financial Action Task Force* (FATF) und zwei Ausschüsse im Umfeld der Bank für Internationalen Zahlungsausgleich (BIZ) in Basel. Wir wollen uns diese Gruppen und ihre Arbeitsweise näher anschauen – wie sie auf das Ziel der Bargeldzurückdrängung eingeschworen wurden und dieses seither befördern.

Die Financial Action Task Force

Die *Financial Action Task Force on Money Laundering and Financing of Terrorism*, also *Arbeitsgruppe für finanzielle Aktionen gegen Geldwäsche und Terrorismusfinanzierung*, kurz FATF, besteht aus hochrangigen Vertretern von Notenbanken und Sicherheitsbehörden. Sie soll Geldwäsche, Kriminalität und Terrorismus im Finanzwesen bekämpfen helfen. Organisatorisch ist sie bei der Organisation für wirtschaftliche Zusammenarbeit und Entwicklung (OECD) in Paris untergebracht, ebenfalls ein, aus dem Marshallplan entstandenes, informelles Forum zum wirtschaftspolitischen Austausch der Industrieländer. Die FATF hat wie die OECD fast doppelt so viele Mitglieder wie die G20. Den Unterschied machen vor allem kleinere, meist europäische Industrieländer aus. FATF-Präsidentin ist derzeit die Vize-Staatssekretärin im US-Finanzministerium Jennifer Fowler. Ihr Aufgabengebiet in Washington sind »Finanzsanktionen gegen andere Länder, um Bedrohungen der nationalen Sicherheit der USA zu bekämpfen«. Hauptamtlicher FATF-Generalsekretär ist David Lewis, zuvor ein hochrangiger Kämpfer gegen Finanzkriminalität in der britischen Regierung.[21]

Die FATF hat ein »Mandat«, das 2012 in Washington verabschiedet wurde – ein Titel, der eine offizielle Beauftragung suggeriert. Das »Mandat« ist jedoch nur eine selbst gewählte Aufgabenbeschreibung des Klubs und begründet, wie es am Ende des Dokuments heißt, keinerlei Rechte oder Pflichten.[22] Das ist die von Cameron erwähnte »Macht der Nicht-Formalität«. Sie erlaubt es der Weltbank und dem Internationalen Währungsfonds, der FATF gegenüber Selbstverpflichtungen abzugeben. Diese sind zwar sehr wichtig, rechtlich aber unverbindlich, und so bekommen sie keinen Ärger mit ihren Anteilseignern, die im Zweifel nicht gefragt wurden. Ähnliches gilt für die Regierungen, die sich andernfalls nicht ohne Parlamentsbeschluss so binden dürften, wie sie es in der FATF tun.

Es gibt einen Lenkungsausschuss, der die Agenda bestimmt. Wer da lenkt, ist geheim. Doch das »Mandat« der FATF macht deutlich genug, wer das Sagen hat. Nur leicht zugespitzt stellt es sich so dar: Die FATF ist das Instrument, mit dem die USA als Ankermacht des Weltfinanzsystems die Regeln für das globale Finanzgeschehen noch direkter bestimmen können als über Internationalen Währungsfonds und Weltbank. Im Prinzip könnte auch der IWF tun, was die FATF tut. Zu seinen Aufgaben gehört das Setzen von Finanzstandards. Beim IWF gibt es jedoch eine klare Geschäftsordnung und es wird abgestimmt. Jedes Land kann mitreden. Washington hat zwar ein Vetorecht, aber keine so weitreichende Gestaltungsmacht wie in der informellen FATF.

In der FATF werden Entscheidungen *im Konsens* vom Plenum getroffen. Eleni Tsingou von der Copenhagen Business School beschreibt die Wirkungsweise dieses »Klub-Modells der globalen Governance« so:»Es dient als Mechanismus, durch den selbst erwählte führende Mitglieder der Gemeinschaft ihre Macht ausspielen können.«[23] Dass gegen die USA kein Konsens zustande kommen kann, ist klar. Aber auch eine Initiative der USA abzulehnen ist unter solchen Bedingungen schwer. Allein die Aufnahme in die FATF gilt schon als Privileg. Austreten ist keine Option. Denn die Regeln der FATF, so unverbindlich sie formal sind, müssen auch Nichtmitglieder anwenden. Wer das nicht tut, gilt als nicht kooperierender Staat und wird von der FATF auf eine schwarze, dunkelgraue oder graue Liste gesetzt, mit schlimmen wirtschaftlichen und finanziellen Folgen. Das funktioniert ähnlich wie das Schutzgeldprinzip der Mafia. Man bezahlt für den Schutz vor Gefahren, die vom Beschützer selbst ausgehen. Man kann in die Mafia aufgenommen werden, aber man kann sie kaum lebend wieder verlassen.

Auf der schwarzen Liste der FATF stehen zwei Länder: die traditionell größten Feinde Washingtons, Nordkorea und Iran. Auf der dunkelgrauen Liste stehen neben dem weiteren US-Erzfeind Syrien noch Jemen, Irak und eine Handvoll geostrategisch weniger bedeutsamer kleiner Länder. Alle Mitgliedsländer haben sich per FATF-Empfehlung Nr. 19 verpflichtet, mit aller Härte gegen Länder vorzugehen, die eine Gefahr für das Finanzsystem darstellen. Das hat die Wirkung, dass keine Bank und wenige Unternehmen überhaupt in Erwägung ziehen, mit und in diesen Ländern Geschäfte zu machen.»FATF-Handlungsaufforderungen sind historisch betrachtet immer beachtet worden, insbesondere in Bezug auf Hochrisikoländer und unkooperative Länder«, schreibt die *Consultative Group* in feinem Understatement.[24]

Für die schwarzen und grauen Listen ist innerhalb der FATF eine *International Cooperation Review Group* (ICRF) zuständig, eine Prüfgruppe für internationale Kooperation. Aus wem diese besteht, wer also diese unheimliche Macht in Händen hält, soll die Öffentlichkeit nicht interessieren. Bevor sie auf die Liste gesetzt werden, bekommen die entsprechenden Länder Gelegenheit, sich einen Aktionsplan diktieren zu lassen. Diese Aktionspläne bleiben geheim. Man will ja die Bevölkerung nicht kirre machen.

Es gibt einen weiteren Sanktionsmechanismus, mit dem die FATF dafür sorgt, dass fast alle Länder der Welt die angeblich unverbindlichen Richtlinien der Organisation im Detail umsetzen. Mit der Weltbank und dem Internationalen Währungsfonds hat man mächtige Durchsetzungspartner an der Hand. Die beiden internationalen Institutionen haben sich gegenüber der *Financial Action Task Force* ausdrücklich verpflichtet, bei den Beurteilungen des Finanzsektors ihrer Mitgliedsländer die Umsetzung der FATF-Richtlinien einfließen zu lassen. Je ärmer und schwächer ein Land ist, desto wichtiger ist die Note, die es von Weltbank und IWF bekommt. Denn bei einer schlechten Beurteilung kommt es nur noch zu schlechteren Bedingungen an Unterstützungskredite und wird von privaten Investoren geschnitten.[25]

Die BIZ und ihre Satelliten

Die Bank für Internationalen Zahlungsausgleich ist ein diskreter Treffpunkt für die politisch unabhängigen Notenbanker der mächtigsten Länder. Außerdem liefert sie mit ihrem Personal die organisatorische Basis für die ihr zugeordneten standardsetzenden Gremien. Der hochrangige BIZ-Manager Claudio Borio und der Historiker Gianni Toniolo beschreiben die Vorzüge der BIZ so: »Sie schafft ein Umfeld, das besonders gut geeignet ist, Konsens zu entwickeln, gegenseitig von den Erfahrungen der anderen zu lernen und enge, lang andauernde persönliche Beziehungen aufzubauen.«[26]

Dass der Korpsgeist von demokratisch nicht kontrollierten Notenbankern in so einem Gremium auch unschöne Ergebnisse zeitigen kann, zeigte sich schon vor fast 80 Jahren an den engen freundschaftlichen Beziehungen von Hitlers Bankier, Reichsbankpräsident Hjalmar Schacht, mit dem Gouverneur der Bank of England, Montagu Norman. Die beiden hatten maßgeblichen Anteil an der Gründung der BIZ. Im Jahr 1939 fand die Bank of England unter Norman nichts dabei, der Reichsbank die Goldvorräte der von Hitler überfallenen Tschechoslowakei auszuhändigen. Und das, obwohl die britische Regierung beschlossen hatte, alle tschechischen Vermögenswerte in Großbritannien einzufrieren.[27]

Die BIZ wickelte unter einem amerikanischen Präsidenten die Devisengeschäfte von Hitlerdeutschland ab, darunter bizarrerweise auch einen Dollartransfer, mit dem Hitler Stalin dafür bezahlte, dass dieser Güter in das von den Westalliierten blockierte Deutschland transportierte. Raubgold von Juden wurde über die BIZ exportiert, damit andere Länder es nicht wegen seiner Herkunft ablehnten. In einem Bericht des *Spiegel* dazu heißt es treffend:»Die hoch bezahlten Bankherren in Basel kamen prächtig miteinander aus, während die Soldaten ihrer Länder einander an allen Fronten außerhalb der neutralen Idylle erbarmungslos abschlachteten.«[28]

Der bei der BIZ angesiedelte Baseler Ausschuss für Bankenaufsicht legt die Regeln fest, nach denen global die Banken beaufsichtigt werden. Er hat eine *Charta*, in der steht, dass Entscheidungen im Konsens gefällt werden und der Ausschuss formal über keinerlei Befugnisse verfügt. Die Sprache ist noch etwas dreister als beim FATF. Obwohl nur 25 Länder Vertreter in das informelle Gremium entsenden dürfen, das erklärtermaßen nur Empfehlungen abgeben kann, gibt sich der Ausschuss selbst das Mandat, »*globale* Standards für Regulierung und Aufsicht von Banken zu setzen (...) und deren Umsetzung in Mitgliedsländern *und darüber hinaus* zu kontrollieren«. Belgien und Schweden mit je gut 10 Millionen Einwohnern gehören zu denjenigen, die die Standards setzen und global durchsetzen. Länder wie Nigeria, Bangladesch und Pakistan mit zusammen mehr Einwohnern als die ganze EU müssen diese Standards pünktlich und genau umsetzen. Sonst gibt es Ärger mit Weltbank und IWF. Die Delegierten der Mitgliedsländer sind hohe Beamte der

Bankenaufsichtsbehörden und der politisch unabhängigen Zentralbanken. Sie versprechen für ihre Länder laut Charta, die verabredeten Regeln nicht nur pünktlich umzusetzen, sondern sie möglichst sogar *wörtlich* in nationale oder EU-Gesetze zu gießen. Nicht einmal ein Anschein von Respekt für die Hoheit der Parlamente wird gewahrt.

Eine dominante Stellung in der BIZ und in ihren Untergremien wie dem Baseler Ausschuss hat die Federal Reserve Bank of New York (New York Fed). Diese Filiale der US-Notenbank ist für die Aufsicht über die Wall Street und damit indirekt über das Weltfinanzsystem zuständig. Die New York Fed ist aber nicht, wie man vermuten sollte, eine öffentliche Organisation; sie gehört vielmehr den Wall-Street-Banken, die sie kontrollieren soll, und wird selbst von diesen kontrolliert. Jedes Mitgliedsland hat einen oder zwei Delegierte im Baseler Ausschuss, nur die USA haben vier. Hauptamtlicher Generalsekretär des Baseler Ausschusses ist derzeit der Amerikaner William Coen, der von der New York Fed kam. Diese ist der entscheidende Hebel für das, was Elisabeth Rhyne vom *Center for Financial Inclusion* dem Präsidenten empfahl:»Die USA sollten sicherstellen, dass der Baseler Ausschuss für Bankenaufsicht Regulierungen produziert, die den Weg für finanzielle Inklusion öffnen.«[29]

Der Ausschuss tut wie geheißen. Er hat in seine Regeln integriert, dass die Banken die Vorgaben der FATF einhalten müssen und die Aufseher das kontrollieren. So können bargeldfeindliche Regeln unauffällig als Teil eines Hunderte Seiten dicken Pakets zur Bankenaufsicht durch die Parlamente geschleust werden, ohne dass dort darüber nachgedacht oder diskutiert wird.

Eine wichtige Rolle bei der indirekten Auslöschung des Bargelds spielt, wie wir gleich noch sehen werden, auch der ebenfalls bei der BIZ angesiedelte Ausschuss für Zahlungsverkehr und Marktinfrastruktur, nach seinem englischen Namen CPMI abgekürzt.

Die Standardsetzer werden eingeschworen und machen eifrig mit

Um diese wichtigen Standardsetzer aus dem transnationalen Schattenreich auf den Kampf gegen das Bargeld einzuschwören, hielten *Consultative Group* und *Besser-als-Bargeld-Allianz* zunächst bei diesen Gruppen Präsentationen ab. Es gab auch große Konferenzen zum Thema *Standardsetzer und finanzielle Inklusion* bei der BIZ und ein gemeinsames Papier von *Consultative Group* und Weltbank.[30] Schon im Oktober 2011 wurde eine formelle Zusammenarbeit der Standardsetzer-Gruppen mit der G20-Partnerschaft bei der globalen Bekämpfung des Bargelds beschlossen. Grundlage war ein White Paper, das die *Consultative Group* und die Weltbank in Abstimmung mit der FATF und den BIZ-Satelliten verfassten.[31] Darin wird beschrieben, in welchen Sachgebieten die Regulierer Stellschrauben haben, um die finanzielle Exklusion, also die Nutzung von Bargeld, zu bekämpfen. Im Jahr 2013 forderte die G20 die Standardsetzer dann auf, Vertreter der *Partnerschaft für finanzielle Inklusion* an ihrer Arbeit teilhaben zu lassen. Gemeint sind damit die Anti-Bargeld-Lobbygruppen *Besser-als-Bargeld-Allianz* und *Consultative Group*. Diese dürfen seither mit an den identifizierten Stellschrauben drehen, um die Standards so auszugestalten, dass die Bargeldnutzung zurückgeht und innovative Finanzdienste aus dem Silicon Valley sich ungehindert ausbreiten können.

Mit diesem Wissen wundert man sich nicht mehr über Geldwäscheregeln, in denen Bargeldtransaktionen wie die gefährlichsten aller Quellen von Geldwäsche und Terrorfinanzierung behandelt werden. Was ursprünglich wie eine Zwangsbeglückung der armen Länder durch die G20-Regierungen und ihre Konzerne aussah, sollte sich auf dem Weg über die Standardsetzer in eine global wirkende Kampagne verwandeln, die immer mehr auch die Industrieländer selbst betrifft. Die bargeldfeindlichen Standards müssen letztendlich überall eingehalten werden.

Einige Hinweise, wie die Standardsetzer das Bargeld bekämpfen können, stehen in einem Leitfaden der *Besser-als-Bargeld-Allianz* von 2017 für die damalige deutsche G20-Präsidentschaft. Die Allianz empfiehlt darin, alle Interessenträger zusammenzuspannen, um ein förderliches regulatorisches Umfeld zu schaffen. Besonders lobend erwähnt wird der Ausschuss für Zahlungsverkehrs- und Marktinfrastruktur (CPMI) bei der BIZ, der aktiv die Entwicklung eines solchen regulatorischen Rahmens gegen das Bargeld unterstützt habe.[32] So hat der CPMI Ende 2016 wichtige Absprachen zur Beschleunigung der Bargeldbeseitigung getroffen, von denen kaum jemand Notiz genommen hat. Er hat einen Bericht abgesegnet, in dem die Mitgliedsnotenbanken ankündigen, sie wollten schnelle digitale Bezahlverfahren als Konkurrenz zum Bargeld fördern. Im Fall des als vorbildlich dargestellten Singapur wird ausdrücklich erwähnt, dass das dem Ziel einer bargeldlosen Gesellschaft dienen soll. Zwei Vertreter der Bundesbank haben den Bericht mit unterschrieben.[33] Wenn die Notenbanken sich immer mehr aus der Bargeldversorgung der Banken zurückziehen und dafür immer mehr die Entwicklung digitaler Bezalverfahren fördern und subventionieren, wird Bargeld immer teurer und unbequemer und die digitale Konkurrenz immer attraktiver. So einfach geht das – und so unmerklich.

Wie einseitig der CPMI-Ausschuss bei der Abwägung der Vor- und Nachteile auf die Interessen der Finanzbranche fixiert ist – und dabei die Interessen der Bürger völlig ausblendet –, ist fast schon spektakulär zu nennen. Unter den Vorteilen wird aufgeführt, dass die Zahlungsverkehrsdienstleister mehr Geschäft machen, wenn Bargeld verdrängt wird. Dass die Kunden das bezahlen müssen, bleibt unerwähnt. Es gibt in dem Bericht auch gar keinen passenden Platz für eine Erwähnung, denn man findet nur die Abschnitte »Vorteile für Nutzer« und »Übergreifende Vorteile von schnellen Bezahlverfahren«. Die Abschnitte »Nachteile für Nutzer« und »Übergreifende Nachteile« sucht man vergebens. Entsprechend ist es für die Notenbanker in dem Gremium nur ein Vorteil, dass wir auf Gedeih und Verderb all unser Geld bei insolvenzgefährdeten Banken halten müssen, wenn es endlich kein Bargeld mehr gibt. Schließlich wird es dann leichter, im Zuge der »Gläubigerbeteiligung« unser von den Banken verwaltetes Geld zu enteignen, damit insolvente Banken wieder flüssig werden. Als weiterer Vorteil gewertet wird auch, dass jeder unserer Zahlvorgänge lückenlos überwacht und dauerhaft gespeichert werden kann, wenn es kein Bargeld mehr gibt.

Kaum vorstellbar, dass es eine derartig einseitige Diskussion in einem Parlament geben würde. Aber die Parlamente sind ganz außen vor. Für die Umsetzung solcher bargeldfeindlichen Verabredungen ist die politisch nicht kontrollierte Europäische Zentralbank ganz allein zuständig. Sie kann, wenn sie will, durch geeignete Gestaltung der Marktinfrastruktur dem Bargeld langsam den Garaus machen, ohne dass Volksvertreter etwas zu sagen hätten, ja ohne dass sie überhaupt verstehen, was passiert. Für sie und die Öffentlichkeit sieht es so aus, als würde die Bargeldnutzung von selbst immer weiter zurückgehen.

Der gleiche CPMI-Ausschuss hat gemeinsam mit der Weltbank einen Bericht dazu verfasst, wie man die Bargeldbeseitigung sonst noch fördern kann.[34] Zu den als vordringlich empfohlenen Maßnahmen gehört, dass Regierungen Zahlungen nur noch bargeldlos leisten sollen. Wenn sie wiederum Geld zu bekommen haben, sollen sie auf bargeldlosem Bezahlen bestehen. Das würde die Menschen und Unternehmen zwingen, Bankkonten zu nutzen. Auch die deutsche Regierung hat sich im Rahmen der *G20-Partnerschaft für finanzielle Inklusion* verpflichtet, solche bargeldfeindlichen Standards umzusetzen, und sie tut das auch. Man versuche nur, seinen Rundfunkbeitrag oder seine Steuern in Deutschland mit dem gesetzlichen Zahlungsmittel Bargeld zu entrichten, dann sieht man, dass die Regierung diese Selbstverpflichtung ernst nimmt. Wer auf den Bürgerämtern in Berlin-Moabit oder Wedding seine 5 Euro für eine Beglaubigung oder eine andere Gebühr entrichten muss, kann das seit 2016 nur noch mit Girokarte tun. Massenhafte Beschwerden empörter Bürger nahmen die Ämter in Kauf und blieben stur.[35] In vielen anderen Behörden wird Bargeld zwar noch akzeptiert, aber man muss einen Aufschlag zahlen oder andere Nachteile in Kauf nehmen, wenn man bar bezahlen will.

Auch die Europäische Zentralbank ist im Rahmen der G20-Partnerschaft auf das Ziel der Bargeldzurückdrängung verpflichtet. Der CPMI fordert sie und die anderen Zentralbanken ausdrücklich auf, ihre mächtige Position bei der Organisation und Beaufsichtigung des Zahlungsverkehrs in diesem Sinne zu nutzen. Aus dieser Perspektive ist es weniger verwunderlich, dass die EZB immer fünf gerade sein ließ, wenn sie zu Bargeldobergrenzen in Euro-Ländern Stellung nahm, obwohl es gegen ihr eigenes Geld ging – gegen die Scheine, die EZB-Präsident Mario Draghi unterschrieben hat.[36] Wir wundern uns deshalb auch nicht mehr, wie schnell Mario Draghi den 500-Euro-Schein abschaffte, nachdem der G20-Gründer und starke Mann in der G30, Larry Summers, das verlangt hatte. Dazu kommen wir in Kürze noch.

In dem gemeinsamen Papier von CPMI und Weltbank fehlt auch nicht der Hinweis, dass den Silicon-Valley- und Wall-Street-Unternehmen keinesfalls verwehrt werden darf, den digitalen Zahlungsverkehr überall unter eigene Kontrolle zu bringen. Im Neusprech-O-Ton heißt das: »Der regulatorische Rahmen fördert Innovation und Wettbewerb, indem der Marktzutritt von neuen Arten von Zahlungsverkehrsdienstleistern, neuen Instrumenten und Produkten, neuen Geschäftsmodellen und -kanälen nicht behindert wird.« *Neue Arten von Zahlungsdienstleistern*, das sind die FinTechs, die die US-Regierung als strategischen Sektor zum Ausbau der US-Dominanz definiert hat. Sie kommen entweder aus dem Silicon Valley und arbeiten mit dem Geld der Wall Street oder sie werden von dort aufgekauft, wenn sie erfolgreich sind. *Neue Produkte und Geschäftsmodelle* steht für das, was diese FinTechs anbieten. Ein Ratsmitglied der Europäischen Zentralbank hat mir anvertraut, es gebe starke Bestrebungen innerhalb der Europäischen Zentralbank, ein eigenes System für die Abwicklung des allgemeinen Zahlungsverkehrs zu entwickeln. Auf diese Weise wolle man die befürchtete völlige Übernahme des europäischen Zahlungsverkehrs durch US-Unternehmen – mit allen Konsequenzen für die Datenhoheit – verhindern. Das Vorhaben sei intern umstritten und werde unter der Decke gehalten. Die *Financial Action Task Force* kämpft an vorderster Front für die Durchsetzung der finanziellen Totalüberwachung. Zu den 40 Grundsätzen für gutes Finanzgebaren, die umzusetzen die FATF ihre Mitglieder und den Rest der Welt verpflichtet hat, gehört eine proaktive Strafverfolgung im Finanzbereich auf der Grundlage von Analyseergebnissen. Das ist bei uns in Form der verdachtsunabhängigen Schleppnetzüberwachung aller Kontobewegungen umgesetzt. Die Banken müssen Prüfprogramme über alle Kontobewegungen laufen lassen und ihre Kunden anzeigen, wenn sie verdächtige Muster entdecken. Außerdem soll Vermögenseinziehung möglichst leicht gemacht werden und nicht von einer vorherigen Verurteilung abhängen. Dazu soll die Beweislast umgekehrt werden, sodass derjenige, dessen Vermögen konfisziert wird, beweisen muss, dass er es rechtmäßig erworben hat. Es gibt in Brüssel starke Bestrebungen, das umzusetzen, und schon erste Schritte in dieser Richtung, etwa im Grenzverkehr mit Bargeld.

Über die FATF werden die kühnsten Träume der Finanzermittler Wirklichkeit. Dabei kommt es zwar vor, dass das polizeilich Wünschbare mit nationalen Gesetzen zum Datenschutz kollidiert. Aber da lässt sich durch Internationalisierung und Datenaustausch oft etwas machen. Dazu werden nicht etwa die Gesetze geändert, sondern sie werden umgangen, oder wie der EU-Rat in verräterischer Sprache betont:»Den geltenden Datenschutzvorschriften (soll) *in gebührendem Maße* Rechnung getragen werden.«[37] Vorschriften sind also nur solange und soweit einzuhalten, wie sie nicht allzu sehr stören. Ganz in diesem Sinne tat die FATF in ihrem *Jahresbericht 2015/16* kund, bei der Informationsweitergabe von den Banken an den Staat und zwischen den Instituten stehe oft das Datenschutzrecht im Weg.»Diese Hindernisse für den Informationsaustausch zu überwinden bleibt eine Priorität für die FATF«, formuliert die Schattenmacht offenherzig ihre Verachtung für den gesetzlichen Schutz der Privatsphäre. Wie man den Datenschutz in der Praxis überwinden kann, leuchtet die FATF in gemeinsamen Foren mit Vertretern der Finanzinstitute aus.[38]

Schauplatz Malawi (und andere übereifrige arme Länder): Ein Rätsel

Es ist schwer nachvollziehbar, dass ausgerechnet die wirtschaftlich zurückgebliebenen Länder der Welt, von Malawi bis Indien, so großen Eifer bei der Bargeldbeseitigung und dem Aufbau biometrischer Datenbanken an den Tag legen. Schließlich sind dort die Bedingungen dafür besonders schlecht und diese Länder haben eigentlich viel dringendere Probleme.

»Malawi, der letzte Nachzügler in Sachen nationale Identitätsausweise«, lautete 2017 die Überschrift eines Zeitungsartikels aus dem armen Land in Afrika. Darin versprechen ein beschämter Vertreter der Registrierungsbehörde und eine ebenso eingeschüchterte Kultusministerin, die biometrische Registrierung jetzt entschlossen voranzutreiben, damit Malawi nicht länger das einzige Land im südlichen Afrika ohne allgemeine digital-biometrische Identitätsnachweise sei. Die Geldgeber hatten sich zu einer Konferenz über biometrische Erfassung in Malawi eingefunden und machten Druck.[39] Das Entwicklungsprogramm der Vereinten Nationen UNDP war schon in Vorleistung getreten, indem es das europäische Unternehmen Laxton mit der Lieferung der biometrischen Registrierungsausrüstungen aus dem Entwicklungshilfeetat beauftragt hatte. Die Sets bestehen aus Fingerabdruckscanner, elektronischem Unterschriften-Pad, Kamera, Dokumentenscanner, Drucker und Laptop sowie der nötigen Software. Die mobilen Geräte sind mit Batterie und mitgelieferten Solarzellen zu betreiben. Von Freudenstürmen der hungrigen Kinder in Malawi, von denen die wenigsten eine halbwegs anständige Schulbildung oder eine vernünftige Gesundheitsversorgung bekommen, wird nicht berichtet. Malawi gehört zu den ärmsten Ländern der Welt. Das Durchschnittseinkommen beträgt rund 300 Dollar pro Person und Jahr.

Die erfassten biometrischen Daten können direkt über ein von Laxton bereitgestelltes Interface in die zentrale biometrische Datenbank eingespeist werden. Laxton übernimmt das Projektmanagement, die Logistik, den technischen Support und die Ausbildung der Anwender.[40] Somit ist sichergestellt, dass Daten und Know-how nicht in malawische Hände gelangen. Das soll angeblich jede Menge Geld sparen, weil Betrug unmöglich gemacht werde. Wie man sicherstellt, dass diese zentrale Datenbank nicht gehackt wird und dass Laxton und seine Mitarbeiter die Daten nicht weitergeben, bleibt offen.

USAID rechnet sich diesen sonderbaren Eifer des armen Landes in seiner Broschüre mit Tipps zur Durchsetzung der finanziellen Inklusion als eigenen Erfolg an. Noch 2013 seien erst 3 Prozent der Zahlungen im Land digitalisiert gewesen, heißt es darin. Dann habe sich der Stab von USAID in Mali der Sache angenommen und Politiker, Regulierer, Geldgeber, Mobiltelefonbetreiber und Banken in einer Koordinationsgruppe zusammengebracht, um die Digitalisierung des Zahlungsverkehrs voranzubringen. Auch habe man Malawi dazu bewegt, in die *Besser-als-Bargeld-Allianz* einzutreten. Mithilfe einer Geldüberweisung an den UN-CDF sei es gelungen, einen Berater in das Finanzministerium »einzubetten«, der die *Nationale Strategie für den Übergang zum digitalen Bezahlen* mitgeschrieben habe.[41]

Indem es seine »regionalen und globalen Kontakte hebelte«, hat USAID nach eigener Darstellung erreicht, dass Kolumbien Gründungsmitglied der *Besser-als-Bargeld-Allianz* wurde und 2014 ein eigenes Gesetz zur finanziellen Inklusion verabschiedete. In Nepal fuhr man eine andere Strategie: Ein von USAID bezahltes wirtschaftliches Hilfsprogramm wurde so ausgestaltet, dass die Schaffung eines günstigen Umfelds für mobiles Geld und digitales Bezahlen im Mittelpunkt stand. Außerdem motivierte man ein Bankenkonsortium mit technischer Hilfe von USAID, eine gemeinsame digitale Bezahlplattform zu schaffen. Die Zentralbank ihrerseits durfte mit maßgeschneiderten Regulierungen »ein robustes Wachstum des digitalen finanziellen Ökosystems ermöglichen«. Auf den Philippinen nahm man die Sache gleich selbst in die Hand und startete, mit der Regierung als Juniorpartner, das E-Peso-Projekt zur Verzwanzigfachung des digitalen Zahlungsverkehrs.[42] Regierung und Behörden werden bei dem Vorhaben unterstützt, Auszahlungen zukünftig nur noch digital zu leisten und Zahlungen der Bürger und Unternehmen auf bargeldlos umzustellen. Obdachlose bekommen auf den Philippinen seither elektronische Bezahlkarten statt Bargeld oder Sachleistungen.

In Mexiko hat die Nationale Banken- und Wertpapierkommission 2017 allen Banken befohlen, innerhalb von zwölf Monaten Fingerabdruck-Scanner in sämtlichen Filialen zu installieren, bei jedem Geschäft einen Fingerabdruck zu nehmen und den Abdruck mit den Daten im nationalen Wählerregister zu vergleichen. Die Banken müssen außerdem selbst eine Datenbank mit den biometrischen Daten der Kunden aufbauen.[43] MasterCard stand bereit. Das Unternehmen hatte schon einige Monate zuvor seine *Identity Check Mobile App* in Mexiko ausgerollt, mit der man Online-Zahlungen per Fingerabdruck oder Gesichtserkennung über das Smartphone legitimieren kann.[44]

Die Mafiamethoden der transnationalen Schattenmächte

Das führt uns zurück zu dem erwähnten Rätsel: Warum erklären gerade die armen Länder feierlich die Absicht, bargeldlos zu werden, obwohl Bargeld für ihren Entwicklungsstand so viel geeigneter ist als elektronisches Geld, jedenfalls in Relation zu Industrieländern? Warum wollen gerade sie mit solchem Eifer ihre Bevölkerung in zentralen biometrischen Datenbanken erfassen, obwohl es kaum Datensicherheit und meist keinen ernsthaften Datenschutz gibt? Nur wenn man die wirksame Strategie der *G20-Partnerschaft für finanzielle Inklusion* von Zuckerbrot und Peitsche kennt, versteht man diesen überraschenden Befund. Denn arme Länder sind mit wenig Zuckerbrot zu locken und müssen besonders große Angst vor der Peitsche haben.

Seit die transnationalen Standardsetzer sich der G20-Kampagne für finanzielle Inklusion angeschlossen haben, wird die Effektivität der Zurückdrängung des Bargelds bei der Beurteilung der Länder durch Weltbank oder IWF berücksichtigt.»Von 210 Beurteilungen zwischen 2010 und 2015 enthielten 70 Prozent Anmerkungen zur Förderung der finanziellen Inklusion«, lobt ein Bericht, den Autoren der *Consultative Group* unter Mithilfe der Weltbank und der FATF verfassten. Darin empfehlen sie recht offen Erpressung nach dem Schutzgeldprinzip, damit arme Länder, die eigentlich ganz andere Sorgen haben, eifrig beim Kampf gegen das Bargeld mitmachen. Sie schreiben:»Bewertungen haben eine starke positive Wirkung auf Länder, die finanzielle Inklusion noch nicht zu ihrem Anliegen gemacht haben« und»Fragen nach Maßnahmen, die ein Land unternommen hat, um die Inklusion zu fördern, sollten dazu beitragen, Aufmerksamkeit von Ländern zu *fokussieren*, die Inklusion nicht fördern«. Hier wird recht offen eine kaum verbrämte Drohung empfohlen, wie man sie aus Mafiafilmen kennt. Dort wird die Aufmerksamkeit der Restaurantbesitzer *fokussiert*, indem man sie fragt, ob sie sich vor Bränden oder Vandalismus fürchten.

Ausdrücklich werden die Bewerter aufgefordert, Länder mit hohem Bargeldanteil abzustrafen, wenn diese die Flexibilität der FATF-Kriterien nicht nutzen.[45] Eine Grundannahme der FATF lautet, dass Bargeld in Sachen Geldwäsche und Terror besonders gefährlich ist. Die Flexibilität der FATF-Kriterien soll dafür sorgen, dass je nach Bargeldanteil in einem Land oder Sektor die Regulierung und die Aufsicht so gestaltet werden, dass der Bargeldanteil zurückgeht. Ein armes Land kann daher Ärger mit der FATF bekommen, wenn es den formellen Finanzsektor zu streng kontrolliert. Denn strenge Regeln kosten die Banken Geld, was dazu führen könnte, dass sie ihre Geschäfte nicht schnell genug ausdehnen und den informellen Bargeldsektor weniger schnell zurückdrängen können. Es kann auch sein, dass ein armes Land mit hoher Bargeldnutzung getadelt wird, »wenn es Geld und Personal für die Kontrolle seines Unternehmens- oder Wertpapiersektors aufwendet, anstatt sich auf diesen Bereich hohen Risikos zu konzentrieren.« Auf gut Deutsch: Wer ausländische Multis und Finanzinstitute mit Kontrollen belästigt, anstatt Bargeldnutzer zu bedrängen, der bekommt Ärger mit der FATF.[46]

Wegen des »risikobasierten Ansatzes«, wie die Flexibilität der FATF-Richtlinien auch genannt wird, wird zudem der Wunsch geäußert, dass Länder mit hohem Bargeldanteil den Banken unsichere Identifizierungsverfahren erlauben. Das soll die Hürden vor der Nutzung des formellen Finanzsektors niedrig halten. Wenn ein Land trotzdem auf sichere Identifizierungsmethoden besteht, um Betrug im offiziellen Finanzsektor zu bekämpfen, kann es eine schlechte Beurteilung durch Weltbank und IWF geben. Denn erst einmal sollen ja alle ein formelles Konto haben und nutzen. Das soll ihnen und den Banken so leicht wie möglich gemacht werden. Wer die Kunden wirklich sind, kann man auch später noch herausfinden; das gilt besonders für diejenigen, die von den Überwachungsprogrammen als verdächtig markiert werden. Erst wenn fast alle im System sind, will man die Zügel anziehen. In den Industrieländern, wo alle schon im System sind, können die Regeln dagegen gar nicht streng genug sein.

Wie absurd die Grundthese der FATF ist, Bargeldnutzung sei ein zentrales Problem bei der Bekämpfung von Geldwäsche und Terrorfinanzierung, zeigt ein Zitat des weltweiten Leiters der Abteilung gegen Finanzkriminalität der Deutschen Bank: »Die Digitalisierung der Finanzwelt und neue Zahlungslösungen verschärfen die Situation, denn Kriminelle nutzen neue Technologien für ihre Zwecke.«[47] Aus der Sicht dieses hochrangigen Experten verschärft die Zurückdrängung des Bargelds mit innovativen Bezahlverfahren also das Geldwäscheproblem, anstatt es zu lösen.

Auch ein Verfahren der nigerianischen Regierung gegen die US-Bank JP Morgan zeigt, wie verlogen der Fokus der Geldwäschebekämpfer auf das Bargeld ist. Nigeria will von JP Morgan 875 Millionen Dollar plus Zinsen, weil die Bank wissentlich dieses Geld an die Firma eines korrupten Ex-Ministers überwiesen hatte. Dieser hatte als Ölminister einer Firma, die er heimlich selbst kontrollierte, eine Ölkonzession zugeschanzt und diese später für über eine Milliarde Dollar verkauft. Die Bank hat zugegeben, dass sie von einer Vorstrafe des Politikers wegen Geldwäsche wusste und davon, dass dieser heimlich die Empfängerfirma kontrollierte. Der Clou aus der Verteidigungsschrift der Bank: Sie hatte mehrfach die Geldüberweisungen bei der obersten britischen Geldwäsche-Bekämpfungsbehörde Soca angemeldet und kein Veto bekommen. Das könnte an nationalem Interesse gelegen haben. Der korrupte Ex-Minister hatte netterweise Angebote aus China und Russland abgelehnt und die Ölkonzessionen an den britischen Ölkonzern Shell und die italienische Eni verkauft.[48] Der derzeitige FATF-Generalsekretär war in seinem vorherigen Job ein hoher Beamter in ebendieser Soca.[49] Um eine knappe Milliarde Dollar staatlich abgesegnete Geldwäsche wieder auszugleichen, müssen ziemlich viele Nigerianer dem Bargeld entwöhnt und an Kleinkriminalität gehindert werden.

Die Methode für Industrieländer: Gruppendruck

In Europa kann man sich eine derart autoritäre und radikale Vorgehensweise wie die von Narendra Modi in Indien kaum vorstellen. Auch wäre es kaum möglich, praktisch ohne Datenschutz und unter Ausschaltung des Wettbewerbs für die Ausbreitung mobilen Geldes zu sorgen, wie das in Kenia geschah. Nur in Ländern wie Griechenland, wo die Regierung nicht mehr viel zu sagen hat und eine Troika aus den bargeldfeindlichen Institutionen EU-Kommission, Europäische Zentralbank und Internationalem Währungsfonds praktisch durchregiert, geht es offen und drakonisch bargeldfeindlich zu. Dort muss, aufgrund der von der Troika diktierten Gesetze, inzwischen fast jeder Händler einen Vertrag mit Zahlkartenanbietern haben; die Arbeitnehmer bekommen eine Steuerstrafe aufgebrummt, wenn sie nicht genug von ihrem Lohn und Gehalt digital ausgeben. Bargeld, das zu Hause aufbewahrt wird, muss angemeldet und kann kontrolliert und konfisziert werden. Rechnungen über 500 Euro dürfen nicht mehr bar beglichen werden. Es gibt eine ganze Batterie weiterer derartiger Maßnahmen gegen das Bargeld, regelmäßig begründet mit dem Kampf gegen Steuervermeidung. Gleichzeitig geschah und geschieht extrem wenig, um die bekannten großen Steuersünder zur Rechenschaft zu ziehen. Die sogenannte Lagarde-Liste der großen im Ausland versteckten Vermögen reicher Griechen wurde erst jahrelang in Schubladen versteckt und, nachdem sie von einem Journalisten veröffentlicht worden war, langsam dem Vergessen anheimgegeben.

Dort, wo die Demokratie nicht von Troika-Befehlen ersetzt wurde, wird mit graduellen und indirekt wirkenden Maßnahmen gearbeitet, um das bargeldliebende Volk nicht scheu zu machen, so wie der Internationale Währungsfonds das empfohlen hat. Eine zentrale Rolle spielen dabei die im transnationalen Nirgendwo ausgekungelten Standards zur Geldwäschebekämpfung. Der Korpsgeist und Gruppendruck innerhalb dieser mafiaartig verfassten Organisationen ist groß. Wer sich in für die USA wichtigen Dingen querstellt, setzt sich dem Vorwurf aus, bei der Terror- und Geldwäschebekämpfung nicht zu kooperieren oder kein Herz für die Armen zu haben. Mit dem so aufgebauten Gruppendruck hat mir hinter vorgehaltener Hand ein hochrangiger Bundesbankvertreter den Widerspruch erklärt, dass die Bundesbank öffentlich immer das Bargeld verteidigt, aber in solchen Gruppen – wo die wirkliche Musik spielt – nichts gegen immer neue bargeldfeindliche Standards unternimmt.

Finanzgesetze gegen das Bargeld, die Bürger der Industrieländer betreffen, entstehen meist folgendermaßen: Ein tonangebendes Mitglied, häufig die USA, sorgt dafür, dass die G20 der FATF die Anregung gibt, einen passenden Standard zur Geldwäschebekämpfung auszuarbeiten. Die FATF entspricht diesem Wunsch und gibt ihren Vorschlag an die G20-Regierungen zurück. Diese verabschieden eine Resolution, mit der sie ihre heimischen Parlamente informell, aber höchst wirksam, zur Zustimmung verpflichten. »Wir bekennen uns dazu, diese Standards im vereinbarten Zeitrahmen anzunehmen und uneingeschränkt umzusetzen«, lautet eine typische G20-Resolution.

Die von der G20 zu angeblichen internationalen Standards aufgewerteten Vorschläge der FATF werden von der EU-Kommission in einen Verordnungs- oder Richtlinienvorschlag gegossen. Diesen bekommt dann irgendwann auch das EU-Parlament zu sehen und zum Durchwinken vorgelegt. Texte der EU-Kommission, mit denen sie ihre Gesetzesinitiativen zur Finanzüberwachung begründet, sind durchzogen von Sätzen wie: »Auf der Vorarbeit der FATF aufzubauen ist von besonderer Bedeutung«, oder »Die Kommission schlägt vor, detaillierte Vorgaben auf Basis der FATF-Standards aufzunehmen.« Die Beispiele stammen aus einem Aktionsplan zur Verstärkung des Kampfs gegen Terrorfinanzierung.[50] Darin wird eine EU-weite Bargeldobergrenze erwogen und eine Gesetzesinitiative für die leichtere Bargeldbeschlagnahmung an der Grenze begründet.

Schauplatz Deutschland (und Europa): Auf leisen Sohlen ins System

In Deutschland ist die offene Kampagne gegen das Bargeld verhältnismäßig spät angekommen, auch im europäischen Vergleich. Die IWF-Empfehlung, Unternehmen vorzuschicken, wird vorbildlich umgesetzt. Im Frühjahr 2017 häuften sich die Pressemeldungen, wonach zunächst immer mehr Sparkassen und später auch andere Banken dazu übergehen, für das Abheben von Bargeld an Schalter und Geldautomat Geld zu verlangen.[51] Diese Maßnahme ist ganz im Sinne der *G20-Partnerschaft für finanzielle Inklusion*. Diese drängt darauf, die Nutzer mit den »wahren Kosten« des Bargelds zu belasten. Die Notenbanken als Teil dieser G20-Partnerschaft haben dies unter dem Vorwand an die Banken herangetragen, diese müssten größere Gewinne machen, um zum Wohle der Nation stabil zu bleiben. Solchem Drängen ihrer Aufseher wollten sich die Banken natürlich nicht entziehen.

Gebühren für Barauszahlungen sind rechtlich problematisch, weil wir Gläubiger der Bank sind, wenn wir ein Guthaben auf dem Bankkonto haben. Die Bank ist Schuldnerin. Die Schuld besteht darin, uns auf Verlangen das gesetzliche Zahlungsmittel auszuhändigen, also Bargeld. Wenn die Bank Gebühren für Barabhebungen vom Konto berechnet, bedeutet das, dass die Schuldnerin Geld dafür verlangt, ihre Schuld abzulösen. Der Bundesgerichtshof (BGH) hat 2015 festgestellt, »dass das Bürgerliche Gesetzbuch und die Verkehrserwartung als selbstverständlich davon aus(gehen), dass ein Schuldner für die Erfüllung seiner Barleistungspflicht nicht eine gesonderte Vergütung verlangen kann«.[52]

Darüber hinaus wird in einigen Ländern, inzwischen offenbar auch in Deutschland, die Methode angewendet, Bargeld rarer zu machen. Die schwedische Notenbank, die Reichsbank, war hier Vorreiterin – sie hatte einen maßgeblichen Anteil daran, dass das Bargeld in Schweden immer teurer und knapper wurde. Im Jahr 2007 beschloss sie, sich aus der Bargeldversorgung zurückzuziehen. Die Banken im hohen, dünn besiedelten Norden müssen seither selber schauen, wie sie an das benötigte Bargeld kommen, und für den Transport bezahlen. Die Mehrzahl der Bankfilialen in Schweden nimmt heute kein Bargeld mehr an und gibt auch keines aus. In weiten Teilen Nordschwedens ist die nächste Bank, bei der die Kunden Bargeld einzahlen oder sich auszahlen lassen können, 40 Kilometer oder mehr entfernt.[53] Auch die Bundesbank hat sich inzwischen weitgehend aus der Bargeldversorgung zurückgezogen und das meiste privatisiert.

Die Geldautomaten werden in den nordischen Ländern, die uns gerne als Vorbilder in Sachen digitaler Modernität präsentiert werden, von einem legalisierten Kartell der großen Banken betrieben. Das nutzen diese Kartelle, um die Bargeldausgabestellen sehr knapp zu halten. So mussten Finnen schon 2007 mit 38 Geldautomaten pro 100 000 Einwohnern auskommen; 2016 waren es nur noch 26. In Schweden waren es 2016 auch nur noch 34. Zum Vergleich: In den USA ist die Automatendichte gut viermal so hoch, in Deutschland (noch) mehr als dreimal.[54] Aber auch bei uns geht es seit 2015 steil abwärts. In nur zwei Jahren sank die Automatendichte um gut 5 Prozent.[55] Besonders stark ausgedünnt wurde das Netz auch in Dänemark und den Niederlanden. Dort sank die Automatendichte seit 2007 von jeweils 70 je 100 000 Einwohnern auf nur noch 48. Wenn die Nutzung von Bargeld schlussendlich teuer und unbequem geworden ist, stellt man diese absichtlich herbeigeführte Unbequemlichkeit groß heraus, um im nächsten Schritt für – relativ dazu – billiges und bequemes bargeldloses Bezahlen zu werben. Und die Bargeldnutzer werden in diesem Szenario zu Ewiggestrigen.

Dass die Bevölkerung in diesen Ländern dem Ende des Bargelds mit Begeisterung oder wenigstens Gleichmut entgegengeht, ist nur eine gern erzählte Propagandalüge. In den Niederlanden zeigte eine Umfrage eine ganz andere Tendenz: 71 Prozent der Bürger wollen, dass Bargeld dauerhaft überall akzeptiert wird. In Schweden ergab eine Umfrage der Notenbank, dass ein Drittel der Schweden die abnehmende Bedeutung von Bargeld mit Missfallen betrachtet.[56] Hier gibt es eine Bürgervereinigung die sich *Kontanupproret*, Bargeldaufstand, nennt. Ihr Sprecher, Björn Ericsson, war früher Chef der schwedischen Polizei. Auch für ihn ist die Behauptung, dass die Bargeldabschaffung Kriminalität eindämme, nur eine Schutzbehauptung für eine ganz andere Agenda. Die Unzufriedenheit mit der mangelhaften Bargeldversorgung wurde so groß, dass der zuständige Ausschuss des schwedischen Parlaments im Juni 2018 ein Gesetz vorschlug, das darauf reagierte: Es verpflichtet die größeren Banken, dafür zu sorgen, dass 99 Prozent der Einwohner in höchstens 25 Kilometer Entfernung eine Möglichkeit haben, Bargeld einzuzahlen oder abzuheben.[57] Kaum ein Medium in Deutschland berichtete darüber. Diese Nachricht stand wohl zu quer zu der üblichen Erzählung von den bargeldmüden, modernen Schweden.

Bis Anfang 2016 hatte kaum ein Deutscher etwas davon mitbekommen, dass es so etwas wie eine internationale Kampagne zur Beseitigung des Bargelds gibt. Ein helles Auflodern der bis dahin in Deutschland strikt im Hintergrund geführten Anti-Bargeld-Kampagne gab es, als der damalige Deutsche-Bank-Chef John Cryan am 20. Januar 2016 beim Milliardärstreffen des Weltwirtschaftsforums in Davos voraussagte, in zehn Jahren werde es kein Bargeld mehr geben.[58] Nur sechs Tage später kam die SPD-Fraktion im Bundestag wie aus dem Nichts mit einer Entschließung, in der sie forderte, Barzahlungen über 5 000 Euro zu verbieten. »Außerdem sollen EU-weit die 500-Euro-Banknoten abgeschafft werden«, verlangte die SPD.[59] Und nochmals wenige Tage später forderte am 2. Februar das CDU-geführte Bundesfinanzministerium das Gleiche für Europa.[60] Kurz danach bekam die EU-Kommission von den Regierungen den Auftrag, zu prüfen, ob und wie sich das umsetzen ließe, und die Europäische Zentralbank beschloss umgehend, keine weiteren 500-Euro-Scheine mehr zu drucken.

Für einen 1 000-Mark-Schein konnte man sich 1964, als er auf Druck des Handels eingeführt wurde, fast so viel kaufen wie heute für vier 500-Euro-Scheine. Vielleicht gab es ja in früheren Jahrzehnten noch keine Waffenhändler, die Politikern Bündel von Geldscheinen zusteckten, und keine Terrorfinanzierung? Aber doch, es gab ziemlich viele Skandale dieser Art: Einer betraf den späteren Bundesfinanzminister Wolfgang Schäuble und viele hatten mit dem langjährigen Bundeskanzler Helmut Kohl zu tun. Und es gab die Rote Armee Fraktion und deren Terroranschläge. Trotzdem kam bis 2016 in Deutschland niemand auf die Idee, zu behaupten, der 1 000-Mark-Schein sei schuld an Terroranschlägen und politischer Korruption gewesen.

Garniert wurde der choreografierte Vorstoß aus Politik und Wirtschaft gegen das Bargeld durch eine kampagnenartige Serie von Medienberichten, die uns die Vorzüge und Modernität des bargeldlosen Bezahlens nahebringen sollten – sogar in der gruseligen Variante eingepflanzter Chips. So sendete das *Heute Journal* am 23. Februar 2016 nach der begeisterten Einführung von Claus Kleber einen ausführlichen Videobericht über einen *Chip unter der Haut*, mit dem man künftig all seine Einkäufe bezahlen könne. Die Schweden seien schon viel weiter bei der Einführung von praktischeren Alternativen für das Bargeld, so die Botschaft.

Zwei Tage später erfreute an meinem Wohnort das dritte Radioprogramm des Hessischen Rundfunks um 7:40 Uhr seine Hörer mit zwei Radiomoderatoren, die mit einer aufgekratzten Corinna darüber sprachen, wie diese sich einen Chip habe implantieren lassen. »Cool« sei das, wie sie auf diesem Chip nun direkt vom Handy ihr Adressbuch speichern könne. Auch Bezahlen könne sie mit diesem Wunderwerk und sogar Türen aufmachen. Dazu gab es ein werbliches Video auf *hr3.de*. »Ich freu mich grad' riesig«, sagt Corinna, die sich hier als HR-Mitarbeiterin outet, eine Information, die den Radiohörern nicht zugemutet wurde. Die Prozedur tue so weh wie ein Wespenstich, lernt man in dem Video noch und außerdem: »*Was wie Zukunftsmusik klingt, ist in Ländern wie Schweden bereits Alltag.*« Das war gelogen. Wie man im *Heute Journal* immerhin erfahren hatte, gab es in Schweden erst einen Feldversuch mit dem Chip unter der Haut. Die nicht unerhebliche Information, von wem der organisiert und bezahlt wurde, erhielt der Zuschauer allerdings trotz der Länge des Beitrags nicht. MasterCard? Visa?

Die Harvard-Kampagne

Vor der Abschaffung des 500-Euro-Scheins fand die Debatte darüber fast ausschließlich in angelsächsischen Politikzirkeln und Medien wie der *Washington Post*, *New York Times* und *Financial*

Times statt. Befeuert wurde sie vom ehemaligen Harvard-Präsidenten und US-Finanzminister, G20-Gründer und G30-Dompteur Larry Summers, zusammen mit seinem Harvard- und G30-Kollegen Ken Rogoff, dem Harvard-Ökonomen und ehemalige Top-Banker Peter Sands und dem Chefvolkswirt der Citibank Willem Buiter.

Summers hatte 2013 mit einer Rede beim Internationalen Währungsfonds den Startschuss gegeben. Darin brachte er den Übergang zu einer bargeldlosen Gesellschaft als Option ins Gespräch, um negative Notenbankzinsen zu ermöglichen.[61] Rogoff präsentierte seinen Aufsatz über die Vorteile einer allmählichen Bargeldbeseitigung im November 2014 beim ifo-Institut in München.[62] Wie er sich die allmähliche Abschaffung des Bargelds vorstellt, steht gleich in den ersten Sätzen:»Dieses Papier untersucht die Kosten und Vorteile eines Auslaufenlassens von Papiergeld, beginnend mit den größten Scheinen, später aller außer den kleinsten Scheinen und Münzen und am Ende auch dieser.« Rogoff trat am 18. Mai 2015 im Londoner Hotel Mandarin Oriental als Hauptredner einer Konferenz unter Ausschluss der Öffentlichkeit auf, die gemeinsam von der Schweizer Notenbank und der Londoner Kapitalanlageszene ausgerichtet wurde. Buiter, ein renommierter Wissenschaftler und früherer Notenbanker, steuerte als zweiter Hauptredner ebenfalls ein Papier bei, in dem er für die Bargeldabschaffung warb. Die Europäische Zentralbank war mit vielen Zuhörern und Vortragenden vertreten.[63]

Kurz nach der Londoner Geheimkonferenz gewährte Larry Summers dem gerade geschassten Chef der britischen Großbank Standard Chartered, Peter Sands, Asyl. Er erhielt eine»Senior Fellowship« an einem von Summers geleiteten Harvard-Institut. Sands' Gesellenstück war eine»Studie« mit dem Titel *Wie man es den bösen Jungs schwerer macht: Das Argument für die Eliminierung großer Banknoten*. Sie bestand im Wesentlichen aus Berichten und Fotos von großen Bargeldfunden bei Kriminellen.[64] Die»Studie« wurde auch hierzulande in die Medien gedrückt und fand ihr Echo. Misstrauen gegen den Überwachungsstaat verunglimpft Sands darin als »libertäre Antipathie gegenüber Institutionen wie Banken oder der Regierung«.

Summers verteilte die Sand-Studie Anfang 2016 breit über das G20-Netzwerk, zu dem er als früherer Finanzminister und G20-Gründer Zugang hat. So ging sie auch an die Europäische Zentralbank.[65] Das flankierte Summers mit Meinungsbeiträgen, die jeweils in der *Washington Post* und der britischen *Financial Times* abgedruckt wurden. Im ersten Stück forderte er die Europäische Zentralbank auf, keinen 500-Euro-Schein mehr zu drucken.[66] Zitat: »500 Euro sind fast sechsmal so wertvoll wie 100 Dollar. Wenn Europa sich bewegen würde, könnte Druck auf andere ausgeübt werden, insbesondere auf die Schweiz.« Er forderte die G20 auf, ein Abkommen darüber abzuschließen, dass zukünftig keine Banknoten gedruckt werden, die mehr als 50 oder 100 Dollar wert sind. Nachdem wir die Wirkungsweise der G20 und ihrer *Partnerschaft für finanzielle Inklusion* in Kooperation mit den Standardsetzern kennengelernt haben, lesen wir diese Aufforderung als Forderung nach einem weltweit durchgesetzten Verbot, Geldscheine zu drucken, die kaufkräftiger sind als der größte US-Dollar-Schein.

Nach diesem aus Harvard angefachten Aufflackern der offenen Anti-Bargeld-Kampagne in Deutschland ließ die deutsche Politik das unpopuläre Thema sehr schnell wieder fallen. Über den Atlantik hinweg wurde es aber am Leben gehalten. Im Herbst 2016 veröffentlichte Harvard-Ökonom Rogoff auf Deutsch, Englisch, Spanisch und Italienisch ein Buch mit dem kämpferischen Titel *Der Fluch des Geldes: Warum unser Bargeld verschwinden wird.*[67] Dass es auch ihm dabei nicht um alle großen Scheine geht, sondern nur um die großen Nichtdollar-Scheine, zeigt ein Blick auf seine früheren Publikationen. Rogoff hatte schon 1998 einen Aufsatz geschrieben, in dem er gegen den damals geplanten 500-Euro-Schein opponierte. Diesen hatte er als schändlichen Versuch attackiert, dem Dollar Marktanteile im internationalen Geldwäschemarkt abzunehmen.[68] Später hat Rogoff die Entstehung und den Inhalts dieses Artikels unrichtig und verzerrt dargestellt, um so zu verhindern, dass Leser einen Zusammenhang herstellen.[69] Auch sonst nimmt es der Harvard-Ökonom in seinem Kampf gegen das Euro-Bargeld mit der Wahrheit alles andere als genau.[70] Im Jahr 2017 verbreitete Summers eine weitere Studie seines Harvard-Schützlings Peter Sands.[71] Diesmal schaltete er sich in die Diskussion um eine Bargeldobergrenze in der EU ein. Die Bundesbank hielt dagegen. Im April 2017 veranstaltete sie eine Fachkonferenz mit dem bemerkenswerten Titel *The War on Cash*. Dort wurde die neue Studie aus dem Hause Harvard sehr kritisch hinterfragt. Warum die Bundesbank die Studie derart ernst nahm, werden wir gleich noch sehen. Der deutsche Ökonom Franz Seitz, der von der Bundesbank eigens den Auftrag bekommen hatte, eine Pro-Bargeld-Studie zu verfassen,[72] berichtet Erstaunliches. So mussten die Autoren um Sands zugeben, dass alles nur auf Mutmaßungen beruht. Es gebe keine Untersuchung, die zeigt, dass Bargeldobergrenzen gegen Schattenwirtschaft und Kriminalität helfen. Auf der Tagung herrschte sogar Einigkeit zwischen den Bargeld-Befürwortern und den Gegnern darüber, dass Terrorbekämpfung kein vordringliches Ziel von Bargeldbegrenzungen sein kann. »Bargeldobergrenzen haben wahrscheinlich (...) nur begrenzten direkten Einfluss auf Terrorismusfinanzierung«, heißt es in der Studie von Sands.

Sands und Team geben trotzdem einige geradezu zynische Tipps, wie man eine hohe Bargeldobergrenze zunächst mit dem Argument einführt, sie tue in der Höhe höchstens Kriminellen weh – und wie man dann später Vorwände schafft, die Obergrenze zu senken. Im Resümee steht die Empfehlung an die *Financial Action Task Force* (FATF), auf die es ankommt: »Die FATF sollte ihre Mitglieder dazu anhalten, über Bargeldobergrenzen nachzudenken, und so die Übertragung von vorbildlichen Praktiken befördern.« Damit wird, ähnlich wie bei Summers' Appell an die G20, effektiv eine von der FATF durchgesetzte weltweite Pflicht zur Einführung von Bargeldobergrenzen gefordert. Die Wirkung der Studie ist nicht an ihrem begrenzten Einfluss auf die Öffentlichkeit zu messen, sondern an dem Einfluss, den sie innerhalb der FATF hat, wo die USA starken Einfluss ausüben und bei jeder Gelegenheit darauf verweisen werden.

Wohl wegen des Adressaten FATF schrieb Sands diese Studie nicht nur zusammen mit einem Harvard-Kollegen sondern mit zwei Koautoren des staatlichen britischen militärstrategischen Forschungsinstituts RUSI – Spezialisten in Sachen Finanzsanktionen und somit in der Szene der Geldwäschebekämpfer zu Hause. Dem Druck, der auf diese Weise aufgebaut wurde, wollte die Bundesbank offenkundig mit ihrer nicht öffentlichen Konferenz zum *War on Cash* entgegenwirken. Diese erbrachte solide wissenschaftliche Gegenstimmen, die es schwerer machen, in der FATF nur mit Verweis auf die Sands-RUSI-Studie einen Konsens für Barzahlungsobergrenzen als Standard guten Finanzgebarens herzustellen.

Wie schon der indische Notenbankaufseher Nachiket Mor wurde auch Sands von Bill Gates für seinen aufopferungsvollen Einsatz für die finanzielle Inklusion belohnt. Seit 2018 ist er Generalsekretär des immer wieder von schweren Korruptions- und Veruntreuungsskandalen heimgesuchten *Globalen Fonds zur Bekämpfung von Aids, Malaria und Tuberkulose*. Die Gates-Stiftung ist mit annähernd einer Milliarde der mit Abstand größte private Geldgeber dieses öffentlich-privaten Kooperationsfonds. Glückwunsch!

Mit Geldwäscheregeln gegen das Bargeld

Mit der Umsetzung der Standards aus dem transnationalen Schattenreich wird die Agenda der finanziellen Totalüberwachung in bewährt indirekter und unmerklicher Weise vorangetrieben. In Berlin werden Taxifahrer per Gesetz genötigt, Verträge mit Kartenfirmen abzuschließen und generell Kartenzahlungen anzunehmen. Seit Januar 2018 ist es Händlern verboten, für Kartenzahlung eine Zusatzgebühr zu verlangen.[73] Kaufleute und

Händler, die Bareinnahmen haben, müssen inzwischen nicht mehr nur korrekt Kassenbuch führen. Sie müssen täglich nachzählen und aufschreiben, wie viel von jeder einzelnen Stückelung Banknoten und Münzen sie in ihrer Kasse haben. Und sie müssen diese detaillierten täglichen Kassenabschlüsse jahrelang aufbewahren. Sonst drohen hohe Bußgelder. Banken wurden von der EU-Kommission mit der absurd schikanösen Vorschrift überzogen, jede Münze aufwendig auf Fälschung zu prüfen, bevor sie wieder ausgegeben wird. Das hat die Münzversorgung für Händler drastisch verteuert.[74] Dabei werden Münzen nicht in relevantem Umfang gefälscht, schon gar nicht die kleinen.

Ein aktuelles Beispiel für den Einfluss der *Financial Action Task Force* ist ein Verordnungsentwurf der EU-Kommission zur Behandlung von Barmitteln durch den Zoll an EU-Grenzen. Sie passierte im November 2017 die zuständigen Ausschüsse des EU-Parlaments. Einer der beiden zustimmenden Ausschüsse heißt ironischerweise *Bürgerliche Freiheiten*.[75] Künftig können Bargeld und Gold an der Grenze auf bloßen Verdacht hin für bis zu 30 Tage konfisziert werden. Das gilt selbst dann, wenn ihr Wert unter der Meldeschwelle von 10 000 Euro liegt. Ohne das so zu nennen, wird damit eine Rechtfertigungspflicht und eine Beweislastumkehr light eingeführt.

Eine Beweislastumkehr hat die FATF in Finanzdingen empfohlen. Allein weil sie das gesetzliche Zahlungsmittel bei sich führen, müssen Reisende, bei denen Bargeld gefunden wird, seither eine hochnotpeinliche Befragung über sich ergehen lassen. Wie bisher schon den Bankangestellten muss man künftig auch den Zöllnern Rede und Antwort darüber stehen, woher das Bargeld, Gold oder Schmuck im Gepäck stammt und was genau man damit machen will. Auskunftsverweigerung ist sehr verdächtig, und ein Verdacht würde die Zöllner berechtigen und verpflichten, das Geld zu konfiszieren. Geschieht das, müssen Reisende sich noch auskunftsfreudiger zeigen, damit die Behörden das Geld wieder aushändigen. Außerdem steht in der Verordnung, die sich vielfach auf FATF-Standards beruft, dass die Informationen über verdächtige Bargeldbewegungen an eine nationale Anti-Geldwäschestelle zu melden sind, die diese Informationen dann wiederum an die entsprechenden Stellen der anderen EU-Staaten weitergibt.

Ebenfalls unter dem Vorwand der Geldwäsche- und Terrorismusbekämpfung hat die EU-Kommission mit ihrer Ergänzung der 4. EU-Geldwäscherichtlinie fast völlig die Möglichkeit beseitigt, im Internet unter Wahrung der Privatsphäre zu zahlen, indem man sogenannte Prepaid-Karten benutzt. Das sind Einweg- oder aufladbare Kreditkarten, die an Kiosken oder Tankstellen erhältlich sind. Mit diesen Karten darf man jetzt nur noch im Laden einkaufen oder – wenn es eine nationale Bagatellausnahme gibt – bis höchstens 50 Euro im Internet.[76] Die Kommission hat mit den anonymen Prepaid-Karten schon einmal das durchexerziert, was beim Bargeld noch nicht geht – abschaffen. Peter Schaar, ehemaliger Bundesdatenschutzbeauftragter, hat das heftig kritisiert. Denn es nimmt den Nutzern die Möglichkeit, das Risiko eines Missbrauchs ihrer Finanzdaten zu reduzieren. Vielleicht noch wichtiger: Anonymer Medienkonsum per Online-Medien wird dadurch unmöglich gemacht oder stark erschwert. Schaar schreibt dazu in seinem Gutachten: »Die Änderung widerspricht den Vorgaben des Bundesverfassungsgerichts zum Grundrecht auf informationelle Selbstbestimmung.«[77] Aber das zählt alles nicht, wenn es gilt, *internationale Standards* umzusetzen.

Rigide Vorgaben an die Banken, selbst bei kleinen Bargeldgeschäften aufwendig die Identität zu prüfen, fuhren dazu, dass viele Institute sich schlicht weigern, Bargeld anzunehmen. Ein Lehrer in Berlin, der seit über zehn Jahren einmal im Jahr mit seinen Schülern einen Wohltätigkeitsbasar veranstaltet, wird von seiner langjährigen Bank plötzlich abgewiesen. Sie nimmt kein Bargeld von Privatkunden mehr an. Das Bargeld zu einer anderen Bank zu bringen, bei der man nicht Kunde ist, kann man gleich vergessen. Auch eine sogenannte Barüberweisung zu tätigen – weil eine Person zum Beispiel kein Konto hat und trotzdem ihre Rundfunkgebühren bezahlen möchte – scheint bei kaum einer Bank noch möglich zu sein. Und wenn doch, kostet diese Transaktion inzwischen leicht 10 oder 15 Euro.

Im Personalausweisgesetz steht ausdrücklich, dass man das Fotokopieren des Ausweises nicht dulden muss. Das hielt den Gesetzgeber jedoch nicht ab, im Gesetz zur Umsetzung der 4. EU-Geldwäscherichtlinie den Banken vorzuschreiben, die zur Identitätsfeststellung verwendeten Dokumente »vollständig optisch digitalisiert zu erfassen«.[78] Man darf sich also zwar nach einem Gesetz weigern, seinen Personalausweis kopieren und speichern zu lassen, man darf dann aber nach einer anderen Bestimmung, die aus dem transnationalen Schattenreich heruntergereicht wurde, nicht mehr bedient werden. Es gibt zwar Ausnahmeregeln, die es den Banken ermöglichen, in Bagatellfällen die Identität weniger umfassend zu prüfen. Aber das wäre extra zu begründen und zu dokumentieren und bringt nur noch mehr Aufwand und nicht vergütetes Risiko.

Der Zahlungsverkehr werde mit der überarbeiteten Geldwäscherichtlinie künftig fast vollständig überwacht, moniert die niederländische Rechtswissenschaftlerin Carolin Kaiser. Finanzinstitute müssten Belege zu sämtlichen Transaktionen bis zu zehn Jahre nach Beendigung der Geschäftsbeziehung speichern. Da ein Bankkonto oft jahrzehntelang geführt wird, ergeben sich extrem lange Aufbewahrungsfristen. Auf diese Daten kann nicht nur die Bank zugreifen. Die sogenannten *Financial Intelligence Units* (FIU) der EU-Regierungen können diese Daten ohne richterliche Anordnung von den Banken anfordern und fast unkontrolliert auswerten. Verfahrensrechtliche Sicherungen fehlen fast komplett.[79] Und dann werden die Daten auch noch zwischen den europäischen FIUs ausgetauscht.

Schon ab 1000 Euro, die ein Kunde bar abhebt oder auf ein Konto einzahlt, macht er sich unter Umständen verdächtig. Noch verdächtiger macht man sich mit regelmäßig etwas weniger als 1000 Euro. Das kann dann als Trick gewertet werden, der Beobachtung zu entgehen. Im Buch *Die Abschaffung des Bargelds und die Folgen* habe ich das Experiment beschrieben, 15 000 Euro ohne längere Wartefrist von meinem Bankkonto abheben zu wollen. Es gelang mir, aber nur mit viel Hartnäckigkeit. Inzwischen weiß ich, warum das so schwierig war, und warum niemand sagen kann und will, wie viel von seinem eigenen Geld ein Kunde ohne Probleme und sofort bar abheben kann. Die Banken sind laut Geldwäschegesetz verpflichtet, bei Bartransaktionen ab 10 000 Euro erst die Behörden zu benachrichtigen und diesen zwei Geschäftstage Zeit zur Prüfung zu geben. Erst am dritten Tag dürfen die Banken das Geschäft ausführen. Diesen Grund wird Ihnen aber niemand offen sagen. Man kann sich auch keineswegs darauf verlassen, weniger als 10 000 Euro von seinem Geld umstandslos zu bekommen. Wenn sonstige Verdachtsmomente vorliegen – wenn etwa der Betrag größer ist, als es vermeintlich zu den üblichen Umsätzen und der Höhe des Guthabens passt –, gilt die Dreitagesfrist auch bei deutlich niedrigeren Beträgen. Und das, obwohl Giroguthaben auf der Bank jederzeit ohne Kündigungsfrist kündbar, also auszahlbar sind.

Nun sollte man meinen, die Banken müssten dann eben ihre Geschäftsbedingungen ändern und eine Dreitagesfrist für größere Beträge offen einführen. Aber das geht nicht. Die Fiktion, dass Bankguthaben so gut sind wie Bargeld, muss am Leben erhalten werden. Wenn die Bank verbindlich mitteilen würde, dass man von seinem Konto höchstens einen bescheidenen Betrag kurzfristig ausbezahlt bekommt und ansonsten mindestens drei Geschäftstage warten muss, wäre rechtlich verbindlich eingeräumt, dass Bankenbuchgeld nicht so gut wie Bargeld ist. Das hätte drastische Konsequenzen bis hinein in die Rechnungslegung der Unternehmen. Darüber hinaus steht das Heimlichkeitsprinzip im Geldwäschegesetz einer Änderung der Geschäftsbedingungen entgegen. Niemand soll wissen, wie die Fallen für Geldwäscher aussehen und wo genau die Grenzen liegen. Deshalb werden von den Banken nie Grenzen genannt und es bleibt immer im Ungefähren, ab wann man sich verdächtig macht. Das schafft maximale Verunsicherung für hartnäckige Bargeldnutzer.

»Nur für den internen Gebrauch« steht auf der *Anti-Geld-wäsche-Richtlinie* für die Beschäftigten einer großen deutschen Bank, die mir zugespielt wurde, und das hat seinen Grund. Darin heißt es zum Beispiel:»Keinesfalls darf ein Kunde, gegen den die Bank einen Verdacht (...) hat, informiert werden. Ein vorsätzlicher oder leichtfertiger Verstoß kann mit einem Bußgeld von bis zu EUR 100000 geahndet werden.« Da würde ich als Bankangestellter auch lieber lügen, wenn ein Kunde fragt, was los ist. Wer als Kunde hartnäckig auf Vertragserfüllung besteht, bekommt zwar sein Geld am Ende ausbezahlt. Denn die Regeln schreiben den Bankangestellten vor, das Geschäft auszuführen, wenn sie andernfalls dem Kunden reinen Wein einschenken müssten. Ich kann das aber nicht empfehlen. Denn man macht sich damit verdächtig. Und auf einer Verdachtsliste für Geldwäscher will niemand landen – schon weil man davon praktisch nicht mehr herunterkommt.

Rechtsstaatliche Prinzipien gelten nämlich nicht, wenn es gegen bargeldnutzende potenzielle Geldwäscher geht. Die Bank muss auffällig gewordene Kunden besonders überwachen und gegebenenfalls anzeigen. Wenn man schon auf der Verdachtsliste steht und sich dann zufällig ein verdächtiges Muster im eigenen Zahlungsverkehr ergibt, kann man auch als Unschuldiger herbe Konsequenzen spüren. In seltenen Fällen reichen diese bis zum Einfrieren aller Konten. Typischerweise werden Betroffene aber nichts mitbekommen und sich nur wundern, warum manche Geschäftspartner auf Bitten um ein Vertragsangebot nicht reagieren.

Es gibt in der mir zugespielten Handreichung eine Liste mit Verdachtsmomenten. Ganz oben stehen Bargeldgeschäfte. Wenn man dann noch »kein Interesse an zusätzlichen Dienstleistungen« hat, »zum Beispiel an Anlagen mit hohen Zinsgewinnen«, oder sich sehr selten in der Filiale blicken lässt, dann reicht das für eine handfeste Verdächtigung. Auf mich trifft das alles zu. Dann greift die *Arbeitsanweisung »Funktion Warnkunde«*. Ein *Warnkunde* ist ein »unerwünschter Kunde«. Konzernintern greifen alle Banken auf die Warnkundenliste zu. Ob die Banken die Listen auch konzernübergreifend austauschen, weiß ich nicht. Ich würde mich allerdings wundern, wenn sie es nicht täten. Schließlich hält die FATF mit den Banken Workshops ab, um Wege zum Datenaustausch an Datenschutzregeln vorbei zu erkunden.

Wenn jemand als Warnkunde eine neue Geschäftsbeziehung eingehen will, erscheint der Warnkundenhinweis auf dem Monitor der Bankangestellten. Die Mitarbeiter sind dann verpflichtet, heimlich bei der zuständigen Anti-Geldwäsche-Einheit anzurufen und sich Instruktionen zu holen. »Geben Sie dem Kunden keinerlei Erklärungen zu diesem internen Sicherungssystem, gleichgültig, ob es sich tatsächlich um die Person handelt, vor der gewarnt wird, oder nur um eine zufällige Namensgleichheit«, steht in der Arbeitsanweisung. Auch wenn die Bank die Eröffnung der Geschäftsbeziehung ablehnt oder wenn ein bestehendes Konto gekündigt wird, gilt: »Geben Sie auf keinen Fall Auskunft über die Gründe«, denn sonst drohen strafrechtliche und arbeitsrechtliche Sanktionen. Den Bankmitarbeitern ist also bei Androhung schwerster Strafen verboten, den Kunden die Gelegenheit zur Aufklärung eines Missverständnisses zu geben. Es ist, als würde man Polizisten und Richtern verbieten, Bürgern den Grund für ihre Verhaftung und Verurteilung zu nennen – gerade so, wie es dem Prokuristen Josef K. in *Der Prozess* von Franz Kafka ergeht. Obwohl er sich keinerlei Schuld bewusst ist, wird K. an seinem 30. Geburtstag verhaftet und angeklagt, kann sich aber noch frei bewegen und weiter seiner Arbeit nachgehen. Vergeblich versucht er herauszufinden, weshalb er angeklagt wurde und wie er sich gegenüber dem für ihn nicht greifbaren Gericht rechtfertigen könnte. Es endet nicht gut für ihn. Es ist eine totalitäre Vorgehensweise, die die transnationalen Schattenmächte an den Parlamenten vorbei im Finanzbereich installiert haben.

Ganz allmählich breitet sich dieses System auch außerhalb des Finanzbereichs aus, etwa in Form von computergestützter präventiver Polizeiarbeit in den USA. Das Los Angeles Police Department arbeitet bereits mit dem Programm *Laser* der berüchtigten Datenanalysefirma Palantir. Aus den Daten darüber, wer wen kennt und wer was tut und getan hat, errechnet das Programm, wer wahrscheinlich ein Krimineller ist. Diese Personen werden dann Objekt ständiger Kontrollen. Auch hier weiß keiner genau, was er tun und unterlassen muss, um nicht auf die Verdachtsliste zu geraten. Keine dunkle Hautfarbe zu haben hilft sicherlich enorm. Auch hier erfahren die Betroffenen höchstens indirekt, dass sie auf der Liste stehen, und auch hier können sie praktisch nichts tun – außer wegziehen –, um wieder ein normales Leben führen zu können.[80] Auch unsere Polizeibehörden fangen an, mit solchen Programmen zu arbeiten. Aber noch ist es hierzulande eher Zukunftsmusik, weil es größere Hürden gibt als in den USA. Im Finanzbereich ist dieses Vorgehen jedoch auch bei uns bereits Realität.

Für den Kontrast eignet sich diese Geschichte: Die deutsche Bankenaufsicht BaFin untersuchte 2017, ob die deutschen Banken, die bei den Enthüllungen der *Panama Papers* eine führende Rolle spielten, gegen Geldwäscheregeln verstoßen hatten. Immerhin hatten sie reichen Privatpersonen und Unternehmen geholfen, ihr Geld digital nach Panama zu übertragen, auf Briefkastenfirmen, die keinen plausiblen Firmenzweck haben, außer der Verschleierung der Besitzverhältnisse. Der Befund war negativ: keine Verstöße. Die Banken hatten die für die Untersuchung nötigen Dokumente selbst zusammenstellen und übermitteln dürfen. Der Vizechef des Bundes der Polizeibeamten protestierte öffentlich und erklärte, es sei ausgeschlossen, dass die involvierten Banken nicht gegen Geldwäscheregeln verstoßen hätten.[81] Aber wehe, jemand zahlt 50 Euro Bargeld auf ein fremdes Konto ein und die Bank versäumt es, den Personalausweis zu kopieren und die Kopie aufzuheben!

Bankgeheimnis war einmal

Die Behörden haben schon vorher immer wieder ihr Desinteresse an Aufklärung und Unterbindung von großvolumiger bargeldloser Geldwäsche durch Banken bewiesen. Erinnert sei nur an die

Fälle der vier hessischen Steuerfahnder, die als unzurechnungs-fähig aus dem Dienst entfernt wurden, weil sie Commerzbank und Co. zu genau prüften,[82] oder an den Fall Gustl Mollath, der sieben Jahre lang in die Psychiatrie gesperrt wurde, nachdem er Geldwäsche durch eine Bank angezeigt hatte.[83]

Dennoch nahmen die Regierungsparteien ausgerechnet die *Panama Papers* zum Vorwand, um 2017 Änderungen der Abgabenordnung zu beschließen, mit denen sie der finanziellen Totalüberwachung aller Bürger Tür und Tor öffneten. Der Paragraf der Abgabenordnung mit dem Namen *Schutz von Bankkunden* wurde ersatzlos gestrichen. Die Banken wurden gegenüber den Finanz- und Sozialämtern umfassend auskunftspflichtig gemacht. Seither müssen diese Behörden keinem Bürger mehr irgendetwas glauben. Sie dürfen zum Zweck der Rasterfahndung deren Daten automatisiert und regelmäßig abfragen. Ein nicht näher bestimmter »hinreichender Anlass« genügt. Behörden, die für die Grundsicherung, die Ausbildungsförderung und das Wohngeld zuständig sind, dürfen über das Bundeszentralamt für Steuern bei den Kreditinstituten Daten abrufen. Es geht also offenkundig darum, alle Bürger gläsern zu machen, damit ja niemand, der noch etwas Geld auf dem Konto hat, Hartz IV oder BAföG bezieht.

Wenn das so ist, dann leuchtet auch ein, warum die Nutzung von Bargeld weiter kriminalisiert und zurückgedrängt werden muss. Für die Bekämpfung der großvolumigen Steuervermeidung wäre das nutzlos. Aber wenn man von allen Bürgern zuverlässig durch Bankabfrage erfahren will, ob sie irgendwelche niedrigen Einkommens- oder Vermögensgrenzen überschreiten und wofür sie ihr Geld ausgeben, dann wird Bargeld wichtig, weil sehr hinderlich.

Mit ihrer zweiten Zahlungsverkehrsdirektive *Payment Services Directive 2*, oder kurz PSD 2, legt die EU-Kommission den Banken noch weitere Verpflichtungen auf. So müssen sie dafür sorgen, dass FinTech- und andere Drittfirmen, die Finanz-Apps anbieten, alles über unseren Zahlungsverkehr erfahren können. Wir *dürfen* künftig Dritten gestatten, Überweisungen direkt auf unserem Girokonto auszulösen und dabei Einblick in all unsere Finanzdaten zu nehmen. Dazu müssen die Banken – auf eigene Kosten – die erforderlichen Daten-Schnittstellen schaffen und absichern. Dass die Sicherheit leiden wird, wenn Hunderte kleine Klitschen mit einer Zahlungsverkehrs-App Zugang zur Banken-IT bekommen, ist offenkundig. Es werden sich sicherlich trotzdem eine Menge technikaffiner Leute finden, die meinen, sie hätten »nichts zu verbergen«, und das trotz des orwellschen Überwachungspotenzials mitmachen.

Wenn das geschehen ist, werden immer mehr Firmen mit Marktmacht, wie PayPal, Apple oder Amazon, die Zustimmung zur Voraussetzung für die Nutzung populärer Angebote machen. Je mehr Menschen das akzeptieren, desto mehr wird es zur Norm werden. Das wird so weit gehen, dass man irgendwann nicht mehr online einkaufen kann, ohne sich in Finanzdingen völlig gläsern zu machen. Denn Anbieter, die unsere wertvollen Finanzdaten vergolden, können ihre Zahlungsdienstleistungen billiger bereitstellen. Diesen Kostenvorteil werden sie, zumindest zu Anfang, an die Händler weitergeben, sodass diese solche Zahlungsanbieter bevorzugen werden.

Die kleinen FinTechs, die sich bei uns tummeln, sind da nur die Vorhut. Apple, Facebook, Microsoft, Amazon und PayPal sitzen auf riesigen Kriegskassen und warten nur darauf, alles, was sich durchsetzt, aufzukaufen und sich einzuverleiben. Auch sie selbst können solche Apps anbieten, um an alle Finanzdaten ihrer Kunden zu kommen.

Biometrische Überwachung in Trippelschritten

Datenschutz sei nicht mehr zeitgemäß, sagte Bundeskanzlerin Angela Merkel unter großem Protest der Datenschützer. Die Bundesregierung handelte entsprechend. Der 2008 eingeführte biometrische Personalausweis wurde 2017 zu einem allgemeinen Überwachungsinstrument ausgebaut. Alle bei Einführung gegebenen Versprechen waren wieder einmal hinfällig. Nur ein Drittel der Ausweisinhaber hatte die E-ID-Funktion freischalten lassen, mit der man sich über das Internet ausweisen kann. Also wurde per Gesetz bestimmt, dass sie künftig zwangsweise bei allen freigeschaltet wird. Heftige Proteste der Datenschützer ignoriert man. Behörden aller EU-Staaten wurden ermächtigt, die Ausweisdaten auszulesen. Und die wichtigste Neuerung: Polizei und Sicherheitsbehörden, Zoll und Steuerfahndung bekamen eine Möglichkeit, die biometrischen Daten, also vor allem das digitale Foto und künftig wohl auch Fingerabdrücke, ohne Vorbedingung automatisiert bei den Meldeämtern abzurufen.[84]

Die Behörden können also künftig – früher oder später wohl europaweit – Fotos von Überwachungskameras oder aus dem Internet per Rasterfandung mit Ausweisfoto-Datenbanken abgleichen. Damit können sie uns nach Belieben im öffentlichen Raum überwachen, zum Beispiel automatisiert feststellen, ob wir auf einer Demonstration waren, bei der die Polizei oder die Medien gefilmt haben. Eine Protokollierung der Zugriffe bei den Meldeämtern ist nicht vorgesehen. Eine Kontrolle findet nicht statt. Zwar gilt weiter Paragraf 28 Personalausweisgesetz, wonach eine zentrale biometrische Datenbank ausgeschlossen ist. Aber wenn Polizei, Geheimdienste und Behörden nach Belieben überall automatisiert zugreifen können, ist die zentrale Datenbank faktisch da.[85]

Das war alles absehbar. Schon 2005 hatte der Chaos Computer Club in seiner Stellungnahme zur Einführung der Biometrie in Pässen und Ausweisen gewarnt:»Biometrische Verfahren bieten mannigfaltige Möglichkeiten zur Überwachung von Menschen. Dass einmal installierte Technologien zur Identifizierung und Überwachung die Begehrlichkeiten von Geheimdiensten, Ermittlungsbehörden, aber auch kommerziellen Unternehmen wecken werden, ist kein neues Phänomen.«[86] Eines dieser kommerziellen Unternehmen ist MasterCard. Das Unternehmen hat Banken in der EU eine Frist bis April 2019 gesetzt. Bis dahin müssen sie *MasterCard Identity Check* unterstützen, wenn sie weiter MasterCard-Karten anbieten oder MasterCard-Zahlungen abwickeln wollen. Identity Check ist ein System, das es Kunden »ermöglicht«, sich mit biometrischen Merkmalen zu identifizieren, wenn sie ein mobiles Gerät benutzen.

Am Berliner Bahnhof Südkreuz hat die Bundespolizei schon einmal getestet, wie gut die automatische Gesichtserkennung funktioniert. Den 300 teilnehmenden Freiwilligen hat sie als Belohnung pikanterweise Amazon-Gutscheine geschenkt.[87]

Die Amazon-Gutscheine sind unter anderem deshalb pikant, weil Amazon im Geschäft der polizeilichen Überwachung in den USA bereits stark engagiert ist. Amazon nutzt die Überwachungstechnologie, die es vermeintlich für seine Amazon-Go-Läden entwickelt hat, auch noch auf andere Weise. Seit 2017 vermarktet das Unternehmen über seinen Cloud-Dienst Amazon Web Services eine Gesichtserkennungs-Software namens *Rekognition* erfolgreich an Polizeibehörden in den USA. Im Mai 2018 forderten die American Civil Liberties Union (ACLU) und eine Reihe weiterer Organisationen Amazon-Chef Jeff Bezos auf, das einzustellen. Sie sehen die Gefahr, dass die Polizeibehörden das Programm für die Schleppnetzüberwachung aller Bürger im öffentlichen Bereich nutzen. Immerhin ist schätzungsweise schon fast die halbe US-Bevölkerung in Fotodatenbanken erfasst, die die Polizei auf der Suche nach Personen durchforsten kann. Und es werden sehr schnell mehr. Der Versicherung der Polizei, man werde die Technologie verantwortungsbewusst einsetzen, will man nicht unbesehen glauben – zumal die ACLU E-Mails einer Polizeibehörde bekommen hat, in der diese laut darüber nachdachte, Filmmaterial aus Körper- und Überwachungskameras oder Drohnen mit dieser Datenbank zu verknüpfen.

Der *New York Times* zufolge kostet *Rekognition* nur einmalig 400 Dollar und dann nur wenige Dollar pro Monat. Auch auf diesem Gebiet scheint Amazon mit Kampfpreisen den gesamten Markt an sich ziehen zu wollen, damit später die Amazon-Cloud die größte Foto-Datenbank der Welt und konkurrenzlos umfassend ist. Auch Fernsehsender und die *New York Times* nutzten bereits die Technologie, zum Beispiel um im Mai 2018 automatisch alle Teilnehmer der Hochzeit von Prinz Harry und Meghan Markle zu identifizieren. Wer noch alles diese billige Technologie nutzt oder nutzen könnte, um bei Demonstrationen oder sonstigen öffentlichen Anlässen alle Teilnehmer zu identifizieren oder bestimmte Personen zu suchen, bleibt der Fantasie jedes Einzelnen überlassen. Dass Amazon betont, jeder Geschäftspartner müsse versichern, die Gesetze zu beachten, beruhigt vielleicht nicht jeden.[88]

4. Im ost-westlichen Panopticon

Der britische Philosoph Jeremy Bentham (1748 bis 1832) entwickelte nicht nur das bei Ökonomen beliebte Prinzip des Utilitarismus, sondern auch das Bauprinzip des *Panopticons*, gedacht für Fabriken, Schulen und Gefängnisse. Die griechische Wortschöpfung bedeutet in etwa »alles sehend«. Es handelt sich um eine Anstalt, die so gebaut ist, dass die Insassen davon ausgehen müssen, ständig überwacht zu werden – ohne jedoch feststellen zu können, ob sie im konkreten Moment tatsächlich beobachtet werden. Deshalb verhalten sie sich der Idee nach auch unbeaufsichtigt so, wie ihre Aufseher das möchten. Es gibt ein paar historische Gefängnisse, die nach Benthams Plänen gebaut wurden. Dabei ist der Zellentrakt im Halbkreis gebaut. In der Mitte steht ein Wachturm, von dem aus alle Zellen einsehbar sind. Die Zelleninsassen können aber nicht sehen, ob und wie viele Augen von dort auf sie gerichtet sind.

Der französische Philosoph Michel Foucault (1926 bis 1984) ging so weit, *Panoptismus* als Ordnungsprinzip westlich-liberaler Gesellschaften zu bezeichnen. Diese Sicht muss man nicht in dieser Schärfe teilen, zumal das deutsche Grundgesetz Privatsphäre und Schutz vor Totalüberwachung gerade auch deshalb garantiert, um sanft erzwungenes Duckmäusertum zu verhindern. Das Bundesverfassungsgericht schrieb 1983: »Wer unsicher ist, ob abweichende Verhaltensweisen jederzeit notiert und als Information dauerhaft gespeichert, verwendet oder weitergegeben werden, wird versuchen, nicht durch solche Verhaltensweisen aufzufallen. Wer damit rechnet, daß etwa die Teilnahme an einer Versammlung oder einer Bürgerinitiative behördlich registriert wird und daß ihm dadurch Risiken entstehen können, wird möglicherweise auf eine Ausübung seiner entsprechenden Grundrechte verzichten.«[1] In der Sozialwissenschaft ist für diese Verhaltensanpassung der Überwachten auch der Begriff *Chilling Effect* gebräuchlich.

Das, was unter den Stichworten »finanzielle Inklusion« und »digitale Identität« seit einigen Jahren weltweit betrieben wird, folgt definitiv dem Panoptismus-Prinzip. Es fügt sich ein in eine breitere Strömung, die uns in diese Richtung treibt. Die Welt soll in ein digitales Panopticon verwandelt werden, in dem fast alle wegen des hohen Überwachungsdrucks darauf achten, abweichendes Verhalten zu vermeiden, und in dem die wenigen Abweichler leicht auf Linie zu bringen sind. Wohin das führen kann – und soll –, macht die chinesische Regierung mit ihrem Sozialpunktesystem auf geradezu erschreckende Weise deutlich. Es ist keine Zukunftsmusik mehr, es wird bereits umgesetzt.

Schauplatz China: Überwachung und Volkserziehung in Vollendung

Wenn man wissen will, wie sich die Kombination aus digitalem Bezahlen und eindeutiger biometrischer Identifizierung einsetzen lässt, um die Bevölkerung bis ins Kleinste zu kontrollieren, zu manipulieren und umzuerziehen, muss man nach China schauen. Die Führung der kommunistischen Partei will bessere und gehorsamere Bürger. Es hat eine nicht geringe Symbolkraft, dass das Hauptquartier der chinesischen Zentralbank aussieht, als wäre es von Jeremy Bentham persönlich entworfen: ein fast idealtypisches Panopticon, mit einem großen halbrunden, verglasten Bau und einem kleineren runden Bau in der Mitte.

Lange betrachtete die chinesische Führung das Internet mit Misstrauen und war zunächst vor allem damit beschäftigt, die

Freiheiten, die es bot, zu beschränken. Das Misstrauen wurde auch dadurch befördert, dass das Internet als eine amerikanische Erfindung unter amerikanischer Kontrolle wahrgenommen wurde. Doch inzwischen ist es gelungen, die amerikanischen Anbieter weitgehend auszusperren, und man hat mit Firmen wie Baidu, Alibaba und Tencent ähnlich große, der Regierung verpflichtete Türsteher des Internets großgezogen wie Facebook, Google und Amazon. Somit macht sich die Parteiführung schon seit einiger Zeit mit Eifer daran, die Möglichkeiten der Kontrolle und Beeinflussung zu nutzen, die das Internet bietet.

Mit starkem Rückenwind von Staat, Partei und Zentralbank wurden neue mobile Bezahlverfahren in Rekordzeit durchgesetzt. In den großen Städten nutzt fast jeder ein Smartphone zum Bezahlen selbst von kleinen Beträgen. Die Smartphone-Apps WeChat und Alipay sind dort teilweise gebräuchlicher als Bargeld. WeChat ist fast so etwas wie eine Kombination aus WhatsApp, Facebook und Amazon. Man muss diese Allround-App nur für wenige Dinge des täglichen digitalen Lebens verlassen, aber auf keinen Fall zum Bezahlen. Jeder Nutzer hat einen eigenen QR-Code. Scannt ein anderer WeChat-Nutzer den Code, sind beide verbunden und man kann Geld oder Botschaften austauschen. Betrieben wird WeChat von dem Telekommunikations-, Spiele- und Social-Media-Giganten Tencent. Das konkurrierende Alipay, ein ganz ähnliches System, wird von Ant Financial betrieben, einer Tochter des chinesischen Amazon-Pendants Alibaba. Experten rechnen damit, dass WeChat und Alipay noch 2018 MasterCard und Visa bei der Zahl der abgewickelten Transaktionen hinter sich lassen.[2]

Da man fast alles mit WeChat oder Alipay bezahlen kann – und sehr viele Menschen das auch tun – und die Nutzer darüber hinaus ihre sozialen Kontakte und anderes mehr über diese Apps laufen lassen, bekommen die Betreiber Unmengen detaillierter Daten über ihre Kunden. Beide Apps nutzen diese Daten, um die Kunden und deren Handeln zu bewerten und das Ergebnis zu einem Rating zu verdichten.

Auch der Staat arbeitet an einem solchen Bürgerbewertungssystem. Die entsprechenden Pläne von Staat und Alipay wurden gleichzeitig entwickelt, man darf vermuten, nicht ganz unabhängig voneinander. Die Alibaba-App startete 2014 mit einem Kredit-Ratingsystem namens Sesam-Kredit, benannt nach dem Zauberspruch »Sesam öffne dich« aus *Alibaba und die 40 Räuber*. Aus allen verfügbaren Informationen über seine Kunden errechnet Alipay einen Wert für die Vertrauenswürdigkeit eines Nutzers zwischen 350 und 950. Darin gehen nicht nur finanzielle Informationen ein, etwa ob man seine Rechnungen pünktlich bezahlt, sondern auch solche, die auf den Charakter schließen lassen. Es geht zum Beispiel darum, wie jemand seine Freizeit verbringt, ob er dem Luxus zugeneigt ist und womöglich sogar Luxusgüter ausländischen Ursprungs nutzt. Auch der Schulabschluss oder akademische Grad und das Sesam-Rating von Freunden und Bekannten spielen eine Rolle. Die Folge: Wer ein niedriges Rating hat, wird geschnitten und hat Schwierigkeiten, neue Freunde zu finden.

Je höher das Rating, desto leichter und günstiger bekommt man Kredit und das eine oder andere Privileg. Wer ein sehr hohes Sesam-Rating hat, darf vielleicht sogar durch die Sicherheitskontrolle am Flughafen marschieren. Ist das Rating hingegen niedrig, muss man für alles Mögliche, zum Beispiel für Leihfahrräder, eine Geldsicherheit hinterlegen oder wird sogar abgewiesen. Es soll nicht unüblich sein, bei der Partnersuche das eigene Rating anzugeben oder das des potenziellen Partners zu recherchieren. Praktisch gleichzeitig mit der Entwicklung von Sesam-Kredit verkündete die Regierung, dass sie an einem umfassenden Sozialpunktesystem arbeite, das ganz ähnlich ausgestaltet sei. Bis zum Jahr 2020 sollen alle Bürger angeschlossen sein. Sie sind dann mit ihren Daten und ihrem Sozialpunktestand in einer Datenbank erfasst, die sich anhand des Namens und biometrischer Merkmale durchsuchen lässt. Das Ziel: der bessere, tugendhafte Bürger, der Energie spart, heimische Produkte kauft, keine Gerüchte verbreitet und die Autorität der Partei ohne Wenn und Aber anerkennt.

Ant Financial unterstützt diese autoritäre Vision des schönen neuen China voll und ganz. Im Juni 2015, als sich fast 10 Millionen junge Chinesen für die landesweiten Universitäts-Aufnahmeprüfungen vorbereiteten, sagte die Chefin von Sesam Kredit, sie hoffe, von den Behörden eine Liste all derer zu bekommen, die dabei schummeln, um ihnen kräftig Punkte abziehen zu können.»Unehrliches Verhalten sollte Konsequenzen nach sich ziehen«, sagte sie.[3] Auch WeChat hat so ein Bonitätssystem und ist über diverse Kooperationen in das entstehende Sozialpunktesystem eingebunden.

Parallel zu diesen Übungen in Volkserziehung durch die großen Anbieter mobilen Bezahlens testen chinesische Städte verschiedene Varianten des Sozialpunktemodells. Das Grundprinzip ist überall das Gleiche: Alle haben zunächst ein einheitliches Ausgangsniveau von Punkten und bekommen Zuschläge und Abschläge. Für einen hohen Punktestand gibt es Privilegien, für einen niedrigen Nachteile. Je nach Stadt können die Punktelieferanten zum Beispiel darin bestehen, sich um alte Verwandte zu kümmern, den Armen zu helfen oder gute Bewertungen von Kunden oder Kollegen zu bekommen.

Abzüge kann es geben, wenn man unter Alkoholeinfluss fährt, versucht, Beamte zu bestechen, bei Rot über die Straße geht, in einer zu großen Wohnung lebt oder nicht »freiwillig« beim Baumpflanzen mitmacht.[4] Ein niedriger Punktestand kann zur Folge haben, dass man bei der Arbeitsplatzsuche und bei der Schulwahl der Kinder ans Ende der Bewerberlisten gestellt wird. Leute mit vielen Sozialpunkten haben den ersten Zugriff auf die jeweils attraktivsten Angebote. Wenn das Niveau niedrig ist, bekommt man vielleicht keinen Führerschein oder sonstige Genehmigungen mehr und staatliche Leistungen werden verweigert. Wer sich aus Sicht der Partei ganz schlecht benimmt, bekommt unter Umständen auf Reisen gerade noch die schlechten Sitze in den langsamsten Regionalzügen. Auch bessere Hotels sind dann außer Reichweite.

Derzeit wird daran gearbeitet, die verschiedenen lokalen Sozialpunktmodelle und die zugehörigen Datenbanken in ein einheitliches staatliches System zu überführen. Der Internetriese Baidu, das chinesische Pendant zu Google, wurde beauftragt, diese einheitliche Datenbank bis 2020 aufzubauen.

Es heißt, schon jetzt würden regierungskritische Äußerungen auf WeChat im WeChat-Bonitätssystem mit Punktabzug bestraft.[5] In den Nutzungsbedingungen von WeChat heißt es ausdrücklich, dass Tencent die Nutzerdaten aufbewahrt und sie preisgibt, wenn eine Regierungsbehörde anfragt.[6] Es ist also klar absehbar, dass die Daten von WeChat und Alipay in die Sozialpunkteberechnung der Regierung einfließen. Im August 2017 ordnete die Zentralbank zudem an, dass sich die Anbieter von Online- und mobilen Bezahlverfahren einem zentralen Abwicklungszentrum der Notenbank anschließen müssen. Das gibt der Zentralbank und damit der Regierung direkten Zugang zu allen Zahlungsverkehrsdaten.[7]

Im Mai 2018 begann die Zentralregierung ganz offiziell damit, die Sozialpunktedatei auf Bahn und Flüge anzuwenden. Wem eine Untat zur Last gelegt wird, der kommt auf eine Liste und kann bis zu einem Jahr diese Transportmittel nicht benutzen. Zu den relevanten »Sünden« gehört das Verbreiten »falscher Nachrichten«, das Nichtbezahlen von Strafen und das Rauchen im Zug. »Einmal vertrauensbrüchig, immer eingeschränkt« lautet das Motto. Inoffiziell und auf lokaler Ebene gab es das System schon länger. So verkündete das Höchste Volksgericht schon Anfang 2017, dass bereits über 6 Millionen Chinesen wegen sozialer Missetaten das Fliegen verboten worden sei.[8]

Das Magazin *Wired* berichtet von dem Journalisten Liu Hu, dem 2017 überraschend ein Flugticket verweigert wurde. Bei seinen Nachforschungen musste er feststellte, dass er von Sesam Kredit auf einer Liste mit »unehrlichen Leuten« geführt wurde. Der Grund: Er war wegen übler Nachrede zu einer Strafe verurteilt worden und hatte bei der Strafzahlung an das Gericht eine falsche Kontonummer eingetragen. Es half ihm nicht, dass er die Überweisung fotografiert und an den Richter geschickt hatte. Nachdem er erneut bezahlt hatte, blieb er weiterhin auf der Liste.

Und doch äußerste sich Liu recht gnädig über diese moderne Form des Hausarrests. Er habe auch schon ein Jahr im Gefängnis gesessen, weil er über unsaubere Geschäfte eines Bürgermeisters berichtet habe. Das sei wesentlich schlimmer. So könne er wenigstens bei seiner Familie sein.[9]

Die Regierung macht sich zunutze, dass China international Vorreiter bei der Entwicklung und Nutzung von biometrischen Erkennungsverfahren wie Gesichts- und Stimmerkennung ist. Nach Großbritannien hat China die höchste Kameradichte der Welt. Es laufen bereits Großexperimente wie das *Bezahl mit einem Lächeln*-Programm von Ant Financial, bei denen der Kunde bezahlt, indem er freundlich in eine Kamera schaut.[10]

In der südchinesischen Großstadt Shenzen wurden in der Nähe von Fußgängerampeln große Bildschirme aufgestellt. Auf diese werden Bilder von Fußgängern projiziert, die bei Rot über die Straße gehen. Dank der Fortschritte in der Gesichtserkennung wurde das System umgestellt. Nun werden auch gleich die Namen auf den Bildschirmen und noch mal auf einer Website öffentlich gemacht. Zusätzlich werden die Übeltäter unmittelbar per WeChat informiert, dass sie erkannt wurden und wie hoch die bereits abgebuchte Strafe für ihre Untat ist. Im März 2018 war das System zwar erst in der Lage, 10 Prozent der Regelbrecher zu identifizieren. Man versprach sich jedoch eine erheblich bessere Performance, sobald die Zusammenführung der verschiedenen Regierungsdatenbanken umgesetzt ist. In anderen Städten wurde die Streifenpolizei bereits mit einer Ausrüstung ausgestattet, die es ihr erlaubt, laufend automatisch die Identität aller Personen oder die Halter von Fahrzeugen festzustellen, die sie im öffentlichen Raum beobachten.[11]

In Kooperation von Tencent und dem Ministerium für innere Sicherheit wird die WeChat-App seit Anfang 2018 sogar zu einem elektronischen Personalausweis ausgebaut. Wer ein Smartphone bei sich trägt und sich biometrisch bei der App angemeldet hat, braucht sein staatliches Ausweisdokument innerhalb des Landes nicht mehr mitzunehmen und kann sich sowohl bei Behörden als auch privaten Institutionen ausweisen. Ohnehin ist es den Plattformen in China nicht mehr erlaubt, Personen ohne Identitätsnachweis ihre Dienste nutzen zu lassen. Inzwischen geschieht das meist durch Gesichtserkennung.[12] Man ist also fest mit seinem Gerät verbunden.

Lob aus dem Westen

Die *Besser-als-Bargeld-Allianz* ist von Chinas Fortschritten bei der Digitalisierung des Zahlungsverkehrs begeistert. Auch die biometrische Mega-Datenbank aller Inder findet sie vorbildhaft. In einem euphorischen Bericht zur Vorbildfunktion der beiden Länder aus dem Jahr 2017 werden Alipay und WeChat dafür gefeiert, dass sie eine Verzwanzigfachung der digitalen Bezahlvorgänge auf 3 Billionen in nur vier Jahren ermöglicht haben. Ein riesiger Fortschritt in Sachen finanzieller Inklusion sei das. Dem gruseligen Sozialpunktesystem der Regierung, das mit diesen Daten gefüttert wird, widmet der lange Bericht nur einen kleinen Absatz. Die Monstrosität der Projektes wird sogar nur in einem einzigen distanzierten Satz angedeutet: »Aus der Perspektive des Datenschutzes und der bürgerlichen Freiheiten werden Bedenken hinsichtlich der möglichen Verwendung dieser Daten in China geäußert.« Das war's. Sonst ist alles prima und nachahmenswert.[13] Aber außerhalb Chinas sei das ja viel besser mit dem Datenschutz, beruhigt die *Besser-als-Bargeld-Allianz*. Deshalb seien Digitalisierung und Big-Data-Sammelei generell eine nachahmenswerte Sache.

Das kann man anders sehen. Ganz abgesehen davon, dass diese Allianz, die im Auftrag der G20-Regierungen das Bargeld bekämpfen darf, den praktisch nicht vorhandenen Datenschutz in Afrika und Indien zu erwähnen vergisst, darf man auch in den reichen Industrieländern des Westens ein großes Fragezeichen machen, wenn es um die Durchsetzung des Grundrechts auf Schutz vor Totalüberwachung und Verhaltensmanipulation geht. China scheint lediglich auf dem Weg, auf den wir alle geschickt werden, schneller voranzuschreiten.

Die westliche Variante

Wie bereits erwähnt, nutzt Amazon die Überwachungstechnologie der Amazon-Go-Läden nicht nur, um das Einkaufen zu erleichtern, sondern vermarktet sie auch an die Sicherheitsbehörden. Die Unterschiede zum chinesischen Totalüberwachungsansatz verschwimmen nicht nur dadurch.

Wenn es um wichtige Fragen geht, werden im Westen bei der Nutzung der Daten aus der Finanzüberwachung ganz ähnliche Methoden angewendet wie in China. In Großbritannien sind es die Einwanderer, gegen die der Staat seine finanzielle Sanktionsmacht ausspielt. Seit Januar 2018 müssen alle britischen Banken vierteljährlich die Inhaber ihrer 70 Millionen Konten mit einer schwarzen Liste von Ausländern abgleichen, deren Aufenthaltsstatus als nicht in Ordnung gilt. Das soll erklärtermaßen dazu beitragen, ein »feindseliges Klima für illegale Immigranten« zu schaffen. Die Konten derer, die sich auf diesen Listen finden, werden eingefroren, »um es den Betroffenen schwer zu machen, ein normales Leben im Vereinigten Königreich zu führen«. Fehler dürfen die Banken nicht selbst korrigieren. Die Gefahr, dass Banken diesem Ärger und Aufwand präventiv aus dem Weg gehen, indem sie Ausländern – auch allen legalen Ausländern – grundsätzlich keine Konten mehr anbieten, sah die Regierung durchaus, nahm sie aber offenbar gern in Kauf.[14]

Auf der Ebene der Unternehmen, vor allem der Finanzunternehmen, macht sich der *Chilling Effect* des Lebens im Panopticon bereits seit Jahren massiv bemerkbar: Große Unternehmen mit Aktivitäten in den USA und große Banken generell machen keine Geschäfte mehr in und mit Ländern, deren Regierungen in Washington nicht wohlgelitten sind. Das schönfärberische Fachwort dafür heißt *De-risking,* also Risikosenkung. Das Risiko: Die US-Regierung könnte beschließen, dass ein solches Geschäft gegen irgendwelche internen US-Gesetze verstoßen hat, und verhängt deshalb drakonische Strafen. Es geht wohlgemerkt um Geschäfte *ausländischer* Unternehmen *außerhalb* der USA, die in Einklang mit allen einschlägigen Gesetzen und dem Völkerrecht stehen. Doch die US-Regierung verlangt mehr. Sie verlangt, dass alle Finanzinstitute weltweit, die Dollargeschäfte abwickeln, und alle Unternehmen, die in größerem Umfang Geschäfte in den USA machen, sich überall auf der Welt an US-Gesetze halten. Und sie kann das tun, weil sie die Macht dazu hat. Denn eine international tätige Bank muss in Dollar handeln können. Entzieht die US-Regierung ihr die Lizenz dazu, ist die Bank erledigt. Manager sonstiger Unternehmen und die Unternehmen selbst landen leicht auf schwarzen Listen, wenn die Konzernzentrale sich irgendwo nicht an die US-Gesetze hält.

Zuverlässig verborgen bleibt der US-Regierung kaum ein relevantes Finanzgeschäft. Fast der gesamte grenzüberschreitende Zahlungsverkehr wird über die in Belgien ansässige Bankengenossenschaft Swift abgewickelt. Für die Überwachung möglicher terroristischer oder sonstiger krimineller Aktivtäten ist ein Zugang zu den Swift-Daten extrem nützlich. Dasselbe gilt für Wirtschaftsspionage oder das Ausspionieren von Regierungen. Im April 2017 machte nicht zum ersten Mal die Nachricht die Runde, dass sich der US-Geheimdienst NSA Zugang zu Swift verschafft habe, um Banken im Nahen Osten zu überwachen. Das legten Dokumente der Hackergruppe Shadow Brokers nahe, die Fachleute für echt hielten. Schon 2010 war öffentlich geworden, dass die USA unerlaubterweise in großem Umfang den Swift-Verkehr kontrollieren durften. Daraufhin einigte man sich, dass das künftig nur noch nach Freigabe eines Überwachungsersuchens durch die Polizeibehörde Europol möglich sein sollte. Enthüllungen des ehemaligen Geheimdienstmitarbeiters Edward Snowden im Jahr 2013 legten jedoch nahe, dass Swift von der NSA weiterhin direkt angezapft wurde. Das EU-Parlament wollte daraufhin den US-Zugang zu Swift aussetzen, aber die gewohnt willfährige EU-Kommission verweigerte sich diesem Ansinnen.[15]

Wegen der Gefahr, dass die USA über Swift und auf sonstige Weise Wind von unliebsamen Finanzgeschäften bekommen, tun alle Banker gut daran, sich an US-Sanktionen gegen Personen, Unternehmen oder Länder zu halten – ob die USA die Daten nun tatsächlich umfassend auswerten können oder nicht. Es ist also durchaus im Interesse Washingtons, dass solche vermeintlichen oder tatsächlichen Überwachungsskandale immer wieder an die Öffentlichkeit dringen. Das ist das Panopticon-Prinzip in Reinform. Wer will schon riskieren, beim nächsten USA-Aufenthalt verhaftet oder auf andere Weise ruiniert zu werden? Deutsche Banken hielten sich auch Jahre nach Aufhebung der US-Sanktionen gegen Iran aus Vorsicht von jeglichen Finanzgeschäften mit dem Land fern. Sie durften sich bestätigt fühlen, als Präsident Trump im Mai 2018 verkündete, die USA fühlten sich nicht mehr an das international vereinbarte und vom UN-Sicherheitsrat abgesegnete Atomabkommen mit dem Iran gebunden, und er die im Rahmen dieses Abkommens beendeten Sanktionen wieder einführte.

Das Prinzip machte im Januar 2018 ein New Yorker Staatsanwalt im Prozess gegen den türkischen Banker Mehmet Atilla prägnant deutlich. Dieser wurde der Konspiration und des Bankbetrugs schuldig gesprochen, weil sich die staatseigene türkische Bank, deren internationale Abteilung er leitete, nicht an ein US-Embargo gegen Iran gehalten habe. »Man kann sich entscheiden, mit Sanktionen belegten Ländern zu helfen, US-Recht zu umgehen«, sagte Staatsanwalt Joon Kim, »oder man kann sich dafür entscheiden, Teil der internationalen Banking-Gemeinschaft zu sein und in US-Dollar Geschäfte zu machen, aber nicht beides.«

Anfang 2018 hätte Washington mit seiner extraterritorialen Machtanwendung beinahe dafür gesorgt – ob absichtlich oder unabsichtlich –, dass der iranische Außenminister nicht an der Münchener Sicherheitskonferenz teilnehmen konnte. Aus

Angst, gegen US-Sanktionen zu verstoßen, wollte kein Mineralölkonzern den iranischen Regierungs-Airbus betanken. Am Ende musste die Bundeswehr einspringen, die Washington als wichtigen Nato-Partner nur schwer auf eine schwarze Liste setzen konnte.[16] Wie wenig es nützt, sich im internationalen Geschäft an die heimischen Gesetze und internationale Regeln zu halten, wenn die US-Regierung andere Prioritäten hat, erfuhr auch Ulrich Wippermann, der sich plötzlich auf der schwarze Liste der *Specially Designated Nationals and Blocked Persons* (SDN) wiederfand. Der Journalist Liu Hu auf der schwarzen Liste der chinesischen Regierung würde nicht tauschen wollen. Auf der SDN-Liste stehen Leute und Unternehmen, die angeblich den Terror finanzieren oder Massenvernichtungswaffen verbreiten. Das US-Finanzministerium befüllt sie nach Gutdünken. Wie die *Frankfurter Allgemeine Zeitung* berichtete, war Wippermann als Vorstandsmitglied der Leasing-Firma Deutsche Forfait zuständig für das Irangeschäft. Die Deutsche Forfait kauft Exporteuren ihre Forderungen mit Preisabschlag ab und holt sich das Geld bei den Kunden im Ausland wieder. Diese Geschäfte waren jeweils von der Bundesbank genehmigt worden: Auch eine nachträgliche Prüfung durch die Bundesbank ergab, dass alles in Einklang mit deutschen und internationalen Vorschriften stand.

Aber den USA gefallen Geschäfte mit dem Iran nun einmal nicht. Nach dem Eintrag auf der schwarzen US-Liste im Jahr 2014 trudelte die Deutsche Forfait in Richtung Insolvenz. Sie wurde zwar von der Liste genommen, nachdem sie dem US-Befehl nachgekommen war, Wippermann zu entlassen. Die Insolvenz verhinderte das allerdings nicht mehr. Wippermann wurden Bankkonten und Kreditkarten gekündigt. Die Deutsche Telekom wollte ihm kein Apple-Handy mehr aushändigen. Auch eine deutsche Spedition weigerte sich aufgrund des Eintrags in der US-Liste, seine Möbel zu transportieren. Auf seine Eingaben in Washington hin, doch bitte von der Liste genommen zu werden, wurde Wippermann erpresst. Er sollte dem US-Finanzministerium erst alles mitteilen, was er über seine Geschäftspartner wisse und was genau er mit diesen verhandelt hatte. Eine mündliche Befragung, die Wippermann als Anwerbeversuch wahrnahm, zeigte, dass seine Gegenüber exzellent über alle seine Reisen nach Russland und Nahost informiert waren. Wippermann hatte jedoch keine Lust zum Agenten der US-Dienste zu werden und lehnte ab. Das Ergebnis: Er blieb auf der schwarzen Liste.[17] Heute wird er sich zu dieser Entscheidung beglückwünschen. Denn 2016 kaufte ein Shahab Manzouri dem Insolvenzverwalter die Mehrheit an Forfait für schlanke 7,5 Millionen Euro ab. Der neue Eigentümer zog in den Vorstand ein und wollte sich selbst um den Vertrieb kümmern. Ein halbes Jahr später wurde er in Teheran verhaftet und Anfang 2018 zu sechs Jahren Gefängnis wegen Spionage verurteilt.[18]

Ähnlich wie Wippermann erging es vier Mitarbeitern der Commerzbank. Über ihre New Yorker Niederlassung wurde die Commerzbank gezwungen, alle Dokumente und interne Korrespondenz zum Irangeschäft offenzulegen. Sie akzeptierte eine vom US-Finanzministerium freihändig festgesetzte Strafe von 1,3 Milliarden Dollar, aus Angst, sonst ihre Dollar-Lizenz zu verlieren. Andere Banken, wie BNP-Paribas, akzeptierten noch viel höhere Strafen. Den vier untadeligen Mitarbeitern der Commerzbank in Deutschland wurde auf Druck der US-Regierung gekündigt. Sie wehrten sich trotz Abfindungsangeboten, denn ein bei der US-Regierung in Ungnade gefallener Banker hat praktisch keine Chance mehr auf einen vernünftigen Job im Finanzbereich. Die Commerzbank ging notgedrungen zwei Jahre lang durch alle Instanzen gegen ihre Mitarbeiter und gab erst auf, als das Bundesarbeitsgericht signalisierte, dass sie wieder verlieren würde. Nach dem Diktat aus den USA musste sie allerdings verhindern, dass die Mitarbeiter Aufgaben erhalten, die etwas mit US-Dollar-Transaktionen zu tun haben. Sie können also nicht mehr ihrer Qualifikation entsprechend arbeiten. Die Commerzbank selbst bekam im Zuge des Vergleichs mit dem US-Finanzministerium einen amerikanischen Aufpasser, den sie selbst bezahlen muss. Geschäfte mit dem Iran oder anderen bei den USA unbeliebten Ländern sind damit für die Bank praktisch ausgeschlossen.[19]

Lehrreich ist auch das Beispiel Uruguay. Die Regierung dort legalisierte, ähnlich wie einige US-Bundesstaaten, die kontrollierte Abgabe von Cannabis. Damit will sie Beschaffungskriminalität und illegalem Drogenhandel die Basis entziehen. Lizenzierte Apotheken geben das Rauschmittel ab. Binnen Kurzem schickten deren Hausbanken auf Druck ihrer Korrespondenzbanken in den USA den Apotheken Briefe, in denen sie androhten, ihnen die Konten zu kündigen. Die staatliche Banco República sprang ein. Doch auch sie bekam innerhalb von Tagen ein Ultimatum von den amerikanischen Großbanken, dass ihre Dollar-Operationen in Gefahr seien, wenn sie damit weitermache. Der Hintergrund: der US Patriot Act, völkerrechtlich gültig nur in den USA, wonach der Umgang mit Geld aus dem Verkauf von Cannabis illegal ist. Für US-Bundesstaaten, die Cannabis legalisiert haben, machten sich die US-Regulierer immerhin die Mühe, zu verkünden, dass Banken nicht verfolgt würden, wenn sie die beteiligten Unternehmen finanzieren. Für Uruguay aber gab es keine solche Freistellung. Banco República kündigte an, dem Ultimatum Folge zu leisten. Es steckt keine geringe Ironie darin, dass ein US-Gesetz im Ausland Anwendung findet, aber nicht im Inland.[20]

Im Fall der Enthüllungsplattform WikiLeaks genügte eine informelle Bitte der US-Regierung an eine Handvoll großer amerikanischer Zahlungsanbieter, und dem unbotmäßigen Transparenzportal waren die wichtigsten Spendenkanäle versperrt.[21] Es dauerte eine Weile, bis sie sich auf indirektem Weg wieder Zugangsmöglichkeiten zu den Spendentöpfen erschloss, die aber labil blieben. Im April 2018 blockierte Coinbase mit Sitz in Kalifornien, eine der ganz großen Krypto-Börsen, Zahlungen an den WikiLeaks-Shop mittels Bitcoin und anderer Kryptowährungen. Wie der Laden, der T-Shirts und Ähnliches mit dem WikiLeaks-Logo vertreibt, die Richtlinien von Coinbase verletze, wurde nicht mitgeteilt.[22]

Auch für so banale Dinge wie die Durchsetzung des Glücksspielmonopols amerikanischer Casinos wurde die Sanktionsmacht der Dollarnation schon genutzt. Das Gesetz zur Durchsetzung des Verbots ungesetzlichen Internetglücksspiels von 2006,[23] das seit 2011 weltweit Anwendung findet, stellt es unter Strafe, Geld für verbotenes Glücksspiel anzunehmen. Verboten ist es, wenn US-Amerikaner teilnehmen. Nicht die Spieler und nicht die amerikanischen Zahlungsverkehrsdienstleister wurden belangt, sondern die oft ausländischen Anbieter von Glücksspiel, das so banal und harmlos sein kann wie das Anbieten von Internet-Backgammon zu kleinen Einätzen. In Einzelfällen wurden durchreisende Manager dieser Unternehmen sogar in Haft genommen.

Hilfsbereite Zuchtmeister

Das durch die Furcht vor dem US-Finanzministerium ausgelöste *De-risking* lässt die internationalen Bankbeziehungen ausdünnen. Diese Entwicklung betrifft nicht nur Länder, die mit der US-Regierung politisch im Clinch liegen, sondern auch solche, bei denen die öffentliche Verwaltung und die Durchsetzung des Rechts nicht auf fortgeschrittenem Industrieländerstandard sind. Nach einer Studie der Weltbank gehören Scheckeinlösungen und internationale Geldanweisungen von Gastarbeitern zu den am meisten vom *De-risking* betroffenen Zahlungsarten. Außerdem werde vor allem für kleine und mittlere Exporteure in betroffenen Ländern die Handelsfinanzierung über lokale Banken immer schwieriger, weil diese keine Banken in den Zielländern finden, die mit ihnen Geschäfte machen.[24]

Ausgerechnet diese Schwierigkeiten werden mit einer gehörigen Portion Chuzpe von der US-dominierten *Besser-als-Bargeld-Allianz* und ihren Mitstreitern als ein wichtiges Argument für die Digitalisierung des Zahlungsverkehrs ins Feld geführt. Sie tun so, als sei die verbreitete Bargeldverwendung schuld daran, dass Gastarbeiter Probleme mit Heimüberweisungen und Hilfsorganisationen Schwierigkeiten mit dem Überweisen von Gehältern und Unterstützungszahlungen haben. Dabei wird dieser sogenannte finanzielle Ausschluss vor allem durch die völkerrechtswidrige globale Anwendung heimischen Rechts durch die US-Regierung hervorgerufen.

Doch die Zuchtmeister in Washington sind nicht nur hart, sondern auch hilfsbereit. Ihre Lösung sieht so aus: Die Bürger der betroffenen Länder werden umfassend biometrisch erfasst. Das ermöglicht es innovativen Zahlungsverkehrsanbietern, den dortigen Unternehmen und Bürgern günstige Möglichkeiten für internationale Geldtransfers anzubieten. Dass diese innovativen Angebote meist aus dem Silicon Valley kommen oder von dort ihre Software oder Hardware beziehen und dass sie oft mit MasterCard oder Visa kooperieren, gehört zu den ungenannten Vorteilen dieses Arrangements. Die Kosten trägt in weiten Teilen die internationale Gemeinschaft über die Weltbank oder die UN. Den Rest übernehmen die Profiteure und ihre Stiftungen und rechnen es sich großzügig auf ihr Konto für Philanthropie und soziale Verantwortung an.

Der Financial Stability Board (FSB), zu Deutsch Finanzrisikorat, ist das informelle oberste Koordinationsgremium der Finanzschattenmächte. Im März 2018 hat der FSB einen Bericht zum *De-risking* veröffentlicht. Darin erfährt man, wie schwerwiegend das Problem ist. In acht Ländern machen Heimüberweisungen von Gastarbeitern mehr als 20 Prozent der Jahreswirtschaftsleistung aus, in 21 weiteren Ländern sind es mehr als 10 Prozent. Viele der Dienste, die von Gastarbeitern für Heimüberweisungen genutzt wurden, haben den Zugang zum Bankensektor verloren. Keine der Empfehlungen des FSB geht in Richtung Ursachenbehebung. Keine ist an die USA gerichtet. Stattdessen wird empfohlen, die nationalen Aufseher sollten innovationsfreundlich regulieren und die Nutzung neuer digitaler Techniken zur Identifizierung von Kunden sowie das Entstehen von FinTech-Firmen fördern. Der Weltbank und dem IWF empfiehlt der FSB, dafür zu sorgen, dass weniger Bargeld ins Spiel kommt. Als weitere mögliche Maßnahme bringt er noch die Aufhebung des Datenschutzes ins Gespräch, freilich ohne das so zu nennen. Der FSB empfiehlt, die Datenbanken der beteiligten Finanzinstitute so miteinander zu verknüpfen, dass alle Institute die Informationen über alle früher getätigten Transfers der jeweiligen Sender und Empfänger abrufen können.[25]

Der schöne Effekt für die US-Regierung: Gerade in den etwas problematischeren Ländern wird die Dominanz amerikanischer Finanz- und IT-Unternehmen verstärkt. Das verbessert den Datenfluss und verfeinert die Möglichkeiten, mit gezielten Sanktionen Druck auszuüben. Das könnte erklären helfen, warum so etwas Schädliches wie *De-risking* über so viele Jahre stattfinden und immer schlimmer werden kann, ohne dass diejenigen, die es könnten, etwas dagegen unternehmen. Es dient schlicht der Erweiterung ihrer Macht.

Dem ostafrikanischen Land Somalia und seinen Bewohnern haben die USA mit ihren Finanzsanktionen den Zugang zum internationalen Finanzsystem weitgehend versperrt und so die katastrophale wirtschaftliche und humanitäre Lage noch verschärft. Dort arbeitet USAID mit Nachdruck daran, die humanitären Geldströme in die Krisenregion zu digitalisieren und zu kanalisieren. Damit das in einer leicht kontrollierbaren Weise geschieht, hat USAID alle wichtigen staatlichen und privaten Hilfsorganisationen zu einem transnationalen Forum namens *Cash Learning Group* zusammengespannt. Dieses soll dafür sorgen, dass möglichst viel humanitäre Hilfe auf »Cash« umgestellt wird.[26] Den Hilfsorganisationen bleibt kaum etwas anderes übrig, als mitzumachen, wollen sie nicht riskieren, ohne Unbedenklichkeitsbescheinigung der US-Regierung dazustehen und in der Folge keine Hilfen und Löhne mehr nach Somalia schicken zu können. Die EU-Kommission und USAID sind die Hauptgeldgeber der *Cash Learning Group*. Das Auswärtige Amt ist auch dabei.[27]

Was USAID *Cash Transfers* nennt, soll aber gerade nicht »Cash« sein, also Bargeld, sondern stattdessen über mobiles Geld oder elektronische Bezahlkarten laufen. Im Jahr 2017 sollen auf diese Weise schon 3 Millionen Somalis, ein Viertel der Bevölkerung, versorgt und registriert worden sein. Seit Januar 2018 ist aus der lockeren Allianz ein festes Hilfskonsortium geworden, das gemeinsam operiert. Erklärte Absicht ist es, eine zentrale Datenbank aufzubauen, in der gespeichert wird, wer wie viel Geld von wem bekommt oder bekommen hat. Auch der genaue Standort der Person und weitere Informationen sollen dort gespeichert werden. Das soll selbstredend nur dazu dienen, Doppelzahlungen und Lücken zu vermeiden – nicht zur allgemeinen Überwachung oder um Flüchtlingsströme zu verhindern oder zu lenken.

Die Einschläge kommen näher

Wem Somalia zu weit weg ist und wer darauf vertraut, dass ihm weder das Schicksal eines Leasing-Managers noch das eines Commerzbank-Mitarbeiters im Irangeschäft droht, der sollte sich trotzdem nicht in Sicherheit wiegen. Die Einschläge kommen näher. Auch in Deutschland gibt es bereits einige sozialpunktartige Maßnahmen, die das Verhalten der Kunden indirekt bewerten und lenken. So wurde im April 2018 eher zufällig bekannt, dass bereits eine ganze Reihe von Banken eine Zusatzgebühr verlangt, wenn ein Kunde seine Kreditkarte für Glücksspiel nutzt. Bei der ING-DiBa kosten die Chips im Spielkasino und die Wette auf eine Fußballmannschaft im Wettbüro 3 Prozent extra, mindestens aber 3,90 Euro. Die Bank erklärte das gegenüber der *Frankfurter Allgemeinen Zeitung* als geschäftspolitische Maßnahme, die auch bei anderen Banken üblich sei. Und tatsächlich verlangen dem Bericht zufolge auch Consorsbank, Comdirect und Postbank eine solche Zusatzgebühr.[28]

Die wenig überzeugenden und unterschiedlichen Erklärungen der Banken für diese seltsame und stillschweigend eingeführte Sondergebühr könnten darauf hindeuten, dass eine Empfehlung der *Financial Action Task Force* dahinter steht. Schließlich ist es

Banken nicht erlaubt, der Öffentlichkeit in Sachen Geldwäschebekämpfung reinen Wein einzuschenken. Casinos und Wettbüros gelten als beliebte Orte, um schwarzes Geld weiß zu waschen. Vielleicht wollen sich die Banken aber auch nur von den glücksspielaktiven Nutzern die Zusatzkosten für deren intensivere Überwachung zurückholen.

So oder so macht der Vorfall deutlich, was im Hintergrund passiert, wenn wir mit Karte bezahlen. Das Bemerkenswerte daran: Es gibt einen Empfängercode. Jeder Händler hat einen Code, der einer Produktkategorie zugeordnet ist. Es gibt eine Kategorie für Medikamente, aus der sich schließen lässt, wie krank oder gesund jemand wahrscheinlich ist. Es gibt einen Code für Schulden-, Ehe- und psychologische Beratung, aus dem sich ableiten lässt, ob jemand wahrscheinlich psychische oder finanzielle Schwierigkeiten oder teure Eheprobleme hat. Auch Partnervermittlungs- und Escortdienste haben eine Nummer und, wie bereits erwähnt, Glücksspielanbieter. Die Händler selbst haben, wenn man mit Karte bezahlt, zusätzlich auch noch alle Informationen über jedes einzelne Produkt, das man je bei ihnen gekauft hat. Die Kartenanbieter sollten keinen Zugang zu diesen Detailinformationen haben, aber ich möchte meine Hand dafür nicht ins Feuer legen.

Unabhängig davon sind die Systeme künstlicher Intelligenz fortgeschritten genug, um aus einer hinreichend großen Anzahl von Einkäufen bei allen verschiedenen Händlerkategorien sehr genau ermitteln zu können, wie unser Charakter und unsere Lebensumstände sind und was wir wann tun. Diese Informationen werden unter anderem genutzt, um unsere Attraktivität und Vertrauenswürdigkeit als Kunde zu bewerten. Das Perfide daran ist, dass kein Mensch, im wahrsten Sinne des Wortes, weiß, anhand welcher Kriterien das System zu einer Einschätzung gekommen ist. Niemand hat es entsprechend programmiert. Das System ist selbstlernend. Es überprüft ständig statistische Zusammenhänge einzelner Faktoren und darüber hinaus aller möglichen Kombinationen von Faktoren, die das interessierende Charakteristikum aufweisen. Es untersucht beispielsweise, was Leute statistisch eint, die später ihre Rechnungen nicht bezahlen oder hohe Krankenversicherungsausgaben produzieren.

Wenn man aufgrund von Parallelen als eine Person dieser Kategorie eingestuft wird, zahlt man mehr für seine Versicherung oder bekommt bestimmte Angebote gar nicht. Niemand kann feststellen, ob das Programm aus statistischen Gründen Frauen, Farbige oder andere Gruppen diskriminiert. Selbst wenn man von dem Rating weiß, was selten der Fall ist, kann man es nicht hinterfragen und korrigieren. Ein Forscher der britischen Lancaster University hat durch Ausprobieren herausgefunden, dass sich sein Kreditrating bei manchen Anbietern allein schon dadurch änderte, dass er die Bildschirmauflösung variierte. Auch wie oft man sein Handy auflädt, kann eine Rolle für das Rating spielen, und welche Marke dieses Handy hat, sowieso.[29]

Google gab 2017 überraschend bekannt, dank ungenannter Partner die Daten von 70 Prozent der Kreditkartenumsätze in den USA zu haben. Dies wolle das Unternehmen für ein neues Produkt nutzen, das es Online-Werbetreibenden ermöglicht, festzustellen, ob ihre Anzeigen im stationären Handel zu Mehrverkäufen geführt haben. Google hält sich zugute, jahrelang am Datenschutz für dieses Produkt gearbeitet zu haben, sodass die Werbekunden keine Informationen über einzelne Käufer bekommen könnten. Doch selbst wenn Google tatsächlich die individuellen Daten nicht weitergibt, bleibt doch die Tatsache, dass Google diese Daten hat und nach Gutdünken nutzen kann, um seine Dossiers über die Menschen mit detaillierten Daten über ihren Zahlungsverkehr aufzufüllen.[30] Das Einzige, was dagegen hilft, solange der Staat nicht schützend eingreift: in bar zahlen, keine Kundenbindungsprogramme nutzen und den Händlern weder Telefonnummer noch E-Mail-Adresse geben.

Wenn sich die antiliberalen Tendenzen im Westen weiter verstärken sollten, wirkt es nicht mehr weit hergeholt, dass bald auch ganz normale Aktivitäten, wie das Äußern regierungskritischer Ansichten in sozialen Medien, der Bezug der »falschen«

Zeitschriften oder Kontakte mit den »falschen« Leuten zu Nachteilen führen. Zuckerbrot und Peitsche können dabei über privatwirtschaftlich ermittelte (Kredit-)Ratings verabreicht werden. Ein indisches Unternehmen etwa, das Informationen aus den sozialen Medien nutzt, um die Kreditwürdigkeit von Individuen zu bewerten, sagt unumwunden: »Es ist kein gutes Zeichen, wenn jemand politisch aktiv ist und sich in politischen Kampagnen auf eine Weise engagiert, die über seine Social-Media-Profile sichtbar wird. Es ist kein gutes Zeichen, weil wir keinen Ärger haben wollen, wenn wir die Rückzahlung einsammeln. Es könnte bedeuten, dass die Person in diesen politischen Gruppen unbequeme Themen anspricht, wenn die Zeit zur Rückzahlung kommt.«[31] Wenn sich herumspricht, dass Versicherungen, Telefonverträge und alles Mögliche andere für diejenigen teurer werden, die sich in der Öffentlichkeit als unbotmäßiger Charakter zu erkennen geben, wird das einen ähnlichen Effekt haben wie die Sozialpunkte der chinesischen Regierung.

Firmen wie der US-Kaufhausriese Walmart nutzen bereits Daten der Anbieter von Wellnessprogrammen für die Beschäftigten und von Versicherern, um – angeblich – den Mitarbeitern besser beim Vermeiden von Gesundheitsrisiken helfen zu können. Dazu gehören Daten über Medikamente, die die Beschäftigten einnehmen; außerdem geht es darum, was sie einkaufen und ob sie wählen gehen. Wer als Diabetiker identifiziert wird, bekomme regelmäßig hilfreiche SMS-Erinnerungsbotschaften. Natürlich, so soll man annehmen, nutzen diese hilfreichen Konzerne die Informationen nicht, um kranken und krankheitsgefährdeten Mitarbeitern zu kündigen, obwohl das zum Nutzen von Unternehmen und Versicherer wäre.[32]

An die chinesischen Sozialpunktedatenbank erinnert auch das Vorgehen der Unternehmen Tala und Branch, die von Kalifornien aus über das mobile Bezahlsystem M-Pesa Kredite in Kenia vergeben, auch unter Nutzung dessen, was man in den sozialen Medien über die Kunden findet. Außerdem werden die SMS ausgewertet, die bei M-Pesa-Zahlvorgängen verschickt werden und Absender, Empfänger und Verwendungszweck enthalten, ebenso alle Telefondaten der potenziellen Kreditkunden. Häufige Anrufe bei Mama sind gut für das Rating, auch gute Freunde mit hohem Rating bei Facebook helfen.

Das direkte Pendant zum Sozialpunktemodell ist die Entwicklung am Markt für Versicherungen. So dürfen heute schon diejenigen, die eine günstige Kfz-Versicherung haben wollen, einwilligen, ihren Fahrstil überwachen zu lassen oder wie viel Sport sie treiben. Irgendwann werden die Versicherungsnehmer, die sich dazu bisher nicht bereiterklären, auch einwilligen müssen, wenn sie eine bezahlbare Versicherung bekommen wollen. Wenn das eingeübt ist, werden die Versicherer früher oder später für einen günstigen Tarif die Erlaubnis haben wollen, alle möglichen Daten über uns zu bekommen, am liebsten natürlich unsere Finanzdaten. In den Publikationen des Weltwirtschaftsforums ist das ausdrücklich die große Verheißung für die Versicherungswirtschaft, natürlich nur zum Wohl der Kunden. Spätestens dann heißt es für uns: bloß keine Bilder von Motorrädern im Internet anschauen und keine Krankheiten im Netz recherchieren, keine Ausrüstung für als gefährlich geltende Sportarten mehr kaufen – es sei denn bar, solange das noch geht. Und natürlich keinen Alkohol und keine Zigaretten. Und es wird sich auch ein Rechenmodell finden, das nachweist, dass Regierungskritiker – oder generell öffentliche Kritiker von irgendetwas – statistisch ein Risiko darstellen, zum Beispiel, weil sie vermutlich auch bei Streitigkeiten mit der Versicherung auf vermeintliche oder tatsächliche eigene Rechte pochen.

Die Kreditratings, aus denen sich das chinesische Sozialpunktemodell ableitet, sind schließlich keine chinesische, sondern eine amerikanische Erfindung. Schon seit Jahrzehnten sammelt eine ganze Reihe von Kreditauskunfteien Informationen über so gut wie alle Bürger und Unternehmen. Die meisten Amerikaner haben Kreditratings von Dutzenden solcher Firmen. Die wenigsten klären die Menschen darüber auf oder geben ihnen Gelegenheit, sich der Datensammelei zu entziehen. Nicht selten werden für die Dossiers inzwischen auch Informationen aus den sozialen Medien und andere Verhaltensdaten verwendet. Was genau wie einfließt, weiß keiner.[33] Einige der großen amerikanischen Firmen betreiben das Kreditrating weltweit. Sie haben Milliarden von Dossiers angelegt. In Europa gibt es ähnliche Geschäftsmodelle. Auch über uns existiert also eine Vielzahl von Kreditratings europäischer und amerikanischer Firmen, von denen wir nichts wissen. Informationen über unseren digitalen Zahlungsverkehr sind die wertvollste und ergiebigste Quelle für diese Datensammler und Ratingerzeuger.

Wohin unsere PayPal-Daten gehen

Schauen wir deshalb einmal, was mit den Daten passiert, die der weltweit führende Internet-Bezahldienst PayPal sammelt. Wer bekommt sie von PayPal, und an wen gehen sie von dort aus? Seit Anfang 2018 weiß man von dieser Datenkette, weil PayPal, vom Datenschutzrecht genötigt, eine deutschsprachige Liste der Unternehmen und sonstigen Stellen veröffentlicht hat, an die die Daten von Kunden weitergegeben werden. Die Liste ist aufgeschlüsselt nach Art der Daten und Zweck der Weitergabe. Sie ist ausgedruckt viele Dutzend Seiten lang und sehr eindrucksvoll.[34] Ein kleiner Auszug muss hier genügen.

Für den in alle Welt ausgelagerten Kundendienst gehen Daten der Kunden, einschließlich Identifikationsdaten, Kontostand und Transaktionsdaten, an rund 30 Unternehmen, darunter an Arvato von Bertelsmann – ein Unternehmen, das Profile von Menschen anlegt, um diese für Marketing- und sonstige Zwecke zu verkaufen. Die Daten gehen auch an verschiedene US-Unternehmen, die von ihren heimischen Gesetzen verpflichtet werden, auf Anforderung alle Informationen an Geheimdienste und Strafverfolgungsbehörden herauszugeben.

Für ein ganzes Potpourri von Zwecken gehen praktisch alle Daten an Dutzende Kreditauskunfteien und andere Unternehmen, viele davon in Großbritannien und den USA. Dabei weist PayPal darauf hin, dass diese Kreditauskunfteien und sonstigen Unternehmen diese Daten unbegrenzt speichern dürfen. Für die sonderbare Zweckkombination aus Betrugsprävention und Ausprobieren neuer Produkte gehen Kundendaten an drei US-Unternehmen und an den Telekommunikationskonzern Telefónica in Großbritannien. Ein umfassender Datensatz geht an die Auskunfteien Accumio Finance Services, CEG Creditreform Boniversum, Bürgel Wirtschaftsinformationen, Infoscore Consumer, Informa Solutions und Schufa. Die Daten können von dort ausdrücklich weltweit weitergegeben werden. Eine Zweckbindung oder Begrenzung dieses Rechts auf Weitergabe scheint nicht zu existieren. An den weltweit führenden personenbezogenen Datensammler Acxiom, der sehr umfangreiche Dossiers über die Mehrheit der Erdenbürger führt, gehen Name, Adresse, Telefonnummer, E-Mail-Adresse und Geburtsdatum. Eine ThreatMetrix Inc. in den USA bekommt unsere Geräte-ID, IP-Adresse und Cookies sowie E-Mail-Adresse und alle bei der Anmeldung erfassten Informationen. Damit soll sie Risikoinformationen generieren und – wieder in dieser sonderbaren Kombination – beim Testen neuer Produkte helfen.

Für die Validierung von Identitätsdokumenten und das Testen neuer Produkte und Dienstleistungen erhält eine Mitek Systems Inc. in den USA eingereichte Ausweisdokumente und sonstige persönliche Informationen sowie alle Daten der Kreditwürdigkeitsprüfung. Die gleichen Daten gehen noch an eine Au10tix Limited in Zypern, die auf das automatische Auslesen von Dokumentendaten spezialisiert ist. Ein weiterer weltweit führender US-Datensammler namens Zoot Enterprises bekommt alle unsere Dokumente und praktisch alle weiteren Daten, »um diese mit Betrugs- und Kreditauskunfteien auszutauschen«. An eine First Data Corporation in den USA gehen »alle Kontoinformationen und -unterlagen« mit dem bemerkenswerten Zweck,»diese zu speichern«. Daneben gehen »jegliche Kontoinformationen und IP-Adresse sowie Kreditkarteninformationen« an eine Max-

Mind Inc. in den USA. Dort werden sie zum Zweck der Betrugsprävention gespeichert, können aber auch an Dritte weltweit übermittelt werden.

Das geht noch lange so weiter, aber spätestens hier sollte klar sein: Alles, was PayPal an Informationen von uns bekommt oder einsammelt, lässt in allen bedeutenden Datenbanken der Welt die Dossiers über uns anschwellen. Alles wird dort dauerhaft gespeichert. So wird noch einmal klarer, was PayPal-Chef Dan Schulman meinte, als er sagte, finanzielle Inklusion bedeute, die Leute »ins System zu bringen«.

Nach deutschem und wohl auch europäischem Recht der Allgemeinen Geschäftsbedingungen dürfte es unzulässig sein, sich derart weitreichende Befugnisse als Bedingung für die Nutzung des Dienstes einräumen zu lassen. Aber zuständig ist die Datenschutzbehörde des Steuerparadieses Luxemburg. Und die hat, wie die dortige Steuerbehörde, vor allem das Ziel, den Ministaat für Großkonzerne als Standort attraktiv zu halten.

Je nach bekannten oder aus dem Verhalten erschließbaren Eigenschaften werden wir also einsortiert. Das kann bedeuten, dass man auf Anfrage von Anbietern nur ungünstige Angebote bekommt, weil man in eine unattraktive Kategorie eingruppiert wurde. Das merkt der Betroffene im Zweifel gar nicht. Existenziell wichtig wird es, wenn potenzielle Arbeitgeber oder Vermieter diese Daten abfragen und jemand wegen schlechter Werte keinen vernünftigen Arbeitsplatz und keine anständige Wohnung zu einem vernünftigen Preis mehr bekommt. Die Informationen können auch falsch sein. Die Person, die unter den Folgen leidet, wird in der Regel nichts davon wissen und es nicht korrigieren können. Es gibt kaum etwas, was autoritäre Regierungen und Geheimdienste davon abhalten könnte, diese Datenschätze gegen Kritiker und Dissidenten zu nutzen.

Wo die Reise hingehen soll – zur umfassenden Charakterbewertung und Verhaltenssteuerung nach Art des chinesischen Modells –, erfährt man am ehesten, wenn man das liest, was die einschlägigen Organisationen, wie die MasterCard-Stiftung, über Afrika schreiben. Anders als bei den Äußerungen über ihre Pläne für Industrieländer und deren um Datenschutz besorgte Bürger lassen sie hier wenig Vorsicht walten. Da sagt dann die MasterCard-Vorständin Ann Cairns treuherzig, was für eine gute Sache es doch sei, dass man den Flüchtlingen in den Camps in Libanon oder Jordanien Bezahlkarten gibt:»Durch die digitale Bezahlform können wir kontrollieren, ob das Geld wirklich nur für Essen oder Medizin ausgegeben wird. Andere Dinge – Alkohol etwa – können automatisch blockiert werden.«[35]

So erfährt der aufmerksame Leser auch, dass Big Data immer wichtiger wird,»um die nächste Stufe der Kreditwürdigkeitsbeurteilung zu zünden«. Wenn mit Finanzdaten einmal festgestellt ist, dass jemand die Fähigkeit hat, seine Zahlungsverpflichtungen zu erfüllen, dann gehe es als Nächstes darum, festzustellen, wie es um die Zahlungswilligkeit bestellt ist. Und in diese Beurteilung könnten alle Daten einfließen, die etwas über Vorlieben und Charakter einer Person aussagen.»Psychometrische Daten – einschließlich Online-Rätsel, um den Charakter oder Charaktereigenschaften zu beurteilen, oder die Analyse von Facebook-Likes – ziehen immer mehr Aufmerksamkeit auf sich«, heißt es in einer Publikation der Kreditkartenstiftung zu Big Data und finanzieller Inklusion in Ostafrika. Equity Bank, die nach Kundenzahl größte afrikanische Bank, die zu einem beträchtlichen Teil britischen und anderen europäischen Aktionären gehört, hat bereits mit psychometrischen Ratingmodellen experimentiert – in Afrika kann man hervorragend experimentieren – und fand sie nützlich, heißt es in der Publikation. Die Bank plane, die Psychometrie in der ganzen Region einzuführen.[36]

Auch wir werden in der digitalen Welt auf Schritt und Klick bewertet. Wer den Fahrdienstvermittler Uber nutzt, hat ein in Punkten ausgedrücktes Rating. Es wird bewertet, ob wir unsere E-Mails zuverlässig öffnen. Jeder Klick wird registriert und gespeichert, um später wahrscheinlich irgendwann für irgendeine Form des Ratings verwendet zu werden. Es werden schon Apps vertrieben, deren Zweck darin besteht, Gesundheitsapps auszutricksen, die messen, wie viel wir gehen, laufen oder sitzen. Das Vertriebsargument lautet sinngemäß:»Wenn Sie lieber noch sitzen bleiben, ein Bier trinken und eine rauchen: Unsere App sorgt dafür, dass Ihnen währenddessen Schritte gutgeschrieben werden. Dann riskieren Sie nicht, dass später vielleicht einmal ihre Versicherung teurer wird.«

Jedes Rating kann als Grundlage für ein anderes Rating genutzt werden und dieses beeinflussen. Wer ein besseres Rating hat, bekommt besseren oder billigeren Service. Wenn wir nichts mehr anonym und bar bezahlen können und wenn irgendwann vielleicht fast alle Daten bei einem Konzern oder bei einem Datenhändler zusammenlaufen, lässt sich jedes beliebige System der Verhaltenskontrolle und -steuerung umsetzen. Wenn es darum geht,»Gedankenverbrecher« aufzuspüren, wie es bei George Orwell so schön heißt, bleiben die dafür verwendeten Kriterien geheim. Wenn es um Verhaltensmanipulation mittel Panoptimsus geht, wird man dafür sorgen, dass die Kriterien zwar erahnt werden, aber möglichst nicht im Detail bekannt sind. Dann hat man genug Information, um sein Verhalten in die erwünschte Richtung zu modifizieren, aber nicht genug, um den Bewertungsalgorithmus auszutricksen.

Mit Hilfe und im Auftrag der Schlapphüte

Alle großen IT-Unternehmen der USA sind in den nationalen Sicherheitsapparat eingewoben. Schon das Internet hatte seinen Ursprung in der Agentur für fortgeschrittene Forschungsprojekte (DARPA) des US-Militärs. Auch die grafischen Nutzerschnittstellen, die uns erlauben, mit unseren Geräten das Internet zu nutzen, heftet sich die DARPA als von ihr gesponserte Entwicklung ans Revers, ebenso wie Spracherkennung und die für Smartphone-Displays nötigen Polymere.[37]

DARPA und die Wagniskapitalfirma In-Q-Tel der CIA bieten Wissenschaftlern und jungen Unternehmen finanzielle und sonstige Unterstützung, wenn sie an Technologen arbeiten, die für Militär und Geheimdienste nützlich sein könnten. Die Patente und das Recht zur kommerziellen Verwertung bleiben bei den privaten Forschern und Unternehmen. In den meisten Fällen werden mit Regierungsgeld geförderte Start-ups irgendwann von einem der großen Fünf des Silicon Valley aufgekauft, sodass die entwickelte Technologie in diese Großkonzerne integriert wird. Linda Weiss hat das sich daraus ergebende Geflecht in ihrem Buch *America Inc.?* eine öffentlich-private Hybridwirtschaft genannt.[38] Google Maps entstand aus einer von In-Q-Tel finanzierten Firma namens Keyhole Inc. Die Cloud-Technologie, bei der Computernutzer ihre Programme und Daten auf Servern von Microsoft und Co. laufen lassen, wird von Unternehmen wie Frame entwickelt, das von In-Q-Tel mitfinanziert wurde. Weiss zufolge ist das Innovationsforschungsprogramm für kleine US-Unternehmen SBIR, dessen Budget von jährlich 2,5 Milliarden Dollar überwiegend von den US-Geheimdiensten finanziert wird, die wichtigste Finanzquelle für amerikanische Hightech-Neugründungen. Sie zitiert einen Bericht des Verteidigungsministeriums an den Kongress aus dem Jahr 2002, der die Intention dieser Initiativen so erklärt:»Das letztendliche Ziel ist es, technisch überlegene, bezahlbare Verteidigungssysteme zu bekommen und gleichzeitig sicherzustellen, dass Technologien, die für Zwecke der nationalen Sicherheit entwickelt werden, in den Privatsektor integriert werden, um unsere industrielle Basis zu stärken.« Die Wirtschaftsforscherin Mariana Mazzucato hat sich näher mit der Geschichte von Apple beschäftigt und stellt einen interessanten Zusammenhang her: Der Erfolg des Unternehmens beruht nach ihren Nachforschungen darauf, dass Apple Technologien kommerzialisieren durfte, deren Entwicklung vom Militär und den Geheimdiensten finanziert wurde.[39]

Der Wirtschaftsforscher Martin Libicki von der militärnahen Rand Corporation formulierte 2007 in seinem Buch *Eroberung im Cyberspace* die Strategie, die offenkundig verfolgt wird. Indem man andere Länder von US-Technologie wie der von Microsoft abhängig macht, könne man sie auf freundlichem Wege erobern.[40] Zbigniew Brzezinski, der Geostratege und spätere Sicherheitsberater der US-Regierung, wusste schon 1969, als die DARPA gerade erst ein paar Universitätscomputer zum Arpanet, dem Vorläufer des Internets, verknüpft hatte, welches Machtinstrument für die USA hier gerade entstand. In seinem Buch *Between Two Ages: America's Role in the Technotronic Era* schrieb er:»Die Vereinigten Staaten (...) treiben die Entwicklung eines weltweiten Informationsnetzes voran. (...) Zum ersten Mal in der Geschichte wird das kumulierte Wissen der Menschheit auf globaler Ebene zugänglich werden.« Thema seines Buches sind die verschiedenen Formen nichtmilitärischer globaler Machtausübung, die in dem aufziehenden Informationszeitalter möglich werden.

Der Ertrag der Vorleistungen von Militär und Geheimdiensten für die US-Regierung besteht zum Teil in der weichen Macht, die ihr aus den globalen Quasi-Monopolen ihrer großen fünf Technologiekonzerne erwächst. Der andere Teil des Deals sieht so aus, dass diese Konzerne denjenigen, die sie gepäppelt haben, keine wichtigen Wünsche abschlagen. Und das beschränkt sich, wie wir spätestens seit 2013 wissen, nicht darauf, dass zum Beispiel Eric Schmidt, der frühere Chef von Alphabet (Google) dem Rat für Verteidigungsinnovation des Pentagon vorsitzt, dem auch Amazon-Chef Jeff Bezos schon angehört hat.

Nach den von Edward Snowden 2013 veröffentlichten Geheimdokumenten helfen dem US-Geheimdienst NSA praktisch alle großen amerikanischen IT- und Internetkonzerne, ebenso wie die Banken, bei der umfassenden Überwachung des weltweiten Daten- und Zahlungsverkehrs. Als das aufflog, gelobten die Konzerne das Ende der Datenweitergabe, was der US-Journalist James Bamford so kommentierte:»Jedes Mal, wenn eine solche Kooperation auffliegt, wird sie für kurze Zeit eingestellt, nur um dann wieder von Neuem zu beginnen.«[41] Dabei wird bewusst und gezielt die Kontrolle der weltweiten Netze durch US-Konzerne für Überwachungszwecke genutzt. Das NSA-Programm Prism erlaubte es dem Geheimdienst, die Daten von Unternehmen wie Microsoft, Apple und Facebook direkt von deren Servern abzugreifen. Das Dateneinsammeln begann aber schon viel früher. Bill Gates' Firma Microsoft war 2007 der erste große IT-Konzern, der bei der globalen Überwachungskooperation mit den Geheimdiensten mitmachte. Es folgten Google, Facebook, YouTube, Skype, AOL und schließlich Apple. In der von Edward Snowden an die Presse gegebenen PowerPoint-Präsentation der NSA heißt es, der Cloud-Dienst Dropbox werde bald dazustoßen.[42]

In Großbritannien scheint es ganz ähnlich zu laufen: Die Londoner Start-up-Firma StatusToday bietet Firmen eine Software an, die alle Informationen über die Aktionen der Mitarbeiter aufzeichnet und laufend analysiert, von Computeraktivitäten bis zur Betätigung der elektronischen Einlasskarten an den Türen. Daraus leitet die Software für alle Beschäftigten ein typisches Muster ab. Tun diese etwas, was nicht in dieses persönliche Muster passt, wird das Aufsichtspersonal alarmiert.[43] Anfang 2017 war das Unternehmen drei Monate im sogenannten Inkubator des Geheimdienstes GCHQ – einer Art Förderprogramm für junge Firmen.[44] Darüber äußerte sich Gründer Ankur Modi begeistert: »Es half uns sehr, dass wir Zugang zu sehr hochrangigen Experten des GCHQ bekamen, die uns halfen, die Technologie zu verfeinern.« »Auch zur Überwachung des Arbeitseifers und der Produktivität der Mitarbeiter kann das Überwachungssystem eingesetzt werden«, wirbt das Unternehmen.

Weltbeherrschungsfantasien aus dem Silicon Valley

Die Gedankenwelt des Panopticon-Erfinders Bentham erlebt in der Tech-Szene eine Wiedergeburt. Der Internetriese Amazon arbeitet eifrig an seiner eigenen Panopticon-Fabrik. Amazon bekam Anfang 2018 Patente für zwei Methoden gewährt, mit denen man über ein Armband die genaue Position der Hände von Lagerarbeitern erfassen und aufzeichnen kann. Das Armband kann dem Lagerarbeiter über Vibration steuernde Rückmeldung geben. Ähnliche Technologien wurden in Amazon-Lagern schon vorher eingesetzt. Max Crawford, der zwei Jahre für Amazon arbeitete, bevor er wegen Burn-out kündigte, berichtet in der *New York Times*, er habe sich gefühlt, als sei er zu einer speziellen Art Roboter geworden:»Sie wollen Arbeiter zu Maschinen machen, weil die Robotertechnologie noch nicht so weit ist. Bis sie so weit ist, verwenden sie menschliche Roboter.«[45]

Noch viel wichtiger, als ihre eigenen Beschäftigten in die richtige Richtung zu manipulieren, ist es für die Tech-Konzerne, ihre Kunden genau zu kennen und deren Verhalten und Wünsche manipulieren zu können. Finanzielle Inklusion und umfassende digital-biometrische Erfassung helfen ihnen dabei.

Der ehemalige US-Botschafter in Deutschland, John Kornblum, schrieb 2017:»Systeme künstlicher Intelligenz werden auch den politischen Entscheidungsprozess übernehmen.« Die neue Elite werde eine Wissenselite sein, die es versteht, aus gigantischen Datenmengen Vorteile zu ziehen, und die Politik werde eine dienende Funktion übernehmen:»Die Diplomatie wird sich auf die Steigerung des zeitlichen und räumlichen Einflusses auf Informations- und Logistiknetze beschränken. Dasselbe gilt für das Militär.«[46] Weniger diplomatisch und etwas kritischer hat das Gleiche Burda-Chef Paul-Bernhard Kallen mit Blick auf das Silicon Valley so auf den Punkt gebracht:»In den USA geht es vielen Unternehmen auch schlicht um die Weltherrschaft.«[47]

Die Gates-Stiftung und das US-Außenministerium, die treibenden Kräfte hinter der *Besser-als-Bargeld-Allianz*, gehören zusammen mit Google-Chef Eric Schmidt zu den größten Geldgebern der New America Foundation, einem politisch sehr einflussreichen Institut mit 150 Mitarbeitern und 200 assoziierten Wissenschaftlern. Präsidentin Anne-Marie Slaughter hat 2017 eine künftige»offene internationale Ordnung« skizziert, die sich durch»offene Gesellschaften« und»offene Regierung« auszeichnet.[48] Ihr Buch heißt The *Chessboard and the Web*, in Anspielung auf *The Grand Chessboard* des Weltherrschaftsstrategen

Zbigniew Brzezinski. »In der neuen Ordnung werden konkurrierende Staaten durch Netzwerke ersetzt worden sein«, schreibt sie, als ob das eine Verheißung und keine Drohung wäre. Sie sagt, die Idee zu diesem Buch sei ihr gekommen, als sie Direktorin für Politikplanung im US-Außenministerium war.[49]

Ganz ähnlich wirbt der Geostratege Parag Khanna, mit Wurzeln in der gleichen Stiftung, dafür, die Demokratie durch eine Mischung aus Volksabstimmungen und Experten zu ersetzen, »die befugt sind, Entscheidungen zu treffen, die den allgemeinen Wohlstand steigern und die Gesellschaft vor Krisen und Gefahren bewahren«.[50] Khanna war *Young Global Leader* des Weltwirtschaftsforums. Er gehört dem Global Agenda Council on Geo-economics dieses Milliardärsklubs an und ist Mitglied im Council on Foreign Relations.

Auch Facebook-Gründer Mark Zuckerberg hat 2017 mit seinem Manifest *Building Global Community* sein Projekt für eine Global Governance skizziert, in der die nationalen Regierungen nicht mehr viel und Netzwerke mit Zentrum in Silicon Valley sehr viel zu sagen haben.[51] Weil er das mit einer Tour durch alle US-Bundesstaaten verband, werden ihm seither Ambitionen auf das US-Präsidentenamt nachgesagt. Mit Facebook im Rücken wäre das wohl keine zu hoch gegriffene Ambition.

Amazon-Chef Jeff Bezos bezeichnet sich als libertär, also extrem auf individuelle Freiheit erpicht. In unterschiedlichem Ausmaß ist diese Einstellung bei vielen seiner Silicon-Valley-Kollegen vertreten. Die Libertären haben ein Problem mit dem Staat, denn der steht für die Einbindung des Individuums in die Gesellschaft und Pflichten bis hin zum Bezahlen von Steuern, was in libertären Kreisen gern mit Sklaverei gleichgesetzt wird. Manche verwechseln libertär mit progressiv, wenn sich Libertäre wie Bezos gleichzeitig für einzelne progressive Anliegen einsetzen, wie etwa gleiche Rechte für Homosexuelle und Farbige. Was jedoch wirtschaftliche Fragen im weiteren Sinne angeht, ist die Agenda reaktionär im Sinne der Tea-Party-Bewegung und so kaltherzig gegenüber den Schwächeren, wie sie nur sein kann. Das sieht man schon an den sehr schlechten Löhnen und Arbeitsbedingungen für Amazon-Lagerarbeiter. Die Macht des Geldes ist für Leute wie Bezos nicht antastbar. Wer es geschafft hat, große Vermögen und wirtschaftliche Macht anzusammeln, egal wie, der soll diese auch ausleben können. In der Kurzfassung: Steuern und jegliche staatliche Regulierung sind schlecht. Regeln, die die großen Konzerne – genannt *der Markt* – setzen, sind gut. Als die Westküstenstadt Seattle, wo Amazon seinen Hauptsitz hat, auf die Idee kam, eine Konzernsteuer von 500 Euro je Arbeitsplatz einzuführen, um mit dem Geld das grassierende Problem der Obdachlosigkeit einzudämmen, beschloss der reichste Mann der Welt, die Stadt damit zu erpressen, dass er die Pläne für ein neues Bürohaus und weitere Standorte für 7000 Beschäftigte in der Stadt auf Eis legte.[52] Der Stadtrat senkte daraufhin die Abgabe auf 275 Dollar, was Bezos aber immer noch viel zu hoch war. Amazon nahm zwar sein Moratorium teilweise zurück, kündigte aber an, seine Expansionspläne in Seattle kritisch zu überprüfen.[53]

Die pseudoprogressiven Silicon-Valley-Größen stehen im Ruf, Gegner von Donald Trump zu sein, aber das ist ein großer Irrtum. Bezos, Zuckerberg und Co. verachten sehr wahrscheinlich Trump als Person, so wie David Rockefeller den brutalen chilenischen Diktator Pinochet laut seinen Memoiren verachtete. Das hielt ihn aber nicht davon ab, die Fäden bei Pinochets Machtübernahme zu ziehen, wie er selbst berichtet, denn wirtschaftspolitisch war Pinochets Ansatz aus seiner Sicht »sehr konstruktiv«.[54] Bei aller Verachtung für Trump kann sich das Silicon Valley über das, was er tut, nur freuen. Der Präsident senkt die Steuern für die Reichen und tut alles, um den Staat zu schwächen. Der Klima- und Ressourcenwissenschaftler Peter Gleick brachte Trumps Leistung für die Libertären am 28.8.2017 in einem Tweet so auf den Punkt:»Das gesamte Team von Trump ist darauf ausgerichtet, die Regierung funktionsunfähig zu machen und dann zu behaupten, dass der Staat grundsätzlich nicht funktioniert.«

Ungeschminkt sichtbar ist die reaktionäre, staatfeindliche Einstellung bei Peter Thiel, einem Mitglied im Aufsichtsrat (Board) von Facebook. Er gab Geld für Trumps Kampagne und war in dessen Übergangsteam. Thiel wurde reich als Mitgründer von PayPal und mit Investitionen in Facebook und Airbnb. Seine Ablehnung von Steuern und Staat geht so weit, dass er die Seasteading-Bewegung propagiert und sich darin finanziell engagiert. Seasteading steht dafür, dass reiche Leute sich auf künstlichen Inseln niederlassen und so der rechtlichen und steuerlichen Hoheit der Staaten entkommen. Bis 2022 soll in Französisch-Polynesien als Pilotprojekt eine erste autonome schwimmende Insel für 300 Leute mit eigener Regierung und eigener (Krypto-)Währung entstehen. Doch selbst diese zynische Ideologie gibt sich einen mildtätigen Anstrich. Ein Milliardär, der sich dort einkaufen will, soll sich ja nicht als antisoziales Arschloch fühlen müssen. Vermarktet wird der schwimmende steuerfreie Yachthafen für Superreiche deshalb als »nachhaltige Antwort auf den steigenden Meeresspiegel«. Die Polynesier werden sich freuen, dass wenigstens einige Superreiche aus dem versunkenen New York und dem Silicon Valley ihre schöne Gegend weiter bewohnen werden, wenn ihre heimatlichen Inseln im Meer versunken sind.[55]

Freiheit und Kapitalismus seien unvereinbar mit Demokratie, hat Thiel uns wissen lassen. Denn in einer Demokratie haben arme Leute und Frauen viel zu viel zu sagen. Im Jahr 2004 gründete Thiel das schon erwähnte berüchtigte Datenanalyse- und Überwachungsunternehmen Palantir, benannt nach den allsehenden Kristallkugeln aus dem Fantasy-Roman *Herr der Ringe*. Das Geld dafür kam teilweise vom Wagniskapitalarm In-Q-Tel des CIA. Palantir war auch in den Datenskandal um Cambridge Analytica und Facebook involviert.[56] Thiel warb für den Totalüberwachungsansatz von Palantir mit dem Argument, diese totale Überwachung durch Datenanalyse sei weniger repressiv als viele andere Sicherheitsmaßnahmen, die seit den Anschlägen vom 11. September 2001 in den USA diskutiert würden.[57] China lässt grüßen. So sieht sie aus, die schöne neue Welt nach Art des Silicon Valley.

Und sie ist auch auf dem Weg zu uns. Palantir diente sich 2010 zusammen mit einer anderen Sicherheitsfirma der Bank of America an, als die Enthüllungsplattform WikiLeaks ankündigte, belastende Dokumente der Bank zu veröffentlichen. Das Angebot: WikiLeaks infiltrieren, mit illegalen Cyberattacken ausspähen und Unterstützer von WikiLeaks durch in den sozialen Medien verbreitete Falschinformationen diskreditieren. Der Chef und Co-Gründer von Palantir, Alex Karp, entschuldigte sich öffentlich, als das bekannt wurde.[58] Ebenjener Alex Karp zog 2018 in den Aufsichtsrat von Axel Springer ein, dem wohl mit Abstand einflussreichsten Medienhaus Deutschlands. Zu den Beratern von Palantir zählten der frühere CIA-Direktor George Tenet; zu den Kunden zählen die CIA und das US-Militär, das mit dem Unternehmen zuletzt einen 876 Millionen Dollar schweren Vertrag unterzeichnete. Karp bezeichnet Peter Thiel als einen seiner wenigen richtig guten Freunde. Dass das Massenmanipulationsblatt *Bild* jetzt im direkten Einflussbereich dieser Szene ist, lässt erschaudern.[59]

Auch die *Welt* ist ein Springer-Blatt. So erklärt sich vielleicht die bizarr anmutende Rechtfertigung der totalen Überwachung, die die *Welt am Sonntag* 2017 als Aufmacherstory brachte, unter dem Titel: *George Orwell 1984: Lieblingsbuch aller U-Bahn-Schubser, Vergewaltiger, Heroindealer, Terror-Planer, Grapscher, Taschendiebe, Goldmünzenräuber, Schläger und Hooligans.* Untertitel: Über den Ursprung der absurden deutschen Angst vor der Kameraüberwachung. Nur Verbrecher und Gesocks müssten sich vor Videoüberwachung fürchten, anständigen Bürgern schade sie in keiner Weise, lautete die These.[60]

Amazon und der Plattform-Kapitalismus

Betreiber von Mega-Plattformen wie WeChat oder Amazon sind keine normalen Marktteilnehmer mehr, erläutert der amerikanische Rechtswissenschaftler Frank Pasquale.[61] Sie sind Marktmacher, die die Regulierungsmacht darüber ausüben, wie andere auf den von ihnen organisierten Märkten kaufen und verkaufen. Sie übernehmen immer mehr traditionell staatliche Aufgaben, bis hin zur Streitbeilegung. Dank Amazon, Uber und Airbnb entscheiden zunehmend Plattform-Konzerne und nicht der Staat darüber, wie Menschen und Unternehmen handeln, reisen und wohnen. Der Plattformbetreiber geriert sich als Regierung eines bestimmten Marktes. Anders als der Staat tritt Amazon allerdings gleichzeitig als Marktteilnehmer auf und nutzt als solcher die Unmengen an extrem detaillierten Informationen über seine Konkurrenten und Kunden, die er als Organisator des Marktes bekommt.

Conrad Albert, Chef von Pro Sieben Sat 1, nennt Google, Amazon und Facebook »Internet-Imperialisten«, die den Willen und das Geld haben, alles zu schlucken oder zu verdrängen, was ihrem Monopolstreben im Weg steht.[62] Der Geschäftsführer der Wochenzeitung *Die Zeit*, Rainer Esser, sagt über den Amazon-Chef und sein Unternehmen:

»Ursprünglich hat sich der Amazon-Boss nur auf Wachstum konzentriert, aber jetzt hat Amazon plötzlich größere Augen und größere Ohren als Rotkäppchens Großmutter. Damit greift Amazon nach nicht weniger als der Weltherrschaft. (...) Heute können Sie bei Amazon alles kriegen, vom Smartphone bis zum Pickelentferner. Das verschafft dem Konzern eine ungeheure Menge Daten. Mit Echo und Alexa sind Amazons Ohren und Augen inzwischen sogar in unsere Wohnzimmer vorgedrungen und spionieren unsere privaten Unterhaltungen aus. Diese Unternehmen können ernsthafte Bedrohungen für unsere demokratischen Gesellschaften darstellen. Sie besitzen mehr Informationen, als wir selbst überhaupt über uns kennen. Und sie beobachten uns die ganze Zeit, jeden Tag und überall. Eine unvorstellbare Menge an Informationen befindet sich in den Händen einiger weniger Personen, deren ethische Standards wir nicht kennen.«[63]

Letzteres ist leider nicht ganz richtig. Wir kennen ihre ethischen Standards und dürfen uns gruseln.

Bei der schieren Größe, die ein Konzern wie Amazon bereits erreicht hat, fällt es schwer, zu sehen, wer oder was dessen weiteren Weg zur globalen Dominanz über den Internethandel außerhalb Chinas noch aufhalten könnte. Je mehr Händler auf Amazon ihre Waren anbieten, umso mehr gehen die Käufer davon aus, dass sie auf dieser Plattform die größte Auswahl an Produkten von den meisten Händlern haben und daraus die Günstigsten und Besten angeboten bekommen. Je mehr Kunden über Amazon kaufen, desto mehr ist es für alle Händler ein Muss, dort vertreten zu sein. Je größer die Massen auf beiden Seiten werden, desto wichtiger und mächtiger wird der Mittelsmann. Kaum eine neu entstehende Konkurrenzplattform kann hoffen, erfolgreich mit der halben Milliarde Produkten zu konkurrieren, die man heute schon bei Amazon kaufen kann. Tendenz stark steigend. Kaum ein Händler oder Konsument hätte Grund, eine neue, kleine Plattform vorzuziehen, selbst wenn diese deutlich niedrigere Gebühren verlangen würde. Durch eine Gesetzesänderung will sogar die US-Regierung künftig das öffentliche Beschaffungswesen weitgehend an Amazon auslagern.

In Deutschland hat Amazon 2017 mit 46 Prozent schon fast die Hälfte des gesamten Online-Handels auf der eigenen Platzform abgewickelt: Auch hier ist die Tendenz stark steigend. Vom Umsatzzuwachs von 4,7 Milliarden Euro entfielen fast drei Viertel auf die Amazon-Plattform. »Der Bedarfskauf landet heute fast ausschließlich bei Amazon«, erklärt Kai Hudetz, Geschäftsführer des Handelsforschungsinstituts IFH. Viele Konsumenten nutzten heute bei der Recherche nach Produkten gar nicht mehr Google, sondern gingen direkt in die Suchmaske von Amazon.[64]

Schon heute ist Amazon viel mehr als nur ein Kaufhaus. Es ist auch eine Marketingplattform, ein Liefer- und Logistiknetzwerk, ein Zahlungsverkehrsdienstleister, Lebensmittelhändler, ein Kreditgeber, ein Auktionshaus, ein großer Buchverleger, Produzent von TV- und Filmproduktionen, Modedesigner, Warenproduzent, Streamingdienst für Musik und Filme, Krankenversicherer und führender Cloud-Server-Anbieter. Immer wenn Amazon in ein neues Geschäftsfeld vorstößt, gehen die Aktienkurse der Platzhirsche dieser Branche umgehend auf Talfahrt. Gewinn macht das Unternehmen, relativ zur extrem hohen Unternehmensbewertung von 750 Milliarden Dollar (im Mai 2018), bislang eher wenig. Denn die Strategie lautet: durch niedrige Preise stark wachsen und in möglichst vielen Märkten eine dominante Position erzielen. Die Investoren in Amazon-Aktien setzen darauf, dass die Gewinne später umso mehr sprudeln werden, wenn der Konzern seine Märkte dominiert und keine weitere Expansion mehr quersubventionieren muss. Im ersten Quartal 2018 lag der Umsatz von Amazon mit 51 Milliarden Dollar um 43 Prozent über Vorjahr, der Quartalsgewinn verdoppelte sich auf immerhin 1,6 Milliarden Dollar.[65]

Kaum jemand traut sich noch, es mit diesem Riesen aufzunehmen. Wer es doch tut, lernt bald. dass selbst der Versuch, eine Nische für sich zu reklamieren, drastische Gegenmaßnahmen hervorrufen kann. Das musste etwa das Unternehmen Quidsi erfahren, das eine erfolgreiche Plattform für Babyprodukte namens Diapers.com betrieb. Als das Management 2009 eine Kaufofferte von Amazon ablehnte, senkte Amazon die Preise für Windeln und andere Babyprodukte um bis zu 30 Prozent, legte eine kostenlose Prime-Mitgliedschaft für Mütter auf und bot einen Windel-Abo-Lieferservice mit hohen Rabatten an. Auf jegliche Preissenkung von Diapers.com reagierte Amazon automatisch mit eigenen Preissenkungen. Quidsi ging in die Knie und ließ sich von Amazon kaufen. Anschließend machte Amazon die Preissenkungen wieder rückgängig und das Bonusprogramm für Mütter deutlich weniger attraktiv.[66]

Die Aktienanleger machten Jeff Bezos mit einer massiven Kurssteigerung der Amazon-Aktien, von denen ihm 16 Prozent gehören, Anfang 2018 mit 112 Milliarden Dollar Privatvermögen zum reichsten Menschen der Erde. Damit verdrängte er Bill Gates in der Reichenliste von *Forbes* auf den zweiten Platz.

Amazon als Unternehmen überholte im Februar 2018 mit einem Börsenwert von 703 Milliarden Dollar Microsoft.[67] Einen Monat später ließ der Konzern dann auch noch die Google-Mutter Alphabet hinter sich und rückte hinter Apple auf Platz 2 der wertvollsten Unternehmen der Welt vor.[68]

Momentan konkurrieren die großen Plattformen zwar noch und versuchen sich gegenseitig Märkte abzujagen. Wahrscheinlich werden diese Plattform-Kriege aber nur eine Zwischenepisode auf dem Weg hin zu einer Megaplattform sein, wie sie WeChat in China heute schon darstellt – eine Plattform, in der die Dienste von Firmen wie Amazon, Google und Facebook kombiniert zur Verfügung stehen. Dieses Ergebnis kann sich über Kooperationen oder Fusionen zwischen den heutigen Konkurrenten ebenso einstellen wie durch Verdrängung.

Auf dem Weg zu einer totalitären Weltwährung

Der libertäre Amazon-Chef scheint auf dem besten Weg, die nationalen Regierungen zu entmachten und die Welt in eine Plutokratie zu überführen, in eine Herrschaft der Reichen, in der Leute wie Bezos alle wesentliche Macht ausüben. Einen guten Teil des Weges hat er schon zurückgelegt; die Krönung wäre die Einführung und Durchsetzung eines Amazon-Dollars als Weltwährung.

Die großen IT-Unternehmen haben größtes Interesse daran, das Zahlungsverkehrsgeschäft zu übernehmen. Und langfristig haben vor allem die großen Plattformbetreiber die besten Voraussetzungen, das zu schaffen. Für das Bankgeschäft braucht es im Grunde nicht viel mehr als Datenanalyse, Vertrauen und Kundenzugang. In Sachen Vertrauen ist die Kapitalstärke ein sehr wichtiger Aspekt. Da brauchen sich die Tech-Giganten nun wirklich nicht zu verstecken. Gegen sie sind selbst die großen Banken kleine, wacklige Gebilde. Auch an Kundenzahl sind sie jedem anderen Unternehmen um Meilen voraus.

Was schließlich die Daten und ihre Verarbeitung angeht, haben die Banken gegenüber den IT-Unternehmen ganz schlechte Karten. Denn auf dem Gebiet sind die zu Hause. Eine Studie eines deutsch-amerikanischen Ökonomenquartetts ergab, dass schon ein paar Daten, die jeder Webseitenbetreiber standardmäßig von jedem Besucher abgreifen kann, ähnlich viele Informationen über dessen Kreditwürdigkeit liefern wie das Rating einer traditionellen Kreditauskunftei. Solche Daten sind die Art des genutzten Geräts und dessen Betriebssystem, ob man direkt oder über eine Suchmaschine oder ein Preisvergleichsportal kommt, der E-Mail-Provider, ob man Groß- und Kleinschreibung beachtet, ob man sich vertippt und ob die E-Mail-Adresse Vorname oder Nachname enthält.»Mit ihrem überlegenen Zugang zu digitalen Fußabdrücken und ihrer überragenden Fähigkeit, diese zu verarbeiten, können die FinTechs das Geschäftsmodell der Banken gefährden«, schließen die Autoren.[69]

Auch das Beratungsunternehmen BFA kommt in einer von MasterCard in Auftrag gegebenen Studie zur Rolle von »Super-Plattformen« wie Amazon, Facebook und Alibaba zu dem Schluss, dass die Aussichten für die Banken sehr schlecht sind, in der Konkurrenz zu bestehen.[70] Einige Banken würden wahrscheinlich überleben, wenn sie bereit wären, vom hohen Ross des gehobenen Bankings herabzusteigen und auf Großhandels-Fondsmanager umzuschulen. Die Banken sind fast hoffnungslos im Nachteil, was das Wissen über die Kunden angeht, machen die BFA-Autoren deutlich. Die Superplattformen haben riesige, stetig wachsende Kundenmengen und breiten sich über immer mehr Geschäftsfelder aus. Dadurch können sie viel mehr Daten aus vielen verschiedenen Bereichen sammeln und zusammenführen als Banken, die nur in einem Geschäftsfeld aktiv sind. In China, wo die Superplattformen bereits stärker im Bezahlmarkt aktiv sind, haben die Margen der Banken bereits erheblich gelitten und sie verlieren Kunden.

Der Ebay-Ableger PayPal hat sich in wenigen Jahren zum Weltmarktführer bei der Abwicklung von Online-Einkäufen entwickelt. Apple Pay hat im Mai 2018 eine Kooperation mit Goldman Sachs bekannt werden lassen, aus der eine Kreditkarte mit dem Apfelsymbol hervorgehen soll.[71] Genaueres über die Modalitäten ist noch nicht bekannt. Google Pay und der Facebook Messenger versuchen auch seit einigen Jahren, einen größeren Teil des Bezahlkuchens für sich abzuschneiden. WhatsApp will ebenfalls einsteigen. Amazon Pay wickelt Zahlungen bisher noch nicht selbst ab, sondern ermöglicht lediglich Amazon-Kunden, Kontoinformationen oder Kreditkartendaten zu hinterlegen, um ohne erneute Eingabe einkaufen zu können. Branchenbeobachter rechnen aber fest damit, dass Amazon irgendwann auch das klassische Bankgeschäft aufmischen wird. Medienberichten zufolge verhandelt das Unternehmen bereits mit der Großbank JP Morgan über eine Kooperation. Die soll es Amazon ermöglichen, auch ohne Banklizenz seinen Kunden eine Art Girokonto anzubieten. Über die Motivation schreibt das *Handelsblatt*: »Die Tech-Riesen interessieren sich vor allem dafür, mehr Kontrolle über den gesamten Bezahlprozess und die damit verbundenen Daten zu bekommen.«[72]

Neben den Daten gibt es noch einen weiteren großen Ertrag, den man aus der Dominanz über den Zahlungsverkehr ziehen kann: den Geldschöpfungsgewinn. Dieser kann gerade für ein Unternehmen wie Amazon, das neu geschaffenes Geld zu einem sehr großen Teil im Kontennetzwerk der eigenen Kunden halten könnte, sehr groß sein. Man kann sich das so vorstellen: Wenn Amazon wie eine Bank agiert und seine Lieferanten ein Amazon-Konto haben, dann kann Amazon seine Rechnungen bezahlen, indem es den Lieferanten den Rechnungsbetrag einfach auf deren Amazon-Konto gutschreibt. Wenn die Lieferanten dieses Guthaben nutzen, um bei Amazon einzukaufen, bleibt das neu geschaffene Guthabengeld im Unternehmen und wird nur auf ein anderes Amazon-Konto umgebucht. Dasselbe gilt, wenn die Arbeitnehmer des Lieferanten ein Amazon-Konto haben und ihr Gehalt auf dieses Konto ausgezahlt bekommen. Nur wenn der Lieferant sein Amazon-Guthaben an jemanden überweisen will, der sein Konto bei einer anderen Bank hat, braucht Amazon Geld von der Zentralbank, um diese Überweisung zu tätigen. Denn Überweisungen von Bank zu Bank werden, wie erwähnt, mit Zentralbankgeld abgewickelt.

Noch scheut sich Amazon allerdings, eine Banklizenz zu beantragen. Denn damit geht ein großes Maß an Kontrolle und Regulierung einher. Vermutlich setzt man in Seattle deshalb darauf, durch Kooperation mit Banken und Kreditkartenanbietern zunächst die eigenen Kunden an ein Konto der Marke Amazon zu gewöhnen, auch wenn de facto dahinter eine andere Bank steht. Erst in einem letzten Schritt, wenn alle Voraussetzungen dafür da sind, den Bankenmarkt in einem großen Schwung aufzurollen, stünde dann die Übernahme der Konten in eigene Regie an.

Je mehr Lieferanten und Kunden Amazon hat und je mehr regionale Märkte und Produktmärkte Amazon dominiert, desto durchschlagender ist das möglich. Wenn es sich kein Händler mehr leisten kann, nicht bei Amazon anzubieten, kann Amazon das Führen eines echten Amazon-Girokontos zur Pflicht machen – oder zumindest Nachteile damit verbinden, wenn man es nicht tut. Auf der Kundenseite gilt dasselbe. Und wenn praktisch alle ein Konto bei Amazon haben, kann so ein Konto auch sehr attraktiv ausgestaltet werden. Ein Amazon-Konzern mit Banklizenz braucht nur kostenlose internationale Übertragungen von einem Amazon-Guthaben zu einem anderen Amazon-Guthaben zu ermöglichen und Kredite zu Einführungs-Kampfpreisen vergeben, und die Banken könnten mit so einem Konkurrenten im Zahlungsverkehr kaum mehr mithalten.

Ein Verdrängungswettbewerb droht dabei nicht nur den Banken, sondern auch den Regierungen und ihren Notenbanken, die bisher in Zusammenarbeit mit der privaten Bankbranche das Geld in nationaler Währung bereitstellen. Denn während sie das nationale Bankensystem hoheitlich unter Kontrolle halten können, sind Mega-Plattformen wie Amazon global aufgestellt. Stellen wir uns ein mittelgroßes afrikanisches, asiatisches oder lateinamerikanisches Land vor, in dem Amazon den Online-Handel dominiert und Konten anbietet, die in den USA geführt und beaufsichtigt werden. Amazon kann in diesem Land Käufe und Verkäufe in lokaler Währung abwickeln und dafür mit lokalen Banken zusammenarbeiten. Noch attraktiver für Amazon ist es aber, wenn Lieferanten und Käufer ein Amazon-Konto führen und gleich in Dollar abrechnen. In diesem Fall könnte Amazon günstigere Konditionen anbieten.

Ein souveränes Land mit einer durchsetzungsfähigen Regierung kann sich dem widersetzen, indem es Online-Handel in fremder Währung verbietet. Das könnte allerdings ein der Bevölkerung schwer vermittelbares Maß an wirtschaftlicher Abschottung und unpopulären Erschwernissen für die Bürger mit sich bringen. Die ersten Länder, deren Währungen durch den Amazon-Dollar verdrängt würden, wären diejenigen mit finanziell und politisch angeschlagenen Regierungen. Dort würden sich die Bürger freuen, eine Alternative zur lokalen Währung zu bekommen, und die Regierung könnte dem nicht so leicht etwas entgegensetzen. Je mehr Länder auf diese Weise dollarisiert werden und je mehr Geschäft sich in den Online-Handel auf Plattformen verlagert, desto attraktiver würde so ein Amazon-Dollar. Unabhängig vom Standort könnten die Menschen in dieser Währung ohne Wechselkursrisiko und Umtauschkosten in vielen Ländern einkaufen oder dorthin verkaufen. Je mehr Kunden und Länder den Amazon-Dollar benutzten, desto größeren Gewinn zöge Amazon daraus, diese Währung emittieren zu können. Amazon könnte dann weltweit einkaufen, indem es den Verkäufern einfach ein zusätzliches Guthaben auf dem Amazon-Girokonto einträgt.

Wir sprechen hier von einem Amazon-Dollar nur, um klarzustellen, wer diesen in Umlauf bringt. Es muss keine eigenständige Währung sein. Ein Guthaben bei der Bank JP Morgan müsste eigentlich auch in JP-Morgan-Dollar gemessen werden, ein Guthaben bei der Deutschen Bank lautet eigentlich auf Deutsche-Bank-Euro. Dass diese Bezeichnungen nicht üblich und in normalen Zeiten auch nicht sehr sinnvoll sind, lässt sich gut begründen: Ein von Zentralbank und Bankenaufsicht kontrolliertes Zahlungsverkehrssystem garantiert, dass Guthaben bei jeder lizenzierten Bank (fast) immer zum Nennwert in die offizielle Währung umgetauscht werden können, also in Euro- oder Dollar-Bargeld. Ausnahmen wie die Bankenkrisen in Griechenland und Zypern, wo jeweils Kapitalverkehrskontrollen eingeführt wurden und Banken-Euro nur noch sehr begrenzt in von der Europäischen Zentralbank herausgegebene Euro umgetauscht werden konnten, bestätigen die Regel. In Griechenland gelten die Umtauschbegrenzungen, die im Sommer 2015 eingeführt wurden, auch 2018 in abgemilderter Form noch immer.

Mit einer Banklizenz und einer kooperativen Bankenaufsicht könnte Amazon nach dem gleichen Prinzip wie die Banken Amazon-Dollar ausgeben, die zum Nennwert in echte Dollar eintauschbar wären. Die US-Regierung sollte wenig dagegen haben. Sie hat alles Interesse daran, dass der Dollar seine weltweite Dominanz ausbaut, sei es in Form des traditionellen Bankendollars oder in Form eines Amazon-Dollars. Das spült Geldschöpfungsgewinne in amerikanische Kassen und verknüpft mehr Leute und Länder fester mit dem System, in dem sie von den US-Diensten überwacht und von der US-Regierung bei Bedarf unter Druck gesetzt werden können.

Es mag zwar weniger wahrscheinlich erscheinen, aber es gibt auch die Möglichkeit, dass Amazon sich der Regulierung ganz entziehen kann und eine eigene Währung etabliert, reguliert durch niemanden als Amazon selbst. Wer will in diesen Zeiten noch ausschließen, dass ein US-Präsident, der vielleicht einmal Zuckerberg oder Bezos heißt, so etwas zulässt? Für die weltweite Ausbreitung wäre das vermutlich sogar förderlicher als ein offizieller US-Dollar und könnte daher ebenfalls im Interesse der US-Regierung sein. Denn die Bankenaufsicht muss sich an den Gleichbehandlungsgrundsatz halten. Sie kann Amazon als Bank nicht anders behandeln als andere Banken und würde die weltweite Ausbreitung des Amazon-Dollars wohl stärker bremsen als nötig. Ein Konzern wie Amazon braucht keine Bankenaufsicht, um das Vertrauen der Nutzer in das eigene Geld aufrechtzuerhalten. Es würde genügen, die Ausgabe neuen Amazon-Geldes so zu begrenzen, dass der Wechselkurs zum US-Dollar stabil bleibt. Wenn Amazon graduell genug vorgeht, könnte die Bankenaufsicht einfach eine Weile so tun, als agiere Amazon nicht wie eine Bank und als seien Amazon-Guthaben kein Geld. So wie es in Kenia mit dem mobilen Geld M-Pesa von Vodafone/Safaricom gemacht wurde, um dessen Ausbreitung zu begünstigen.

Stellen wir uns also einen großen, dominierenden Plattformbetreiber mit Banklizenz als eine Kombination aus Google, Facebook und Amazon vor, an den weltweit die meisten Marktteilnehmer verkaufen und von dem die meisten kaufen. Es wäre ein Unternehmen, das gleichzeitig große Teile des Geldes der meisten Menschen und Unternehmen verwaltet und große Teile ihres Zahlungsverkehrs abwickelt. Bei diesem Konzern würden nicht nur die Unmengen an Informationen darüber zusammenlaufen und weltweit gespeichert werden, wann wir von welchem Standort und welchem Gerät aus was gekauft oder gesucht haben, sondern auch, was wir mit Amazon-Geld anderswo gekauft haben. Die Algorithmen von Amazon und Google könnten auf Basis dieses umfassenden Wissens ein schwer fassbares, aber umso wirkungsvolleres System der Verhaltenskontrolle und -manipulation etablieren, gegen das das chinesische Sozialpunktesystem sich geradezu unbeholfen ausnehmen würde. Harte Sanktionen gegen Unbotmäßige, wie das Sperren oder Begrenzen des Zahlungsverkehrs und das Verbot der Nutzung beim Kauf von bestimmten Gütern oder Dienstleistungen, wären jederzeit möglich, aber vermutlich sehr selten nötig. Nicht nur jeder Konsument, auch jeder Politiker und jeder womöglich konkurrierende Unternehmer wäre für diesen Konzern gläsern und seinen Manipulationen und Sanktionen ausgesetzt.

Mit dem Bedeutungsgewinn eines Amazon-Dollars würden die nationalen Währungen an Bedeutung verlieren. Darunter würde die wirtschaftspolitische Handlungsfähigkeit der jeweiligen Regierung leiden. Die Währungshoheit gilt nicht ohne Grund als ein Kernbestandteil nationaler Souveränität. Deshalb würden erkennbare Entwicklungen in diese Richtung sehr wahrscheinlich Gegenreaktionen der Regierungen provozieren. Das könnte ein Grund sein, warum Amazon in Sachen Zahlungsverkehr so uncharakteristisch vorsichtig zu Werke geht. Aber in die Richtung bewegt sich der Konzern auf jeden Fall. So wurde im Frühjahr 2018 neben der geplanten Kooperation mit JP Morgan auch bekannt, dass der Konzern die Sprachassistentin Alexa mit einer Funktion ausstatten will, die Guthabenüberweisungen zwischen Nutzern ermöglicht.[73] Ist die Marktdominanz einmal in allen relevanten Ländern erreicht, könnte es mit der bisherigen Zurückhaltung schnell zu Ende sein.

Kann sich ein konkurrierendes chinesisches Geldsystem behaupten?

Die chinesische Regierung ist sich schmerzlich bewusst, welchen finanziellen und strategischen Vorteil die starke Stellung des Dollars im Weltfinanzsystem für die USA darstellt und welchen großen Nachteil für die eigenen Machtambitionen. Im Jahr 2015 hat Peking ein internationales Zahlungssystem auf Yuan-Basis gestartet. Das geostrategische Forschungsinstitut Center for a New American Security (CNAS) in Washington hat die Gefahr gleich erkannt und gewarnt, dieses chinesische System könnte irgendwann die Abhängigkeit internationaler Handelsunternehmen vom US-Finanzsystem reduzieren.[74]

Im Frühjahr 2018 hat China einen weiteren großen Schritt angekündigt, indem es inoffiziell erklärte, Öleinkäufe künftig auch in der Landeswährung Yuan abrechnen zu wollen. China ist hinter den USA das Land mit dem zweithöchsten Verbrauch von Öl und der größte Ölimporteur. Zur Vorbereitung hat die Regierung in Shanghai eine Futures-Börse eingerichtet. Auf dieser können Spekulanten, Investoren und Händler den Preis für Öl zur künftigen Lieferung in Yuan bestimmen und sich entsprechend absichern.[75] Zu Anfang leitet sich dieser Yuan-Preis ziemlich direkt aus dem Zukunfts-Ölpreis in Dollar und dem Zukunftspreis des Yuan in Dollar ab. Aber wenn China größere Mengen Öl direkt in Yuan handelt und entsprechende längerfristige Verträge abschließt, kann sich die Beeinflussungsrichtung auch umkehren. Das ist eine Bedrohung für den Dollar, weil der Ölmarkt mit einem jährlichen Handelsvolumen von 14 Billionen Dollar der mit Abstand wichtigste aller Warenmärkte ist. Devisenreserven werden auch deshalb so gern in Dollar gehalten, weil man weiß, dass man mit diesen Dollar seine Ölrechnung bezahlen kann und oft auch muss. Geht das ebenso gut in einer anderen Währung, kann man seine Devisenreserven leichter vom Dollar weg diversifizieren. Ein paar ölexportierende Länder wie Iran, Venezuela und Libyen hatten bereits erklärt, für das eigene Öl vom Dollar wegkommen zu wollen. Es hat ihren Beziehungen zu den USA ziemlich geschadet. Libyen wollte zudem mit einem goldgedeckten Dinar den von Frankreich ausgegebenen nordafrikanischen CFA-Franc als Leitwährung der Region ablösen. Dazu kam es nicht, weil Frankreich vorher zusammen mit der Nato die Gaddafi-Regierung wegbombte. Ende 2015 freigegebene E-Mails von Hilary Clinton legen einen direkten Zusammenhang nahe.[76]

Aber China ist eine andere Nummer. Ein Regime-Wechsel lässt sich in einer Atommacht mit abgeschottetem politischem System kaum bewerkstelligen. Wenn man die Wirtschaftsleistung nicht in Dollar misst, sondern das niedrigere Preisniveau in China korrigierend berücksichtigt, ist die chinesische Wirtschaft bereits größer als die der USA. Bei den gegenwärtigen Wachstumsraten wäre absehbar, dass China die USA auch in Dollar gerechnet bald überholen würde. Damit stellt sich die Frage, ob China das gelingt, was seit dem Zweiten Weltkrieg keinem Land gelungen ist: die Dominanz des US-Dollar infrage zu stellen und damit die Vorherrschaft Washingtons im Finanzsystem und darüber hinaus. Kann China in Asien eine Yuan-Zone etablieren, in der der Banken-Dollar oder der Amazon-Dollar keine wichtige Rolle spielt?

Mit WeChat und Alipay und dem milliardenschweren Kundenstamm dieser Bezahlsysteme und Mega-Plattformen scheint eine Grundvoraussetzung dafür durchaus erfüllt. Von den 800 Millionen Nutzern von Alipay leben 200 Millionen außerhalb Chinas. Um Länder wie Pakistan und Indien liefern sich die Giganten aus den USA und China einen harten Kampf. Dort und in weiten Teilen Asiens dürfte noch längere Zeit um die Vorherrschaft im Zahlungsverkehr gerungen werden.

Wenn man die derzeitigen Trends fortschriebe, müsste man wohl ein Weltwährungssystem mit zwei großen Polen prognostizieren, einem in den USA und einem in China. Die Frage ist nur, ob sich die Tendenzen tatsächlich so fortsetzen.

Für die USA ist die uneingeschränkte weltweite Dominanz des Dollars von herausragender Wichtigkeit. Sie ist so wichtig wie die militärische Übermacht. Ohne das Privileg, Rechnungen mit selbst»gedruckten« Dollar zu bezahlen, könnten sich die USA ihre unzähligen Militärbasen rund um den Globus unmöglich leisten. Bis in die 1980er Jahre war es Japan, das über einen langen Zeitraum über sehr hohe Wachstumsraten verfügte. Damals waren alle überzeugt, dass das Land bald die USA überflügeln und Asien zum neuen Gravitationszentrum der Weltwirtschaft werden würde. Es kam anders. In Japan entwickelte sich eine riesige Spekulationsblase. An deren Höhepunkt war das Grundstück unter dem Kaiserpalast in Tokio so viel wert wie ganz Kalifornien. Die Blase platzte und lieferte der japanischen Zentralbank, die sie vorher mit aufgepumpt hatte, den Vorwand, mit neoliberalen Wirtschaftsreformen nach westlicher Manier das bis dahin so erfolgreiche industriepolitische Modell Japans zu beerdigen.[77] Japan ist immer noch ein reiches Land, aber seine Banken stellen keine Bedrohung für die globale Dominanz der Wall Street mehr dar.

Die amerikanischen Geostrategen machen sich mit Sicherheit schon länger intensiv Gedanken darüber, wie man die chinesische Bedrohung abwehren kann. Die USA werden nicht tatenlos zusehen, wie sie von China vom Podest der alleinigen Weltführungsmacht geschubst werden. Sehr wahrscheinlich werden sie auf eine wirksame Strategie kommen, um einen ähnlichen Ausgang wie für Japan auch für China herbeizuführen. Sie werden das tun, solange die Stellung des Dollar und der US-Einfluss auf das Weltfinanzsystem noch so übermächtig sind, dass sie ihn als wirksame Waffe verwenden können.

Gern wird dagegen eingewendet, dass die USA der eigenen Wirtschaft schaden würden, wenn sie den Dollar als Waffe gegen China einsetzten, weil China ebenfalls Zerstörungspotenzial habe. China hat weit über eine Billion Dollar seiner Währungsreserven in US-Staatspapieren angelegt. Würde Peking diese Papiere auf den Markt werfen, könnten die Dollarzinsen in die Höhe schießen und die US-Wirtschaft in eine Rezession treiben, heißt es. Oder besser: hieß es in der Vergangenheit oft. Seit die US-Notenbank demonstriert hat, dass sie ohne Schaden Regierungsanleihen in Billionenvolumen aufkaufen kann, hat das Argument an Überzeugungskraft verloren.

Trotzdem lässt sich ein beträchtlicher Kollateralschaden für die US-Wirtschaft wohl kaum vermeiden, wenn es zum Finanzkrieg gegen China kommen sollte. Das wird jedoch amerikanische Geostrategen nicht davon abhalten, das Finanzsystem als Waffe einzusetzen, wenn sich anders der Verlust der amerikanischen Machtposition nicht vermeiden lässt. Sie denken in sehr langen Zeithorizonten.

Anfällig ist das chinesische Finanz- und Wirtschaftssystem zweifellos. Die chinesischen Regulierer machen sich schon seit 2009 große Sorgen wegen massiver Überkapazitäten. Um diese einzudämmen, wurde der Kreditzugang von Unternehmen in riskanten Wirtschaftszweigen bei den heimischen Banken eingeschränkt. Das hat unter anderem dazu geführt, dass sich diese Unternehmen massiv im Ausland, vor allem in Dollar, verschuldet haben, indem sie entsprechende Anleihen herausgegeben haben. Zwischen 2007 und 2016 stieg das ausstehende Volumen an chinesischen Auslandsanleihen von 20 Milliarden auf 823 Milliarden Dollar. Davon sind 534 Milliarden Anleiheschulden von Unternehmen, die nicht Finanzinstitute sind. Das jährliche Ausgabevolumen von Auslandsanleihen stieg von 3 Milliarden auf 237 Milliarden Dollar. Rund 85 Prozent davon lauten auf Dollar. Das heißt, chinesische Unternehmen und Banken schuldeten bereits 2016 ihren Anleihegläubigern im Ausland fast eine Billion Dollar. Inzwischen dürfte es deutlich mehr sein.[78] Die Verschuldung der chinesischen Unternehmen insgesamt – also einschließlich der Schulden in heimischer Währung – beträgt inzwischen umgerechnet 20 Billionen Dollar. Das sind 160 Prozent einer Jahreswirtschaftsleistung.[79]

Die vier größten chinesischen Banken haben ihre Bilanzsumme allein 2017 um 1,7 Billionen Dollar erhöht und sich damit auf die ersten vier Plätze der globalen Rangliste der Banken nach Bilanzsumme gesetzt. Hinter einer japanischen Bank folgte die größte US-Bank, JP Morgan Chase, erst auf Rang sechs. Die Aktienanleger bewerten allerdings JP Morgan weiterhin am höchsten.[80] Ausweitung der Bilanzsumme bedeutet im Wesentlichen einen größeren Verschuldungshebel, mit mehr langfristig gebundenen Vermögenswerten, die mit mehr kurzfristigen Verbindlichkeiten gedeckt sind. Es bedeutet, wenn es in solchem Tempo und Ausmaß stattfindet, eine stark erhöhte Verwundbarkeit gegen steigende Kurzfristzinsen. In den 1980er Jahren waren es die japanischen Banken, die derart nach oben davoneilten. Wie wir wissen, endete das in einer großen Banken- und Finanzkrise.

Wer so hoch in Fremdwährung verschuldet ist und einen so hohen Schuldenhebel hat, ist anfällig für finanzielle Kriegsführung. Schon der Anstieg der Zinsen in den USA von ihrem Tiefpunkt um 0,5 Prozent auf 2,5 Prozent (im Mai 2018) tat den in Dollar verschuldeten Unternehmen weh. Das ist nur die Rendite, die die US-Regierung für ihre Anleihen bieten muss. Chinesische Unternehmen müssen den Anlegern deutlich mehr bieten. Wenn der Zins um weitere ein oder zwei Prozentpunkte nach oben geht, könnte es zu vermehrten Konkursen kommen.

Sobald erste Probleme der chinesischen Wirtschaft eine Attacke vielversprechend erscheinen lassen, könnten die großen amerikanischen Investmentbanken und Ratingagenturen skeptische Berichte über die Kreditwürdigkeit chinesischer Unternehmen veröffentlichen. Wenn diese Masche beim Publikum auch nur ein bisschen verfängt, wird das Ganze zur sich selbst erfüllenden Prophezeiung. Denn dann bekommen diese Firmen nur noch zu nochmals höheren Zinsversprechen neue Anleihen verkauft. Für diese müssen sie Käufer finden, denn typischerweise besorgen sich Unternehmen das Geld, um auslaufende Anleihen zurückzuzahlen, indem sie neue ausgeben. Je teurer diese Refinanzierung wird, desto schlechter steht es um die Finanzlage der Unternehmen und desto richtiger wird eine ungünstige Prognose ihrer Überlebenschancen. Eine Konkurswelle großer international verschuldeter chinesischer Unternehmen würde andere Unternehmen und Banken mit nach unten ziehen und könnte so die chinesische Wirtschaft in eine schwere Krise stürzen. Bei den Kapitulationsverhandlungen im Hintergrund würde es dann sicherlich prominent darum gehen, den amerikanischen Internetgiganten Zugang zum chinesischen Markt zu gewähren.

Dieses Szenario ist nur eine besonders offensichtliche und gern genutzte Möglichkeit der finanziellen Kriegsführung. In seinem Buch *Machtbeben* beschreibt Dirk Müller ein solches China-Crash-Szenario ausführlich und mit vielen aussagekräftigen Beispielen notleidender Großunternehmen. Den Geostrategen fällt sicher auch noch etwas Komplexeres und Eleganteres ein. Ein Erfolg scheint zwar wahrscheinlich, wenn die Entschlossenheit groß genug ist, aber er ist natürlich nicht zwangsläufig. Die chinesische Regierung hat zwar abnehmende, aber immer noch große Devisenreserven und ist nicht auf den Kopf gefallen. Sie kann Gegenmaßnahmen ergreifen, die erfolgreich sein könnten.

Es gibt aus ihrem Einflussbereich ein Vorbild. Ende der 1990er Jahre gab es eine gut orchestrierte Kampagne gegen die feste Anbindung des Hongkong-Dollars an den US-Dollar. Die Notenbank Hongkongs kaufte schließlich zur Abwehr in großem Umfang die Aktien der heimischen Unternehmen auf, die im Fokus der Attacke amerikanischer Hedgefonds standen. Sie machte am

Ende, nachdem die Attacke sich totgelaufen hatte, einen schönen Gewinn.[81] Es ist ein denkbares Szenario, dass die chinesische Regierung einen Finanzkrieg gewinnt und die chinesischen Internetgiganten danach noch stärker sind als zuvor. Dann würde sich statt einer Weltwährung ein bipolares System herausbilden, mit dauernden Konflikten und Wettbewerb an den Rändern des jeweiligen Einflussbereichs. Wetten darauf würde ich aber aufgrund der finanziellen Übermacht der USA und des hohen Einsatzes nicht empfehlen.

5. Widerstände, trojanische Pferde und Lösungen

So wie die *Schöne neue Welt* des Aldous Huxley für die meisten Menschen eine Horrorvorstellung ist, werden die wenigsten in einer von den Silicon-Valley-Bossen kontrollierten Bezahlwelt eine attraktive Zukunftsperspektive sehen. Viele sind bereits alarmiert und es werden immer mehr. Damit sich diese Ablehnung in wirksamen Widerstand verwandeln kann, kommt es auf dreierlei an: Er darf sich nicht aufspalten, sich nicht gegenseitig bekämpfen und sich nicht in Sackgassen locken lassen.

Wenden wir uns zunächst den Sackgassen zu. Zwei davon sind vermeintliche technologische Lösungen für ein gesellschaftliches Problem. Sie würden funktionieren, wenn die gesellschaftlichen Bedingungen und Machtverhältnisse danach wären. Da sie es nicht sind, schaden diese technischen Lösungen mehr, als sie nutzen, gemäß dem schon zitierten Prinzip von Kantaro Toyama, der Haupteffekt von Technologie sei der, die bestehenden Kräfte zu verstärken. Mit technologischen Scheinlösungen verwandt sind rechtliche oder gesellschaftliche Innovationen, die an den Kräfteverhältnissen an sich nichts ändern. Auch sie schaden mehr, als sie nutzen, wenn die Mächtigen sie wie trojanische Pferde einsetzen können, um Widerstandsnester in Sicherheit zu wiegen und zu überrumpeln, bevor diese merken, was gespielt wird. Zur ersten Kategorie – den technologischen Ansätzen – zählen die Kryptowährungen, sowohl private wie staatliche. Mit ihnen beschäftigen wir uns zuerst. Zur zweiten Kategorie – den rechtlichen oder gesellschaftlichen Ansätzen – gehört die Innovation des Dateneigentums, die wir anschließend näher betrachten wollen.

Die Hoffnung auf Bitcoin und digitales Notenbankgeld trügt

Für viele sind Kryptowährungen wie Bitcoin die größte Hoffnung, wenn es um die Bewahrung unserer Privatsphäre in Gelddingen geht. Bitcoin ist eine nicht staatliche Währung und ein nicht staatliches Zahlungsverkehrssystem. Wer es 2009 unter dem Pseudonym Satoshi Nakamoto erfunden hat, ist unbekannt. Das System nutzt das Internet und ist dezentral organisiert und global nutzbar. Die Regeln sind in einem Programmcode festgelegt. Neue »Münzen« werden in Umlauf gebracht, indem sogenannte Miner damit für die Erfüllung ihrer Aufgabe entlohnt werden. Diese besteht darin, die Bitcoin-Transaktionen zu verifizieren. Wenn Nutzer Bitcoin von einem Konto zu einem anderen übertragen wollen, verifizieren die Miner, dass der Absender tatsächlich im Besitz der betreffenden Münze ist, und dokumentieren, wer sie nun hat. Dazu müssen sie mithilfe großer Computerfarmen eine komplizierte Rechenaufgabe lösen, die aus bisherigen, öffentlich einsehbaren Bitcoin-Transaktionen abgeleitet ist. Wer die Rechnung zuerst löst, bekommt die Belohnung. Die anderen haben umsonst gerechnet.

Dieser Aspekt sorgt dafür, dass das Bitcoin-System unglaublich viel Energie verschwendet und relativ langsam ist. Es kann nur sieben Transaktionen pro Sekunde abwickeln. Etablierte Zahlungsverkehrssysteme sind mehrere hundertmal schneller und brauchen nur einen kleinen Bruchteil an Energie.[1] Der Bitcoin-Experte Alex de Vries vom Beratungsunternehmen PwC schätzt den Energieverbrauch des Bitcoin-Systems pro abgewickelter Transaktion in einer Fachzeitschrift auf mindestens 300 Kilowattstunden. Trotz eines vernachlässigbaren Anteils am Zahlungsverkehr verbraucht es nach seiner Rechnung derzeit bereits 2,5 Gigawattstunden Energie pro Jahr, mit stark steigender Tendenz. Er geht von einem Anstieg bis auf 7,7 Gigawattstunden aus, was knapp unterhalb des Stromverbrauchs von ganz Österreich läge.[2]

Die bestätigten Transaktionen werden in die sogenannte Blockchain geschrieben. Man kann sich das vorstellen wie ein Kassenbuch, in dem jede gefüllte Seite mit einem Stempel versehen und unveränderbar gemacht wird. Gleichzeitig werden die Seiten, genannt Blöcke, durch einen digitalen Siegelfaden so verbunden, dass keine ersetzt werden kann. Versucht jemand einen Eintrag zu fälschen, fällt das auf, weil alle Rechnungen zusammenhängen und bei einer nachträglichen Veränderung eines einzelnen Werts in einem Block nicht mehr stimmen. Bitcoin wird manchmal als digitales Gold betrachtet. Das ist eine naheliegende Analogie. Denn so, wie Gold unter hohem Energieaufwand aus der Erde geholt werden muss, werden Bitcoins in großen Computeranlagen unter hohem Energieaufwand »geschürft«. Verstärkt wird die Goldanalogie noch durch eine weitere Eigenart des Programms. Es ist so geschrieben, dass von Jahr zu Jahr immer weniger neue Bitcoins in Umlauf kommen und irgendwann um das Jahr 2040 gar keine mehr. Der Vergleich hinkt allerdings. Gold und andere Edelmetalle werden sowohl in der Schmuckindustrie als auch im verarbeitenden Gewerbe als Rohstoffe verwendet. Selbst wenn plötzlich alle das Vertrauen in Gold als Zahlungsmittel verlieren würden, behielte es immer noch seinen Wert als Rohstoff für Schmuck und in der Industrie. Bitcoins dagegen sind ohne die breite stillschweigende Übereinkunft, dass man damit bezahlen kann, nur nutz- und wertlose Ziffernkombinationen.

Nach Bitcoin sind noch einige Tausend weitere Kryptowährungen geschaffen worden. Die nach Bitcoin nächstwichtigen heißen Ethereum, Ripple und Bitcoin-Cash. Sie haben zum Teil Algorithmen, die sie leistungsfähiger und nicht ganz so verschwenderisch machen wie Bitcoin.

Als großer Vorteil von Kryptowährungen gilt die Anonymität. Genau genommen ist es aber nur *Pseudonymität*. Bei Bargeldtransaktionen ist man tatsächlich anonym. Bei Bitcoin-Transaktionen tritt man nur unter einem anderen Namen auf beziehungsweise einer Nummer. Der Unterschied ist riesig. Vor allem, wenn man Bitcoin in Dollar oder Euro umtauscht, ist das eigene Pseudonym anfällig für Entschlüsselung.[3] Ist eine Person einmal enttarnt, liegen alle Bitcoin-Zahlungen, die sie je unter diesem Pseudonym getätigt hat, offen da. Für den Großteil der Bitcoin-Nutzer, die ihre Transaktionen über die Bitcoin-Börsen abwickeln, gibt es ohnehin nur ein für Behörden direkt zugängliches Pseudonym. Auf nahezu allen großen Bitcoin-Börsen darf man Bitcoin nur kaufen und handeln, wenn man sich zuvor mit einem Ausweis oder auf vergleichbare Weise identifiziert hat. Entsprechend entspannt geben sich die Sicherheitsbehörden und Geheimdienste, für die Bitcoin nach übereinstimmender Aussage kein ernstes Problem darstellt.

Anfang 2018 häuften sich die Untersuchungen von Bitcoin-Börsen durch Regulierungsbehörden unter anderem der USA und Koreas. China kündigte Restriktionen an, die Bitcoin-Börsen den Betrieb wohl unmöglich machen würden. Irans Regierung verbot seinen Geldinstituten jeden Umgang mit Bitcoin und Co. Libertär eingestellte Menschen setzen aber darauf, dass der Staat wegen des internationalen und dezentralen Charakters der Kryptowährungen kaum in der Lage sein wird, ein Verbot der Nutzung weltweit durchzusetzen. Das zeugt von naiver Unkenntnis der Regulierungsmacht der transnationalen Schattenmächte und der Interessenlage der Mächtigen.

Die USA, wo fast alle Kryptowährungen ihren Ursprung haben dürften, haben gar kein Interesse an einem Verbot. Südkorea hat im Mai 2018 angekündigt, seine sehr restriktive Haltung gegenüber Bitcoin und Co. zu lockern – widerwillig und mit Verweis auf die G20 und die *Financial Action Task Force*. Letztere schreibt als ersten programmatischen Satz in ihren Richtlinien für die Krypto-Regulierung von 2015: »Die FATF erkennt finanzielle Innovation an.« Die Richtlinien weisen die Regierungen an, sich bei der Regulierung auf solche Kryptowährungen zu beschränken, die gegen normale Währungen eingetauscht werden können. Die Regulierung soll sich auch nur auf Tauschbörsen für den Umtausch in normale Währungen beschränken und

Transfers von Kryptowährungen zwischen verschiedenen Nutzern außen vor lassen.[4] Hintergrund für die Ankündigung Südkoreas war eine G20-Vereinbarung, nachzulesen lediglich in einigen asiatischen Medien und spezialisierten Webseiten, dass Kryptowährungen überall als finanzielle Assets anerkannt werden sollen. Südkorea hatte sie wegen des spekulativen Charakters anders eingestuft. Eine gemeinsame G20-Regulierung, an die sich dann alle Regierungen und Regulierer der Welt halten sollen, wurde für Juli 2018 angekündigt.[5]

Ein Instrument für die Mächtigen

Die Vorstellung, man könne mithilfe der Kryptowährungen dem Establishment des Silicon Valley, den Banken oder gar der US-Regierung ein Schnippchen schlagen, ist (leider) eine Illusion. Es gibt die These, US-Geheimdienste stünden hinter der Bitcoin-Erfindung. Unplausibel ist sie nicht. Henning Diedrich schreibt in seinem Buch *Ethereum* über die gleichnamige Kryptowährung, dass der Geheimdienst NSA das Patent für die Formeln hält, die für die Ethereum-Blockchain verwendet werden. Die NSA erlaube aber eine kostenlose Nutzung.[6] Wollen wir wirklich annehmen, dass der sonst so neugierige Geheimdienst auf den Einbau einer geheimen Hintertür oder einer Abschalteinrichtung verzichtet hat?

Doch selbst wenn das Establishment nicht hinter Bitcoin stehen sollte, so hat es Bitcoin und die anderen Kryptowährungen doch mindestens frühzeitig und umfassend unter seine Fittiche genommen. Peter Thiel, Mitglied des Übergangsteams des derzeitigen US-Präsidenten, hat BitPay, einen globalen Zahlungsabwickler für Kryptowährungen, mit Startgeld ausgestattet. Der Bezahldienst PayPal, den Thiel mitgründete, hat eine Partnerschaft mit BitPay und den großen Bitcoin-Börsen Coinbase und GoCoin, die es PayPal ermöglicht, Bitcoin zu akzeptieren. Über sein Fellow-Programm gibt Thiel Entwicklern Geld und Beratung für ihre Projekte. Zu den Fellows gehörten Vitalik Buterin, der Erfinder von Ethereum, Gary Le von Zcoin und Joey Krug von Augur. Thiel sagte 2015 auf einer Veranstaltung:»PayPal hatte diese Ziele, eine neue Währung zu schaffen, und ist gescheitert. Wir haben nur ein neues Zahlungsverkehrssystem geschaffen. Ich denke, Bitcoin hat mit einer neuen Währung Erfolg gehabt, aber das Zahlungsverkehrssystem ist noch mangelhaft.« Man kann hier die Ambition heraushören, mit einer neuen Währung und einem zugehörigen Zahlungsverkehrssystem den globalen Zahlungsverkehr zu übernehmen.[7]

Zur Philosophie des Silicon Valley passen Kryptowährungen hervorragend. Bitcoin und die Blockchain wurden im Grunde erfunden, um Vertrauen zu ersetzen. Man muss keinem Geldemittenten und keinem Geschäftspartner mehr vertrauen, man muss generell keiner Person und keiner Institution mehr Vertrauen entgegenbringen, wenn alles in eine öffentlich einsehbare Blockchain geschrieben und sofort verifiziert wird. Was gibt es Schöneres für Konzerne wie Amazon, Facebook, Airbnb und Uber? Staaten und Bürokratien sind doch im Wesentlichen nichts anderes als Institutionen, mit denen in großen anonymen Gesellschaften Vertrauen geschaffen wird. Wenn das die Blockchain übernimmt, braucht man keinen Staat mehr und die Plattformen können durchregieren.

Auch »Mr. Establishment« Larry Summers, der Kampagnenkoordinator der Bargeldbekämpfer, ist mit von der Partie. Er berät einen der führenden Investoren in Kryptowährungen und Blockchain-Technologie, die Digital Currency Group (DGC).[8] Das ist eine interessante Kombination: Auf der einen Seite ist Summers ganz vorne dabei, wenn es um die Abschaffung von Bargeld geht – unter anderem mit der Begründung, dass dieses Zahlungsmittel sich wegen seiner Anonymität hervorragend für Terroristen und andere Kriminelle eigne. Auf der anderen Seite investiert Summers in Unternehmen, die Kryptowährungen entwickeln, und berät einschlägige Investoren. Das bedeutet entweder, dass das Anonymitätsversprechen der Kryptowährungen ohne Fundament ist, oder dass Summers' Argumente gegen das Bargeld reine

Heuchelei sind – wahrscheinlich beides. An DGC sind etablierte Finanzgrößen beteiligt, wie Western Union, Prudential, Master-Card und Bain Capital, der Wagniskapitalfonds des Präsidentschaftskandidaten Mitt Romney. Mehr Establishment geht kaum.

Staatliche Kryptowährungen sind eine Mogelpackung

Ausgerechnet die schwedische Notenbank hat 2017 bei vielen die Hoffnung geweckt, die Regierungen selbst könnten einen digitalen Nachfolger des Bargelds in der jeweiligen nationalen Währung herausgeben. Technisch wäre das kein großes Problem. Beides – das elektronische Zentralbankgeld und das Bargeld – werden von der Zentralbank ausgegeben, und diese garantiert auch dafür. Die schwedische Notenbank denkt daran, zwei Varianten auszugeben. Die eine – die *Buchgeld-Variante* – hat zwei Subvarianten. In der ersten würden Geschäftsbanken die Guthaben im Auftrag der Zentralbank verwalten. Diese Guthaben wären nicht Teil der Bankbilanz, sondern eine Art Treuhandvermögen. In der zweiten, weiter gehenden Subvariante würde die Zentralbank selbst die Konten führen. Dann hätten alle Bürger und Unternehmen direkten Zugang zu Zentralbankkonten.

Die andere Variante nennt die Projektgruppe der Notenbank die *wertbasierte*. Diese bargeldnahe Alternative sähe vor, dass das E-Geld im Besitz und unter Kontrolle der Eigentümer bleibt. Mit Zentralbankgeld aufgeladene Bezahlkarten und elektronische Geldbörsen würden es ermöglichen, mit elektronischem Zentralbankgeld zu bezahlen. Wie Bares würde das Geld den Besitzer wechseln, ohne dass notwendigerweise ein zentraler Buchführer eingeschaltet wäre. Die Projektgruppe schlägt vor, anonymes Bezahlen für Kleinbeträge zu ermöglichen. Ob sie das digitale Notenbankgeld überhaupt einführen wird, hat die schwedische Notenbank noch nicht entschieden. Die britische Notenbank, die ebenfalls laut über digitales Zentralbankgeld nachgedacht hat, machte dagegen gleich klar, dass anonymes Bezahlen für sie nicht infrage kommt.[9]

Man sieht: Digitales Zentralbankgeld könnte im Prinzip so ausgestaltet werden, dass es die Vorteile des Bargelds für die Nutzer in die digitale Zeit überführt. Der Vorbehalt »im Prinzip« ist wichtig. Alles hängt an den Regeln und Beschränkungen, die die Notenbank sich und den Nutzern auferlegt. Wenn die Nutzer frei wären, das digitale Geld zwischen Bankkonten und Zentralbankkonto hin und her zu transferieren, wären sie mit ihrem Geld auch ohne die Option Bargeld nicht mehr im konkursanfälligen Bankensystem eingesperrt. Ihr Schuldner wäre die Zentralbank, die nicht pleitegehen kann, weil sie selbst das Geld »drucken« kann, das sie braucht. Wenn negative Zinsen auf das digitale Staatsgeld ausgeschlossen würden, könnte man nicht auf kaltem Weg teilenteignet werden, um die Banken oder den Staat finanziell zu sanieren. Und wenn der Staat sicherstellte, dass anonyme Zahlungen mit dem staatlichen digitalen Geld möglich sind, würde auch die Wahrung der Privatsphäre, die wir am Bargeld so sehr schätzen, in eine rein digitale Zukunft mitgenommen.

Das waren drei große Wenns. Und nun kommen die drei großen Warums. Warum sollten wir annehmen, dass ausgerechnet Regierungen, die mit Eifer daran arbeiten, jegliche Anonymität im Finanzbereich zu beseitigen, diese ausgerechnet für eine von ihnen kontrollierte Digitalwährung gewährleisten? Warum sollten wir annehmen, dass Regierungen, die alles unternehmen, damit künftig nicht sie, sondern die Einleger zur Rettung von Pleitebanken herangezogen werden, den Einlegern ein Schlupfloch garantieren, damit sie sich ebendieser Verlustbeteiligung entziehen können? Warum sollten Zentralbanken, die Bargeld loswerden wollen, um endlich negative Zinsen einführen zu können, für einen eigenen digitalen Bargeldnachfolger Negativzinsen ausschließen? All das mag in der Einführungsphase geschehen, um die Akzeptanz dieses Zahlungsmittels und für die damit wohl verbundene Bargeldbeseitigung herzustellen. Aber der Glaube, dass das dauerhaft so bleiben würde, wenn der Bargeldnachfolger einmal erfolgreich eingeführt und das Bargeld beseitigt ist, wäre doch ziemlich naiv.

Dagegen ist Bundesbankpräsident Jens Weidmann geradezu erfrischend ehrlich, wenn er staatliches Digitalgeld ablehnt, weil das den Interessen der Banken zuwiderlaufe. Er argumentiert, digitales staatliches Geld sei nichts anderes als ein Jedermann-Konto bei der Notenbank. Für Bürger sei das zwar sehr sicher, aber für die Banken von Nachteil, denn es mache ihnen »die Fristen- und Liquiditätstransformationen« schwerer. Mit anderen Worten: Sie könnten keine hohe Zinsprämie mehr dafür verlangen, dass sie Geld verleihen, welches sie selbst schaffen können. In Krisenzeiten gäbe es zudem die Gefahr eines Bank Run, warnt Weidmann, weil Kunden ihr Geld dann von den Geschäftsbanken abziehen und zur sicheren Notenbank umziehen würden.[10]

Wenn Notenbanken an Konzepten für digitales Krypto-Notenbankgeld arbeiten, dann nicht, um den Bürgern etwas Gutes zu tun und sie von den Banken zu emanzipieren, sondern als Instrument im internationalen Währungswettbewerb. Der Harvard-Ökonom Ken Rogoff, den wir als führenden Anti-Bargeld-Aktivisten kennengelernt haben, sagte jüngst: »China sieht in Digitalwährungen eine Chance, den Dollar als Weltreservewährung abzulösen. Das würde das globale Machtgefüge verschieben. Deshalb prüft auch die Fed mögliche Wege zum digitalen Dollar. Sie wäre verrückt, wenn sie es nicht täte.« Für die Fed, die US-Notenbank, ist eine eigene Digitalwährung also allenfalls ein Mittel, die internationale Dominanz des Dollars zu verteidigen. Rogoff fügte hinzu, im Prinzip könne auch Amazon eigenes digitales Geld ausgeben. »Aber dann würde die Regierung Zugriff auf die Transaktionsdaten verlangen. Deshalb wird sich Amazon das gut überlegen.«[11]

Russland will ebenfalls aktiv werden. »Wir haben vereinbart, dass der Staat die Regulierung der Emissionen von Kryptowährungen, ihr Mining und den Umlaufprozess übernimmt. Der Staat muss das alles unter seine Kontrolle nehmen«, erläuterte Finanzminister Anton Siluanow das Konzept eines künftigen Krypto-Rubels. Der US-Auslandsgeheimdienst CIA hat den Verdacht, Russlands gehe es darum, mit einer anonymen Währung US-Sanktionen zu umgehen.[12]

Zwar prüft die US-Notenbank die Emission eines digitalen Dollars. Aussichtsreicher dürfte es für sie aber sein, wenn die Abwehr von Krypto-Yuan und Krypto-Rubel durch einen Krypto-Dollar von den Finanz- und IT-Konzernen der USA übernommen wird. Wenn private Unternehmen und Investoren Kryptowährungen in Umlauf bringen, ist die etwaige Rolle staatlicher und staatsnaher US-Stellen viel weniger offensichtlich und es können viele unterschiedliche Ansätze ausprobiert werden. Der US-Regierung ist egal, welches Modell funktioniert, solange nur eines funktioniert und potenzielle Konkurrenz aus anderen Ländern und Währungsräumen klein hält. So will zum Beispiel das Startup Intangible Labs, in das die von Summers beratene Digital Currency Group (DGC) und weitere illustre Investoren ihr Geld gesteckt haben, mit Basis[13] eine Kryptowährung in Umlauf bringen, die einen stabilen Wert zum Dollar hat. Da Basis, anders als Bitcoin, keinen starken Wertschwankungen ausgesetzt ist, die Letzteres als Zahlungsmittel kaum brauchbar machen, erscheint diese neue Kryptowährung attraktiver. Um die Wertstabilität zu gewährleisten, soll die Ausgabe von neuen Basis-Münzen automatisch so bemessen werden, dass der Preis eines Warenkorbs in Dollar und in Basis immer annähernd gleich hoch ist.[14]

Es fällt schwer, sich auszumalen, was in Sachen bürgerliche Freiheiten gewonnen sein soll, wenn eine solche Kryptowährung sich durchsetzen würde. Auch russische oder chinesische Alternativen sind vielleicht für die geopolitischen Machtverhältnisse von beträchtlicher Bedeutung, nicht aber für den Erhalt der bürgerlichen Freiheiten.

Trojanisches Pferd Dateneigentum

Ein anderer falscher Freund, der gut klingt, aber nur den Mächtigen nützt und den bürgerlichen Freiheiten schadet, ist das Konzept des Dateneigentums. Bundeskanzlerin Angela Merkel hat sich im Konzert mit dem damaligen Verkehrsminister Alexander Dobrindt für dieses Konzept ausgesprochen. Motivation war die Interessenwahrung für die Automobilindustrie. Diese sorgt sich, dass das Silicon Valley die wertvollen Daten absaugen könnte, die die Autobauer mit ihren modernen Fahrzeugen voller Sensoren und sonstiger Überwachungstechnologie generieren. Merkel sagte deshalb schon im März 2013, es müsse rechtlich geklärt werden, wem die Daten gehörten. Die EU müsse hier schnell tätig werden. Dobrindt regte gleichzeitig in einem Strategiepapier an, Daten mit Sachen rechtlich gleichzustellen, damit das Eigentum daran jemandem zugewiesen werden könne.[15]

Unter Juristen ist umstritten, ob das nicht dem Grundprinzip des Datenschutzes zuwiderläuft. Praktisch läuft es dem Datenschutz auf jeden Fall zuwider, das zeigt schon der Vorschlag zugunsten der Autobauer. Dabei geht man ganz selbstverständlich davon aus, dass die Autokäufer den Herstellern »freiwillig« die Eigentumsrechte an den Daten übertragen würden, wenn sie ihnen das Auto abkaufen. Das würden diese dann einfach in die Geschäftsbedingungen schreiben.

Das Thema Dateneigentum ist seither nicht mehr aus der Diskussion verschwunden, aber einen richtigen Fortschritt gibt es auf gesetzgeberischer Ebene damit nicht. Also wählt man einen anderen Weg. Wie oft in solchen etwas sensiblen Fällen hat sich das Weltwirtschaftsforum angeboten, die Regie zu übernehmen. Der Klub der Großkonzerne hat zusammen mit der US-Heimatschutzbehörde ein Modell entwickelt, das dazu dienen soll, die Menschen zu Hilfspolizisten der eigenen Überwacher zu machen und jedwede Behinderung durch das Datenschutzrecht grundlegend auszuhebeln. Zu diesem Zweck hat sich der private Klub mit staatlichem Segen für die Verbesserung der Kontrolle von Reisenden an Grenzen zuständig erklärt. Dafür haben die Konzerne zwei Jahre lang eine Reihe von Workshops organisiert. Die Homeland Security und andere staatliche Einrichtungen durften dabei sein. Sie sollen und wollen das Ergebnis ja später umsetzen. Heraus kam der Bericht *Der bekannte Reisende: Wie*

*man das Potenzial der digitalen Identität für sicheres und reibungs-
loses Reisen hebt.*[16] Und so soll das gehen: Wir befüllen selbst aktiv eine Datenbank mit Informationen über uns. Das soll unsere Reisehisto-
rie sein, Bankdaten, Hotelübernachtungen, Mietwagenbuchun-
gen, Dokumente von Universitäten, Ämtern und so weiter. Wenn
wir eine kontrollierte Grenze überschreiten wollen, geben wir
den Behörden freiwillig Zugang zu diesen Daten, damit sie sich
vorab überzeugen können, dass wir harmlos sind. Mittels Gesichtserkennung und unserem (idealerweise) biometrisch mit
uns verknüpften Smartphone können sie sich beim Grenzüber-
gang davon überzeugen, dass wir die Angemeldeten und bereits
Durchleuchteten sind. Wenn wir fleißig genug digitale Belege
sammeln und freigebig genug mit diesen Daten sind, dürfen wir
zur Belohnung an den Schlangen der anderen Reisenden vorbei-
gehen, werden bevorzugt behandelt und minimal kontrolliert.
»Die Reisenden müssen die Gelegenheit bekommen, die passive
Rolle zu verlassen und zu einer aktiven Partnerschaft im Sicher-
heitsprozess überzugehen«, beschreibt das der Bericht. Wenn
sich allerdings Zweifel an den Absichten eines Reisenden auf-
tun, kann der Grenzbeamte diesem, gestützt auf die übermittel-
ten Informationen, »tiefgehender Fragen stellen, um seine jüngs-
ten Aktivitäten besser zu verstehen«.

Man kann sich leicht ausmalen, dass diejenigen, die nicht mitmachen, zunächst immer länger warten müssen, und dass irgendwann die »freiwillige« Datenfreigabe nötig sein wird, um
überhaupt in das Zielland einreisen zu dürfen. Es soll angeblich
keine behördliche zentrale Datenbank aufgebaut werden. Das mache aufgrund der unweigerlichen Hackerangriffe und wegen Datenschutzregeln nur Ärger, ist in dem Bericht zu lesen. Nein, die
Menschen sind selbst für ihre Daten verantwortlich und auch dafür, diese bereit zu haben, wenn danach verlangt wird. Das nennt
sich Dateneigentum. Natürlich gibt es in Wirklichkeit doch ver-
netzte Datenbanken, wo alles zusammenkommt, was im Lauf der
Zeit an die Grenzer übermittelt wurde, Datenbanken, auf die die

US-Heimatschutzbehörde und generell die Polizeibehörden und Geheimdienste zugreifen können. Aber über ein Potpourri aus modernistischer Terminologie sorgen die Verfasser dafür, dass das dem normalen Leser, der versehentlich über diese Broschüre stolpert, nicht auffällt.[17]

Den Testlauf sollen schon ab 2018 die Grenzbehörden von Kanada und den Niederlanden im überschaubaren Grenzverkehr der beiden Länder durchführen. Wenn der Test gut läuft, dürfte der nächste Schritt so aussehen, dass auch die US-Grenzer die freiwillige Selbstüberwachung der Reisenden zunächst mit Privilegien prämieren und danach zur Pflicht machen. Die Grenzbehörden sind für die teilnehmenden Konzerne, darunter Visa und Google, erklärtermaßen der ideale Katalysator, um die kritische Masse für ein solches System der zwangsweise freiwilligen Selbstüberwachung zu schaffen.

Wenn dieses System einmal etabliert ist, erhalten die Datenkraken, unaufhaltbar von lästigen Datenschutzverordnungen, zuverlässig alle unsere Daten. So heißt es im Implementierungsplan, dass das Konzept großes Potenzial über das Reisen hinaus habe. Wenn sich die Selbstüberwachung an der Grenze einmal durchgesetzt hat, sollen die Bürger ihre gesammelten Daten ebenso freiwillig »für alltägliche Anwendungen« an Unternehmen und Behörden weitergeben. Genannt werden als Beispiele Gesundheit, Bildung und Erziehung, Bankwesen, humanitäre Hilfe und Wahlen. Eine breite Anwendung wird schon ab 2020 ins Auge gefasst. Auch an konkreten Plänen für die technische Weiterentwicklung wird beim Weltwirtschaftsforum bereits gearbeitet. Dabei soll es vor allem darum gehen, Geräte vollkommen verlässlich mit den Personen zu verknüpfen, die sie nutzen. Ziel sei es, dass »Nutzer als eine einzige, konsistente Identität agieren, der alle ihre Aktivitäten indexiert zugeordnet werden«, heißt es in dem Bericht des Weltwirtschaftsoforums. *Alle* Aktivitäten *indexiert* zugeordnet! Das Ziel ist also, dass den Institutionen, die sich dazu ermächtigt haben, jederzeit unser ganzes Leben computertauglich aufbereitet zur Verfügung steht.

Wirksame Wege des Widerstands

Gegen die krudesten Anti-Bargeld-Maßnahmen lassen sich die Gesetze in Stellung bringen. Gegen die direkte Aushöhlung des Datenschutzes ebenso. Max Schrems hat eine Organisation namens *none of your business* (noyb) gegründet, auf Deutsch: *Das geht dich nichts an.*[18] Diese hat es sich zur Aufgabe gemacht, den Schutz unserer Daten gerichtlich gegen internationale Großkonzerne durchzusetzen. Schrems hat Erfahrung auf diesem Gebiet. Er war es, der 2015 als Jurastudent das Safe-Harbour-Abkommen der EU mit den USA zum Datenaustausch vor den Europäischen Gerichtshof gebracht und gekippt hat.

Es gibt jede Menge weiterer juristischer Schwachstellen der Überwachungsagenda. Mithilfe der neuen EU-Datenschutzgrundverordnung (DSGVO), die hohe Strafen für große Unternehmen einführte, die den Datenschutz verletzen, plant noyb auch gegen »Vorratsdatenspeicherung« durch Kreditauskunfteien wie die deutsche Schufa zu klagen.[19] Man könne schließlich fragen, mit welchem Recht von 70 Millionen Deutschen Kreditinformationen aufbewahrt werden, ohne dass sie jemals einen Anlass dafür geboten hätten. Das legitime Ziel von Kreditauskünften könne man auch durch eine schwarze Liste säumiger und insolventer Kunden erreichen. Sollte noyb mit einer solchen Klage Erfolg haben, könnte das die exzessive Datensammelei auch von Firmen wie Arvato oder Acxiom beträchtlich einschränken.

Die Initiative wird von den Befürwortern einer globalen Agenda der Totalüberwachung erkennbar ernst genommen. Wenige Monate nach Gründung von noyb in Österreich verabschiedete die dortige Regierungskoalition aus konservativer ÖVP und rechter FPÖ im April 2018 überraschend und kurzfristig ein Gesetz, wonach gemeinnützige Organisationen, die im Auftrag betroffener Bürger Datenschutzverletzungen zur Anzeige bringen, von den Tätern keinen Schadenersatz verlangen dürfen. Das bewirkt, dass noyb kein Geld von Prozessfinanzierern bekommen kann. Dass Betroffene ihre Schadenersatzansprüche einzeln geltend machen, rechnet sich nur selten.[20]

Auch die Agenda der Bargeldbeseitigung in Deutschland und Europa ist anfällig für Querschüsse von Gerichten, jedenfalls was die direkten Maßnahmen angeht. Als die EU-Kommission Anfang 2016 von Bundesfinanzminister Schäuble den ungeliebten Ball der Bargeldobergrenze zugeschoben bekam, ging sie aus gutem Grund sehr zögerlich an ihren Prüfauftrag. Mit großer Verspätung veröffentlichte sie erst Ende Januar 2017 einen Bericht, dessen wachsweiche Schlussfolgerungen sich mit Franz Beckenbauer etwa so zusammenfassen lassen: Schauen wir mal, dann sehen wir schon.[21]

Dass Brüssel sich so ziert, in Sachen Bargeldobergrenze selbst aktiv zu werden, dürfte an einem Artikel des EU-Vertrags liegen – genauer: des Vertrags über die Arbeitsweise der EU (VAEU). Danach sind Euro-Banknoten das gesetzliche Zahlungsmittel in der Währungsunion. »Den Gebrauch von Euro-Banknoten zu beschränken wäre nicht vereinbar mit deren Eigenschaft des gesetzlichen Zahlungsmittels nach Artikel 128 VAEU«, befindet der renommierte Frankfurter Geld- und Währungsrechtler Helmut Siekmann.[22] Ein gesetzliches Zahlungsmittel ist nach weithin vorherrschender Rechtsauffassung dadurch gekennzeichnet, dass man dieses zur Begleichung von Geldschulden annehmen muss – es sei denn, es wurde auf freiwilliger Basis etwas anderes vereinbart. Das hat weitreichende Folgen. Zunächst einmal bedeutet es, dass hoheitliche Stellen Euro-Banknoten immer zur Bezahlung annehmen müssen, denn sie handeln ja hoheitlich, also von oben herab und nicht als Gleichberechtigte. Weil das im EU-Vertrag, also im sogenannten Primärrecht der EU steht, kann es auch nur auf dieser Ebene geändert werden. Den EU-Vertrag ändern zu wollen, hat sich aber schon lange niemand mehr getraut. Denn dafür ist die Zustimmung aller Länder erforderlich, und in manchen dieser Länder gäbe es deswegen Volksabstimmungen. Da die EU sich bei den Bürgern einen sehr schlechten Ruf erworben hat, rechnen die

Verantwortlichen bei Volksabstimmungen eigentlich immer mit einer Niederlage.

Eine ganze Reihe von Ländern hat bereits Bargeldobergrenzen eingeführt, die nach dieser Rechtsauffassung europarechtswidrig sind. Allerdings hat das noch nicht seinen Weg vor die höchsten Gerichte gefunden. Die EU-Kommission als Hüterin der Verträge und die Europäische Zentralbank als Hüterin des Euro haben einfach weggeschaut und nichts gegen diese Maßnahmen unternommen. Aber wegschauen, wenn nationale Regierungen das europäische Recht brechen, ist das eine. Ein formelles Gesetzgebungsverfahren einzuleiten, um eine Regelung europaweit zu verabschieden, die gegen den EU-Vertrag verstößt, ist etwas ganz anderes. »Bargeld ist das einzige gesetzliche Zahlungsmittel in Deutschland und in der Europäischen Währungsunion«, lautet kurz und knapp der Schlüsselsatz in einer Stellungnahme der Bundesbank bei einer Anhörung in nordrhein-westfälischen Landtag im Mai 2016, und ebenso prägnant geht es weiter: »Die Einführung einer Barzahlungsobergrenze würde dazu führen, dass Banknoten diese Qualität des unbeschränkten gesetzlichen Zahlungsmittels verlören.«[23]

Der EU-Kommission wird die Bundesbank noch etwas deutlicher gesagt haben, dass sie eine Bargeldobergrenze nicht mit dem Unionsrecht und dem gleichlautenden Bundesbankgesetz in Einklang sieht. Aber die Kommission weiß das längst selbst, hat sie doch 2010 eine Arbeitsgruppe eingesetzt, um einheitlich festzulegen, was genau der Ausdruck »gesetzliches Zahlungsmittel« bedeutet. Sie hat die Schlussfolgerungen dieser Arbeitsgruppe als rechtsverbindlich übernommen. Darin heißt es. »Wenn eine Zahlungsverpflichtung besteht, sollte der Status der Euro-Banknoten und -Münzen als gesetzliches Zahlungsmittel Folgendes beinhalten: a) Verpflichtende Annahme: Sofern sich die Parteien nicht auf andere Zahlungsmittel geeinigt haben, ist der Empfänger einer Zahlungsverpflichtung nicht befugt, eine Zahlung mit Euro-Banknoten und -Münzen abzulehnen.« Daraus folgt: Eine nationale Regierung kann einem Gläubiger nicht durch Gesetz verbieten, das zu tun, wozu er nach EU-Recht verpflichtet ist. Darüber hinaus müsste der EU-Gesetzgeber die entsprechende Norm im EU-Vertrag ändern, wollte er die Annahmepflicht einschränken.[24] In Deutschland ist die Rechtslage genauso günstig wie auf europäischer Ebene. In Paragraf 14 Absatz 1 des Bundesbankgesetzes steht, dass Euro-Banknoten das einzige unbeschränkte gesetzliche Zahlungsmittel sind. Wenn das Finanzamt, das Einwohnermeldeamt oder eine Rundfunkanstalt sich weigern, Bargeld anzunehmen, begeben sie sich daher nach vorherrschender Meinung in der juristischen Literatur in Annahmeverzug und können deshalb das Geld nicht eintreiben. Wegen des Verfassungsgrundsatzes, dass Bundesrecht Landesrecht bricht, können Behörden der Länder sich nicht über das Bundesbankgesetz hinwegsetzen. Der Bundesgesetzgeber könnte zwar das Bundesbankgesetz ändern oder einschränken. Allerdings würde er damit auch den erwähnten Artikel 128 AEUV einschränken, was er nicht darf.

Die notorisch staatstragenden Verwaltungsgerichte der unteren Ebenen haben allerdings bisher immer wieder Ausflüchte gefunden, trotz des eindeutigen Wortlauts des Bundesbankgesetzes die Verweigerung der Annahme von Bargeld durch öffentliche Stellen für rechtmäßig zu erklären. Die entsprechenden Verfahren sind auf dem Weg zu den höchsten Bundesgerichten und gegebenenfalls zum Europäischen Gerichtshof. Wenn sie erfolgreich sind, kommt viel Sand ins Getriebe der *Besser-als-Bargeld-Allianz* und der *G20-Partnerschaft für finanzielle Inklusion*. Dann ist eindeutig geklärt, dass die Bargeldobergrenzen, die es bereits gibt, rechtwidrig sind. Dann kommen die Verteidiger des Bargelds aus der Defensive, und es wird mehr als deutlich, welchen besonderen Status das Bargeld hat. Es würden sich infolge der höchstgerichtlichen Entscheidungen Klagerechte auch gegen die vielen kleinen Maßnahmen gegen das Bargeld eröffnen, die die Bargeldgegner sich ständig ausdenken.

Schauplatz Leipzig: Das Recht auf Barzahlung vor dem Bundesverwaltungsgericht

Im Februar 2015 widerrief ich die Einzugsermächtigung, die es dem Beitragsservice von ARD ZDF Deutschlandradio erlaubte, die Rundfunkgebühr direkt von meinem Bankkonto abzubuchen. Daraufhin kam recht schnell eine freundliche Aufforderung, das Geld bitte zu überweisen. Ich schrieb zurück, ich wolle künftig mit dem unbeschränkten gesetzlichen Zahlungsmittel bezahlen und man möge mir bitte mitteilen, wo ich das tun könne. Andernfalls möge man mir die gesetzliche Grundlage für eine Annahmeverweigerung nennen. Daraufhin hörte ich einige Monate nichts mehr, was in mir den Verdacht aufkommen ließ, dass die Adressaten meines Schreibens mich vielleicht gerne vergessen wollten.

Um das zu hintertreiben, schrieb ich auf meinem Blog *norberthaering.de* einen Beitrag darüber, wie man anscheinend durch das Angebot von Bargeld seine Rundfunkbeitragspflicht stilllegen könne. Weil dieses Statement ein großes Medienecho fand, ging es danach wieder schnell. Nach Ablehnungsbescheid, Widerspruch und neuem Ablehnungsbescheid landete die Sache vor dem Verwaltungsgericht Frankfurt, wo sie im Oktober 2016 verhandelt wurde.[25] Das Gericht befand, man dürfe der Verwaltung in »Massenverfahren« keine unnötigen Hindernisse der Geldeintreibung in den Weg legen, und verfiel zur Rechtfertigung auf das juristische Hilfsmittel der *teleologischen Reduktion* von Paragraf 14 Bundesbankgesetz. Diese Technik geht etwa so: Wenn der verständige Gesetzgeber geahnt oder daran gedacht hätte, dass es so etwas wie Massenzahlungsverfahren gibt, hätte er den Paragrafen so formuliert, dass die Annahmepflicht für Bargeld immer dann ausgeschlossen wäre, wenn sie für die Verwaltung lästig ist.[26]

Ich ging in die Berufung beim Hessischen Verwaltungsgerichtshof in Kassel, wo diese am 13. Februar 2018 verhandelt wurde.[27] Das war Faschingsdienstag und so fiel das Urteil auch aus. Der Verwaltungsgerichtshof befand, dass es der methodisch in diesem Zusammenhang sehr fragwürdigen teleologischen Reduktion nicht bedürfe, um zum gewünschten Ergebnis zu kommen. Stattdessen argumentierte er ähnlich wie das Verwaltungsgericht München in einem anderen Bargeld-Rundfunkbeitragsfall. Die Münchener Richter hatten allen Ernstes erklärt, Paragraf 14 Bundesbankgesetz sei nicht einschlägig, weil es darin ja nur um Bargeld gehe; die Rundfunkanstalten wollten aber gerade *kein* Bargeld haben. Beim Verwaltungsgerichthof ging die Begründung so:»Dass bei Barzahlungen Eurobanknoten verwendet werden dürfen und diese vom Gläubiger nicht abgelehnt werden können, mag sich durchaus u.a. aus §14 Abs 1 Satz 2 BBankG ableiten lassen.« Das habe aber keine Bewandtnis für die Frage, ob eine andere Zahlungsweise als Barzahlung vorgeschrieben werden kann.[28]

Bargeld muss demnach angenommen werden, aber nur für Barzahlungen. Das ist kein Witz. Das steht so da. Denn am Wortlaut von Paragraf 14 Bundesbankgesetz und seiner offiziellen Begründung aus dem Jahr 1956 kommt man ohne wilde Rabulistik nicht vorbei. In der Gesetzesbegründung steht nämlich:»Die Noten der Bundesbank und die Scheidemünzen sind gesetzliche Zahlungsmittel. Während bei Scheidemünzen der Zwang zur Annahme (...) auf bestimmte Beträge begrenzt ist, müssen Noten der Bundesbank in unbeschränkter Höhe angenommen werden.«

Es sei denn, man will sie gar nicht annehmen, würden die weisen Verwaltungsrichter hinzufügen, dann muss man auch nicht.

Viel wichtiger als die Kasseler Richter-Spitzfindigkeiten aber war, dass der Verwaltungsgerichtshof wegen grundsätzlicher Bedeutung des Falls Revision beim Bundesverwaltungsgericht in Leipzig zuließ, auch wenn das überhaupt nicht zum sonstigen Tenor des Urteils passte, in dem überall von Offensichtlichkeit die Rede war. Anscheinend verspürten die Richter in Kassel, wie schon ihre Kollegen in Frankfurt, keinerlei Drang, mit einem aufsehenerregenden Urteil gegen die Rundfunkanstalten und generell die öffentliche Verwaltung bekannt zu werden. Sie überließen den unbequemen Fall gerne der nächsten Instanz. Es sind nun einmal nicht die Bürger und Rundfunkbeitragszahler, die über die Karriere von Richtern entscheiden.

In Leipzig spielt eine ganz andere Musik als in Frankfurt und Kassel. Die unteren Verwaltungsgerichte können Entscheidungen des Bundesgerichtshofs zum Status von Bargeld als gesetzlichem Zahlungsmittel einfach ignorieren und tun das auch gerne. Das Bundesverwaltungsgericht darf es nicht. Es gibt nämlich das *Gesetz zur Wahrung der Einheitlichkeit der Rechtsprechung der obersten Gerichtshöfe des Bundes.* Wenn ein oberstes Bundesgericht von der Rechtsprechung eines anderen abweichen will, muss es den gemeinsamen Senat der fünf obersten Bundesgerichte einberufen. Diese sind: Bundesverwaltungsgericht, Bundesgerichtshof, Bundesfinanzhof, Bundessozialgericht und Bundesarbeitsgericht.

Interessant ist vor allem der Bundesgerichtshof in Karlsruhe, das oberste Gericht in Zivilsachen. Dieser hat schon 1953 entschieden, dass eine Geldschuld prinzipiell mit dem gesetzlichen Zahlungsmittel zu tilgen ist und getilgt werden kann.[29] Buchgeld von Banken sei nur Ersatzgeld, eine »Leistung an Erfüllungs statt«, wie das im Bürgerlichen Gesetzbuch heißt. Diese Rechtsauffassung hat der BGH immer wieder bestätigt und nie zurückgenommen.

Der Hessische Verwaltungsgerichtshof in Kassel erklärt diese Auffassung des Bundesgerichtshofs für veraltet, wenn er schreibt, dem Unwillen der Rundfunkanstalten, Bargeld anzunehmen, liege »offensichtlich eine moderne Auffassung zugrunde«, die von einer »grundsätzlichen Gleichrangigkeit von Bargeld und Buchgeld« ausgehe. Die Kasseler Verwaltungsrichter argumentieren in ihrer Begründung, es sei »offensichtlich«, dass aus dem Status von Euro-Banknoten als unbeschränktem gesetzlichem Zahlungsmittel keine Verpflichtung für Gläubiger folge, diese anzunehmen.

Der Bundesgerichtshof sieht diese Offensichtlichkeit nicht. Er geht von dem Grundsatz aus, dass jeder Gläubiger Euro-Banknoten unbegrenzt annehmen muss, wenn nicht auf freiwilliger Basis etwas anderes vereinbart ist. Er hat die Klage des Kunden einer Fluggesellschaft nicht etwa mit der Begründung abgewiesen, es gebe keine grundsätzliche Annahmepflicht, wie der Hessische Verwaltungsgerichtshof das behauptet. Er hat die grundsätzliche Annahmepflicht vielmehr bejaht und die Klage nur abgewiesen, weil die Fluggesellschaft vor Vertragsabschluss deutlich darauf hingewiesen hatte, dass sie kein Bargeld annimmt. Das Gericht ging deshalb von impliziter Zustimmung des Kunden aus, der ja stattdessen auch zu einer anderen Fluggesellschaft hätte gehen können.[30] Weil der Staat aber hoheitlich handelt, kann es bei ihm keine implizite oder sonstwie freiwillige Zustimmung des Zahlungspflichtigen geben. Ich kann meine Rundfunkgebühr nicht bei einer anderen Rundfunkanstalt bezahlen. Noch 2015 hat der BGH wie erwähnt geurteilt, das Bürgerliche Gesetzbuch gehe selbstverständlich davon aus, dass jede Geldschuld durch *Barzahlung* erfüllt werden könne.[31]

Mit einer Verhandlung in Leipzig ist nicht vor 2019 zu rechnen.[32] Auf meinem Blog *www.norberthaering.de* gibt es unter »GEZ-Bargeldprozess« ein Dossier, in dem man die Entwicklung des Verfahrens chronologisch und kommentiert verfolgen kann. Auch die von meinem Anwalt Carlos A. Gebauer verfasste Revisionsbegründung ist dort zu finden.

Gebauer vertritt auch den Fernsehjournalisten Raimund Brichta in einem ähnlich gelagerten Fall gegen das Finanzamt. Hier ist eine Beschwerde wegen Nichtzulassung der Revision beim Bundesfinanzhof anhängig.[33] Brichta besteht darauf, seine Steuerschuld mit dem staatlichen Geld zu bezahlen. Der Staat will aber sein eigenes Geld nicht annehmen. Die Abgabenordnung erlaubt den Finanzämtern, die Kassen für Bareinzahlungen zu schließen, wenn sie ein örtliches Finanzinstitut ermächtigen, gegen Quittung Bargeld für das Finanzamt anzunehmen. Letzteres hat Brichtas Finanzamt gemacht, jedoch erst, nachdem Brichta Klage eingereicht hatte. Das ermächtigte Finanzinstitut hatte zwar die Vollmacht, aber keine Lust, Bargeld für das Finanzamt anzunehmen. Das Finanzgericht urteilte, das sei dann eben Pech für den Steuerpflichtigen und liege nicht in der Verantwortung des Finanzamts. Auch die nächste Instanz urteilte so und ließ, anders als in meinem Fall, keine Revision beim obersten Gericht, dem Bundesfinanzhof, zu. Dagegen läuft die Beschwerde.[34] Auch beim Bundesverfassungsgericht ist ein von Gebauer betreuter Kläger bereits angekommen.[35] Der Kläger wollte meinem Beispiel folgen und beim Amtsgericht durch Barhinterlegung zugunsten der Rundfunkanstalt seine Beitragspflicht erfüllen. Anders als das Frankfurter Amtsgericht sah der Rechtspfleger beim Amtsgericht Reutlingen jedoch keinen Annahmeverzug der Rundfunkanstalt und nahm das Geld deshalb nicht zur Hinterlegung an. Das Oberlandesgericht Stuttgart, das darüber zu befinden hatte, stellte sich auf den Standpunkt, in Massenverfahren der Verwaltung gelte Paragraf 14 Bundesbankgesetz nicht, weil das lästig für die Verwaltung sei. Die Richter weigerten sich hartnäckig, den Begriff »Massenverfahren« zu definieren. Es müsse genügen, dass das Gericht festgestellt habe, dass ein solches Verfahren im Streitfall vorliege.[36]

Man darf gespannt sein, wie die obersten deutschen Gerichte mit den kreativen Rechtsverdrehungen der unteren und mittleren Instanzen umgehen werden.

Gemeinsam geht es

Allein mithilfe der Gerichte wird sich die globale Kampagne zur finanziellen Totalüberwachung eventuell bremsen, aber nicht aufhalten lassen. Die Kampagnenführer und ihre Helfershelfer haben zu viele Möglichkeiten, dem Bargeldkreislauf allmählich und indirekt die Basis zu entziehen. Auch gegen die normative Kraft des Faktischen durch die von den Giganten des Silicon Valley betriebene Datensammelei wird man sich allein mithilfe der Gerichte schwertun. Aber Gerichtsverfahren, zumindest, wenn sie hier und da von Erfolg gekrönt sind, helfen, Aufmerksamkeit auf das Thema zu lenken. Und das ist für den Anfang das Allerwichtigste.

Um die Agenda der Totalüberwachung aufzuhalten, muss erst einmal in der Breite bekannt werden, dass es solch eine Agenda gibt. Hinreichend viele Bürger und Politiker müssen wissen, wer diese Agenda auf welchen Wegen systematisch vorantreibt und hinter welchen Vorwänden und Tarnnamen sie versteckt wird. Erst wenn weithin bekannt ist, was finanzielle Inklusion bedeutet und dass Geldwäsche- und Terrorbekämpfung in Finanzdingen oft nur ein Vorwand für ganz anders motivierte Anti-Bargeld-Maßnahmen sind, gibt es überhaupt die Chance, politischen Gegendruck aufzubauen. Es geht um Druck auf die Bundesregierung, die Bundesbank, die Europäische Zentralbank und die EU-Kommission, damit diese ihre gegenüber der Öffentlichkeit verschleierten Selbstverpflichtungen zur Zurückdrängung des Bargelds im Rahmen der *G20-Partnerschaft für finanzielle Inklusion* widerrufen – damit sie die Teilnahme an dieser skandalösen Anti-Bargeld-Allianz mit einschlägig interessierten Konzernen aufkündigen, mit der sie ihre Versicherungen Lügen strafen, sie wollten dem Bargeld nichts Böses.

Bundesbank und Bankenaufsichtsbehörde sollten sich dafür rechtfertigen müssen, dass sie in den transnationalen Regulierungsgremien mit einer *Besser-als-Bargeld-Allianz* am Tisch sitzen, um bargeldfeindliche Regulierungen auszuhecken. Erst wenn jeder Bundesbank-Vorstand, der schöne Reden zur Verteidigung des Bargelds hält, sich dazu befragen und kritisieren lassen muss, kommt Sand in das gut geölte Getriebe, mit dem das Bargeld eine unmerkliche Umdrehung nach der anderen aus dem System gequetscht wird. Die Bundesregierung muss genötigt werden, Rechenschaft darüber abzulegen, wer in ihrem Auftrag in der *Financial Action Task Force* Standards mitbeschließt, die darauf abzielen, Bargeldnutzung zu erschweren. Wenn die Parlamentarier neue bargeldfeindliche Standards aus dem transnationalen Schattenreich der Regulierer zur gefälligen Umsetzung heruntergereicht bekommen, müssen sie gewarnt sein und wissen, was sie da beschließen sollen. Und sie sollen sich dafür rechtfertigen müssen, wenn sie es trotzdem beschließen. Der Entwicklungshilfeminister sollte sich dafür rechtfertigen müssen, dass die von ihm beaufsichtigte Gesellschaft für internationale Zusammenarbeit (GIZ) das Sekretariat von Bill Gates' *Allianz für Finanzielle Inklusion* stellt und Mitglied in der Anti-Bargeld-Gruppe *Consultative Group to Assist the Poor* ist. Das gilt übrigens auch für die staatliche deutsche Förderbank KfW.

Nur wenn wir – die Bürger und die Volksvertreter – in der Breite verstehen, wozu trojanische Pferde wie *Dateneigentum* in Wirklichkeit dienen sollen, besteht die Chance, zu verhindern, dass wir uns, ruhiggestellt von solchen Beruhigungspillen, wie die Lämmer den weiteren Weg in die Totalüberwachung entlangführen lassen.

Widerstand gegen die Agenda der Totalüberwachung ist keine Frage von links gegen rechts, sondern von Demokratie oder Plutokratie, Herrschaft des Volkes oder Herrschaft der Reichen. Anhänger aller politischen Richtungen und Parteien sollten sich darauf einigen können, dass ein freies Leben, mit einem unvermeidlichen Maß an Risiko und Unordnung, besser ist als die wohlgeordnete schöne neue Welt, die Washington und die Megareichen des Silicon Valley für uns gestalten wollen. Deshalb wäre das Dümmste, was die Gegner einer solchen totalitären Horrorvision tun können, sich entlang ideologischer Gräben auseinanderdividieren lassen.

Das gilt auch für den Graben zwischen Internationalisten und Anhängern des Nationalstaats. Zumindest die idealistischen Internationalisten und die Anhänger des Nationalstaats, die ihre Nation nicht für die auserwählte halten und alle anderen für schlechter, sollten im Hinblick auf eine konkrete internationalistische Agenda wie die der Bargeldabschaffung und der Durchsetzung der globalen Totalüberwachung gemeinsamen Grund finden können. Sie sollten sie gemeinsam bekämpfen können, wenn sie in deren negativer Bewertung übereinstimmen. Wenn man dagegen aus Prinzip für die Internationalisierung von politischen Entscheidungen eintritt oder sich ihr zumindest nicht entgegenstellt – selbst wenn das bedeutet, dass das Weltwirtschaftsforum, die *Besser-als-Bargeld-Allianz*, der IWF oder die US-Regierung entscheiden, wie wir leben sollen –, dann macht man sich zum nützlichen Idioten einer gegen unsere Freiheit gerichteten Agenda.

Die ganz große Anti-Bargeld-Allianz bleibt nur so lange wirkungsvoll, solange sie uns in dem Glauben lassen kann, Bargeld gehe als Anachronismus in einer notwendigerweise immer mehr durchdigitalisierten Welt unvermeidlich seinem Ende entgegen. Denn das Unvermeidliche hinauszuzögern ist kein ausreichendes Motiv für breite Gegenwehr. Solange wir den einseitig gefütterten Medien diese Propaganda abnehmen und wir nicht durchschauen, dass Bargeld nicht auf dem Rückzug ist, sondern systematisch und gezielt zurückgedrängt wird, solange sind wir auf der Verliererstraße. Wenn das nicht mehr der Fall ist, verlieren die *Besser-als-Bargeld-Allianz* und die *G20-Partnerschaft für finanzielle Inklusion* ihren größten Trumpf. Denn in einer Auseinandersetzung mit offenem Visier haben die Bargeldfeinde schlechte Karten.

Nichts ist anachronistisch an Bargeld. Bargeld ist eine äußerst krisenfeste, einfache und billige Bezahltechnologie, die der Menschheit seit Jahrtausenden gute Dienste geleistet hat und weiter leisten kann. Die Belege der Gegner für den Kostennachteil von Bargeld sind fragwürdig, aber wir müssen uns auf diesen Streit nicht einmal einlassen. In Anbetracht der persönlichen und gesellschaftlichen Vorteile, die das Fortbestehen der Option Bargeld bietet, wären auch Mehrkosten von 0,5 oder 1 Prozent des Bezahlbetrags vernachlässigbar. Dafür, dass sich durch Maßnahmen gegen die Bargeldnutzung die Kriminalität in relevantem Umfang zurückdrängen ließe, gibt es keine Belege. Dafür ist nachweisbar, dass sich die Standardsetzer, die sich bargeldfeindliche Regeln für das Finanzsystem ausgedacht haben, vor den Karren einer auf Profit schielenden *Besser-als-Bargeld-Allianz* haben spannen lassen. Es geht ihnen bei bargeldfeindlichen Regeln weniger um Kriminalitätsbekämpfung als um die Bargeldzurückdrängung selbst.

Jetzt, wo die Hauptargumente gegen das Bargeld als Vorwand und Kleinkram enttarnt wurden, muss sich niemand in die Defensive drängen und einreden lassen, er kämpfe einen verlorenen Kampf, und langfristig werde Bargeld ohnehin verschwinden. Je mehr Bereiche unseres Lebens digitalisiert, beobachtet und gespeichert werden und je detaillierter die Profile sind, die damit über uns erstellt werden, desto wertvoller wird Bargeld. Wenn wir auf der freien Nutzung von Bargeld beharren und es weiter nutzen, erhalten wir uns einen kostbaren nicht digitalisierbaren Raum. Schaden würde das nur den finanzkräftigen und politisch mächtigen Großkonzernen, die sich von weiterer Digitalisierung viel versprechen. Sie hilft ihnen, ihre monopolartige globale Übermacht und damit ihre Gewinne weiter auszubauen. Normale Menschen haben keinen nennenswerten Nachteil davon, wenn es Bereiche gibt, die sich dem Zugriff der Monopolisten aus dem Silicon Valley entziehen – und unsere kleinen, mittleren und mittelgroßen Unternehmen auch nicht. Denn es ist die Digitalisierung, die dafür sorgt, dass diese immer mehr Geschäft an die globalen Konzerne verlieren und irgendwann nur noch Zulieferer von Amazon sein werden, wenn es so weitergeht.

Mit der Bundeskanzlerin und dem französischen Präsidenten Macron haben die US IT Konzerne mächtige Alliierte. In der Bundestags-Generaldebatte im Mai 2018 betonte Merkel die Bedeutung von Daten als Wirtschaftsfaktor und warnte: »Bei der Künstlichen Intelligenz drohen wir den Anschluss zu verlieren.« Wir könnten nicht hoffen, bei der Künstlichen Intelligenz vorne dabei zu sein, wenn wir gleichzeitig auf wirksamen Datenschutz bestünden. Gerade so, als würde es Deutschland bei der Künstlichen Intelligenz nach vorne bringen, wenn wir unsere Daten unbeschränkt den amerikanischen Fast-Monopolisten offerieren. Merkel kündigte eine deutsch-französische Kooperation in dieser Sache an.[37] Wo die hingehen wird, machte Macron am gleichen Tag deutlich. Er lud die Spitzen der Technologiebranche zu einem Gipfel mit dem Titel *Tech for Good* nach Paris ein. Eingeladen waren Facebook, Microsoft, Intel, IBM, Uber, Wikimedia und Mozilla. Damit der betriebene Ausverkauf Europas an das Silicon Valley nicht gar so offensichtlich wurde, durften auch die deutsche SAP und Thales am Katzentisch Platz nehmen. Thales ist zwar ein Rüstungs- und Raumfahrtkonzern und kein IT-Konzern. Aber einen solchen von Weltrang hat Frankreich nun einmal nicht zu bieten. Mit Zuckerberg werde er ein direktes Gespräch führen, kündigte Macron an.[38]

In der Gedankenwelt dieser politischen Führer hat Datenschutz ebenso wenig Platz wie Bargeld. Aber wenn man von den Interessen der Bürger ausgeht: Warum sollte nicht auch noch in 50 Jahren jede zweite Transaktion bar abgewickelt werden? Wäre das nicht eine viel attraktivere Perspektive als die einer Gesellschaft, in der es nichts mehr gibt, was nicht gespeichert und von nah und fern überwacht wird? Dafür müsste man nur die vielen kleinen direkten und indirekten Maßnahmen gegen das Bargeld abstellen und die Zentralbank nötigen, eine gute und kostengünstige Versorgung der Banken mit Bargeld sicherzustellen. Die Renaissance des Barzahlens kommt dann ganz von selbst.

Dank

Viele der Informationen in diesem Buch verdanke ich Hinweisen von Lesern meines Blogs. Mit aufmunternden und anerkennenden E-Mails machten sie mir immer wieder deutlich, dass sich die Mühe lohnt, diesen Kampf für die Bewahrung der Freiheit zu führen. Meine Frau hat sich während der aufreibenden Zeit des Schreibens um mein Seelenheil sehr verdient gemacht. Wenn Helge Peukert, Yasmin Osman und mein lieber Sohn nicht frühere Fassungen gelesen und ihre klugen Anmerkungen gemacht hätten, wäre dieses Buch (noch) weniger präzise, weniger gut lesbar und gegliedert. Dirk Müller hat mich mit überzeugenden Argumenten davon abgehalten, Chinas derzeitige Erfolge im geopolitischen Konkurrenzkampf naiv in die Zukunft zu projizieren. Das Bild des Panopticons habe ich von Brett Scott übernommen.

Ohne die hervorragende Betreuung durch Ronny Müller und Hanna Leitgeb von der Berliner Agentur *rauchzeichen* hätte es kaum einen so guten Verlag gefunden, der noch dazu seinen Glauben an dieses Buch so überzeugend darlegte. Damit nicht genug, gab mir Waltraud Berz, die das Sachbuch-Lektorat von Campus verantwortet, eine perfekte Mischung aus kritischen Nachfragen, Aufmunterung und hilfreichen Anregungen. Sabine Rock von *Druckreif!* hat das Manuskript mit großem Nachdruck und Sachverstand redigiert, lesbarer und verständlicher gemacht. Der FDP-Abgeordnete Frank Schäffler und das von ihm geleitete *Prometheus – Das Freiheitsinstitut* haben mir durch ihre Prozesskostenunterstützung ermöglicht, die Klage auf Barzahlung des Rundfunkbeitrags bis vor das Bundesverwaltungsgericht und notfalls weiter zu bringen. Mein Anwalt Carlos A. Gebauer, der die Funktionsweise unseres Geldsystems besser durchdrungen hat als sehr viele Ökonomen, führt diesen juristischen Kampf mit großem persönlichem Engagement. Ihnen allen gilt mein tief empfundener Dank.

Literaturverzeichnis

Ahasan, Najmul, Philip O'Keefe, Gora Datta, Carlo del Ninno: *Concept Note of a Smart Card based Public Distribution System*. World Bank and CAL-2CAL Corporation. 2008.

Adams, Jane: »*The War on Cash*«. *European Card Review*. März/April 2006. S. 12–18.

Alliance for Financial Inclusion: *Enabling mobile money transfer. The Central Bank of Kenya's treatment of M-Pesa*. 2010.

Alliance for Financial Inclusion, Global Partnership for Financial Inclusion: *G20 Principles for Innovative Financial Inclusion*. Ohne Jahr (etwa 2011).

Banerjee, Abhijit, Esther Duflo, Rachel Glennerster, Cynthia Kinnan: »The Miracle of Microfinance? Evidence from a Randomized Evaluation«. *American Economic Journal: Applied Economics*. Vol. 7. Nr. 1. 2015. S. 22–53.

Bateman, Milford, Ha-Joon Chang: »Microfinance and the Illusion of Development: From Hubris To Nemesis in Thirty Years«. *World Economic Review*. Nr. 1. 2012. S. 13–36.

Bateman, Milford, Kate Maclean (Hrsg.): *Seduced and Betrayed: Exposing the Contemporary Microfinance Phenomenon*. University of New Mexico Press. 2017.

BCG, Google: *Digital Payments 2020. The Making of a $500 Billion Ecosystem in India*. Juli 2016.

Bédécarrats, Florent, Isabelle Guérin, François Roubaud: »All that Glitters is not Gold. The Political Economy of Randomized Evaluations in Development«. *Development and Change* (online). DOI: 10.1111/dech.12378. 7.12.2017.

Berg, Tobias, Valentin Burg, Ana Mongovic, Manju Puri: *On the Rise of Fin-Techs: Credit Scoring Using Digital Footprints*. NBER Working Paper 24551. April 2018.

Better Than Cash Alliance: *Social Networks, E-Commerce Platforms and the Growth of Digital Payment Ecosystems in China – What It Means for Other Countries*. April 2017.

Better Than Cash Alliance: *Building Inclusive Digital Payments Ecosystems: Guidance Note for Governments. A report by the Better Than Cash Alliance for the G20 Global Partnership for Financial Inclusion.* Mai 2017.

Bill & Melinda Gates Foundation: *Fighting Poverty, Profitably: Transforming the Economics of Payments to Build Sustainable, Inclusive Financial Systems.* 2013.

BFA: *Inclusive Digital Ecosystems of the Future.* Dezember 2017.

Borio, Claudio, Gianni Toniolo:»One hundred and thirty years of central bank cooperation: a BIS perspective.« In: Claudio Borio, Gianni Toniolo, Piet Clement (Hrsg.): *The Past and Future of Central Bank Cooperation.* Cambridge University Press. 2011. S. 16–75.

Brzezinski, Zbigniew: *Between Two Ages: America's Role in the Technotronic Era.* Viking Press. 1970.

Brzezinski, Zbigniew: *The Grand Chessboard: American Primacy and Its Geostrategic Imperatives.* Basic Books. 1998.

Buiter, Willem: *Negative Nominal Interest Rates: Three Ways to Overcome the Zero Lower Bound.* NBER Working Paper 15118. Juni 2009.

Committee on Payments and Market Infrastructures: *Fast payments – Enhancing the speed and availability of retail payments.* Basel. November 2016.

Committee on Payments and Market Infrastructures, World Bank Group: *Payment aspects of financial inclusion. Final Report.* Basel. April 2016.

Diedrich, Henning: *Ethereum: Blockchains, Digital Assets, Smart Contracts, Decentralized Autonomous Organizations.* CreateSpace Independent Publishing Platform. 2016.

Duvendack, Maren, et al.: *What is the evidence of the impact of microfinance on the well-being of poor people?* Institute of Education, University of London. 2011.

Dick, Philip K.: *Ubik.* Suhrkamp. 1977.

Ericksen, Julia, Eugene Ericksen, Scott Graham: *Over-indebtedness in Mexico: Giving Borrowers a Voice.* Finca. Ohne Jahr (etwa 2014).

EU Commission: *Final Communication from the Commission to the European Parliament and the Council on an Action Plan for strengthening the fight against terrorist financing.* Straßburg. 2.2.2016.

EU-Kommission:»Empfehlung der Kommission vom 22. März 2010 über den Geltungsbereich und die Auswirkungen des Status der Euro-Banknoten und -Münzen als gesetzliches Zahlungsmittel«. *Amtsblatt L 83/70* vom 30.3.2010.

EU-Kommission: *Vorschlag für eine Verordnung über die Überwachung von*

Barmitteln, die in die Union oder aus der Union verbracht werden, und zur Aufhebung der Verordnung (EG) Nr. 1889/2005. Brüssel. 21.12.2016.

European Commission: *Inception Impact Assessment – Proposal for an EU initiative on restrictions on payments in cash.* Brüssel. 2.2.2017.

FATF: *Guidance for a Risk-based Approach to Virtual Currencies.* Juni 2015.

FATF: *Annual Report 2015–16.* Paris. 2017.

Financial Inclusion Experts Group: *G20 Financial Inclusion Action Plan.* Ohne Jahr.

Financial Stability Board: *Stocktake of remittance service providers' access to banking services.* Basel. 16.3.2018.

G20 Financial Inclusion Experts Group: *Report on Innovative Financial Inclusion from the Access through Innovation Sub-Group.* Washington. 25.5.2010.

Gibson, Alan: *FSD Kenya: Ten Years of a Market Systems Approach in the Kenyan Finance Market.* FSD Kenya. August 2016.

Global Partnership for Financial Inclusion: *Standard Setting and Financial Inclusion for the Poor – Toward Proportionate Standards and Guidance.* White Paper. 2011.

Global Partnership for Financial Inclusion: *Global Standard-Setting Bodies and Financial Inclusion: The Evolving Landscape.* März 2016.

Glunk, Fritz: *Schattenmächte: Wie transnationale Netzwerke die Regeln unserer Welt bestimmen.* dtv. 2017.

Guérin, Isabelle, u.a.: »Understanding Social Networks and Social Protection: Insights on Demonetisation from Rural Tamil Nadu«. *Review of Rural Affairs* (online). Vol. 52. Nr. 52. 30.12.2017.

Häring, Norbert: *Die Abschaffung des Bargelds und die Folgen: Der Weg in die totale Kontrolle.* Quadriga. 2016.

Harrell, Peter, Elizabeth Rosenberg: *The Next Generation of Sanctions. A Strategy of Coercive Economic Policy for the Next President.* Center for a New American Security. Washington. 2016.

HM Government: *Governance for Growth. Building Consensus for the Future. A Report for the 2011 G20 Summit in Cannes.* 2011.

Huxley, Aldous: *Schöne neue Welt.* Fischer Taschenbuch. 1981

International Initiative for Impact Evaluation: *Building on What Works: Annual Report.* 2009.

Jack, William, Tavneet Suri: »Risk Sharing and Transaction Costs: Evidence from Kenya's Mobile Money Revolution«. *American Economic Review.* Vol. 204. Nr. 1. 2013. S. 183–223.

Khan, Lina: »Amazon's Antitrust Paradox«. *Yale Law Journal* (online). Vol. 116. 2017. S. 710–805.

Khera, Reetika:»The UID Project and Welfare Schemes«. *Economic and Political Weekly* (online). Vol. 46. Nr. 9. 2011. S. 38–43.

Kireyev, Alexei: *The Macroeconomics of De-Cashing*. IMF Working Paper 17/71. 2017.

Kondakhchyan, Anna:»To use or not to use biometrics? Help us answer the question«. *Oxfam Views & Voices* (online). 14.11.2018.

Krüger, Malte, Franz Seitz: *Der Nutzen von Bargeld: Kosten und Nutzen des Bargelds und unbarer Zahlungsinstrumente (Modul 2)*. Fritz Knapp Verlag. 2017.

Lang, Valentin, Andrea Presbitero:»Room for discretion? Biased decision-making in international financial institutions«. *Journal of Development Economics*. Vol. 130. 2018. S. 1–16.

Libicki, Martin: *Conquest in Cyberspace: National Security and Information Warfare*. Cambridge University Press. 2007.

Lindskov Jacobsen, Katja:»On Humanitarian Refugee Biometrics and New Forms of Intervention«. *Journal of Intervention and Statebuilding* (online). Vol. 11. 2017. S. 529–551

London School of Economics and Political Science: *The Identity Project: an assessment of the UK Identity Cards Bill and its implications*. Juni 2005.

Lyman, Timothy, Wameek Noor: *AML/CFT and Financial Inclusion: New Opportunities Emerge from Recent FATF Action*. CGAP Focus Note Nr. 98. September 2014.

Magnuson, Stew:»Defense Department Under Pressure to Share Biometric Data«. *National Defense* Magazine (online). 1.1.2009.

Mazzucato, Mariana: *The Entrepreneurial State: Debunking Public vs. Private Sector Myths*. Anthem. 2013.

McKinsey & Company: *McKinsey on Payments*. New York. März 2013.

McKinsey & Company: *Digital Finance for All: Powering Inclusive Growth in Emerging Economies*. New York. September 2016.

McKinsey & Company: *How digital finance could boost growth in emerging economies*. New York. September 2016.

Möbert, Jochen: *Bitcoin: Meinungen, Mythen und Missverständnisse*. Deutsche Bank. Frankfurt a.M. 29.1.2018.

Morgan Stanley: *India's Digital Leap – The Multi-Trillion Dollar Opportunity*. 26.9.2017.

Mukhopadhyay, Piali, Karthik Muralidharan, Paul Niehaus, Sandip Sukhtankar: *AP Smartcard Impact Evaluation Project*. Policy Report. Mai 2013.

Müller, Dirk: *Machtbeben: Die Welt vor der größten Wirtschaftskrise aller Zeiten. Hintergründe, Risiken, Chancen*. Heyne. 2018.

National Economic Council: *A Framwork for FinTech*. Washington. Januar 2017.

Ndung'u, Njuguna: »Harnessing Africa's digital potential. New tools for a new age«. In: Africa Growth Initiative at Brookings (Hrsg.): *Foresight Africa: Top Priorities for the Continent in 2018*. Januar 2018. S. 82–100.

Partnership for Finance in a Digital Africa: *Can Big Data Shape Financial Services in East Africa?* Caribou Digital Publishing. 2018.

Pasquale, Frank: »From Territorial to Functional Sovereignty: The Case of Amazon«. *Law and Political Economy* (online). 6.12.2017.

Pickens, Mark, David Porteous, Sarah Rotman: *Banking the Poor via G2P Payments*. CGAP, DFID Focus Note Nr. 58. Dezember 2009.

Positive Finance: *The future of cash: Protecting access to payments in the digital age*. März 2018.

Pohlmann, Christoph, Stephan Reichert, Hubert René Schillinger (Hrsg.): *G20: A Global Economic Government in the Making*. Friedrich-Ebert-Stiftung. Juni 2010.

Rat der Europäischen Union: *Vermerk des Vorsitzes für die Gruppe »Allgemeine Angelegenheiten einschließlich Bewertungen« Betr.: Abschlussbericht über die fünfte Runde der gegenseitigen Begutachtung – »Finanzkriminalität und Finanzermittlungen«*. Brüssel. 3.10.2012.

Rockefeller, David: *Erinnerungen eines Weltbankiers*. FinanzBuch Verlag. 2008.

Rogoff, Ken: »Blessing or Curse? Foreign and Underground Demand for Euro Notes«. *Economic Policy*. Vol. 13. Nr. 26. April 1998.

Rogoff, Ken: *Costs and benefits to phasing out paper currency*. Working Paper. 2014.

Rogoff, Ken: *Der Fluch des Geldes: Warum unser Bargeld verschwinden wird*. FinanzBuch Verlag. 2016.

Rosenberg, Elizabeth, Zachary Goldman, Daniel Drezner, Julia Solomon-Strauss: *The New Tools of Economic Warfare: Effects and Effectiveness of Contemporary U.S. Financial Sanctions*. Washington. 15.4. 2016.

Sands, Peter: *Making it Harder for the Bad Guys: The Case for Eliminating High Denomination Notes*. Harvard University Working Paper. Februar 2016.

Sands, Peter, Haylea Campbell, Tom Keatinge, Ben Weisman: *Limiting the Use of Cash for Big Purchases: Assessing the Case for Uniform Cash Thresholds*. RUSI-Occasional Paper. September 2017.

Schaar, Peter: *Kurzgutachten zum Vorschlag der Kommission für die Überarbeitung der 4. EU-Geldwäscherichtlinie aus datenschutzrechtlicher Sicht*. Prepaid-Verband. September 2016.

Scholten, Bram: *Decline management: the case of cash: Policy response in the Netherlands and the Nordic countries.* Vortrag auf der International Cash Conference der Deutschen Bundesbank in Mainau. 25.–27. April 2017.

Schwittay, Anke: *New Media and International Development: Representation and Affect in Microfinance.* Routledge. 2014.

Siekmann, Helmut: »Restricting the Use of Cash in the European Monetary Union: Legal Aspects«. In: Frank Rövekamp, Moritz Bälz, Hans Günther Hilpert (Hrsg.): *Cash in East Asia.* Springer. 2017. S. 153–178.

Slaughter, Anne-Marie: *The Chessboard and the Web: Strategies of Connection in a Networked World.* Yale University Press. 2017.

Suri, Tavneet, William Jack, Thomas Stoker: »Documenting the birth of a financial economy«. *PNAS* (online). 26.6.2012.

The Engine Room, Oxfam: *Biometrics in the Humanitarian Sector.* März 2018.

Toyama, Kentaro: *Geek Heresy: Rescuing Social Change from the Cult of Technology.* Public Affairs. 2015.

Tsingou, Eleni: »Power elites and club-model of governance in global finance«. *International Political Sociology.* Vol. 8. Nr. 3. 2014. S. 340–342.

USAID: *Beyond Cash: Why India Loves Cash and Why That Matters for Financial Inclusion.* Januar 2016.

USAID: *Mission Critical: Enabling Digital Payments for Development: A guide for USAID and other government employees to engage with policy.* Washington. 2017.

Vries, Alex de: »Bitcoin's Growing Energy Problem«. *Joule* (online). Vol. 2. Nr. 5. S. 801–805. 16. 5.2018.

Weiss, Linda: *America Inc.?: Innovation and Enterprise in the National Security State.* Cornell University Press. 2014.

Werner, Richard: *Princes of the Yen: Japan's Central Bankers and the Transformation of the Economy.* Routledge. 2003.

World Bank: *Withdrawal from Correspondent Banking; Where, Why, and What to Do About It.* Washington. November 2015.

World Bank, Better Than Cash Alliance, Bill & Melinda Gates Foundation: *The Opportunities of Digitizing Payments. How digitization of payments, transfers, and remittances contributes to the G20 goals of broad-based economic growth, financial inclusion, and women's economic empowerment.* 28.8.2014.

World Economic Forum: *From the Global Digital Divide to the Global Digital Opportunity: Proposals Submitted to the G8 Kyushu-Okinawa Summit 2000.* Tokio. 19.7.2000.

World Economic Forum: *A Blueprint for Digital Identity: The Role of Financial Institutions in Building Digital Identity*. August 2016.

World Economic Forum: *The Known Traveller: Unlocking the potential of digital identity for secure and seamless travel*. Januar 2018.

Wyche, Susan, Nightingale Simiyu, Martha Othieno: »Mobile Phones as Amplifiers of Social Inequality among Rural Kenyan Women«. *ACM Trans. Comput.-Hum. Interact* (online). Vol. 23. Nr. 3. Artikel 14. Mai 2016. DOI: http://dx.doi.org/10.1145/2911982.

Yam, Joseph: »Capital Flows, Hedge Funds and Market Failure: A Hong Kong Perspective«. In: David Gruen, Luke Gower (Hrsg.): *Capital Flows and the International Financial System*. McMillan. 1999. S. 164–179.

Yi, Huang, Ugo Panizza, Richard Portes: *Corporate Foreign Bond Issuance and Interfirm Loans in China*. NBER Working Paper 24513. April 2018.

Anmerkungen

Einführung und Überblick

1 Auf Deutsch zum Beispiel in: Aldous Huxley: *Schöne neue Welt*. Fischer Taschenbuch. 1981

1. MasterCard, Bill Gates und ihr »Krieg gegen das Bargeld«

1 Jane Adams:»The War on Cash«. *European Card Review*. März/April 2006. S. 12–18.

2 Im Original:»We agree with the war on cash.«

3 Alexander Labak:»The Future Beyond Cash – Europe's Debit Alternative«. Speech to Delegates of the Fourth Annual MasterCard Debit Conference. Genf. 10.3.2005.

4 Alexei Kireyev: *The Macroeconomics of De-Cashing*. IMF Working Paper 17/71. 2017.

5 McKinsey & Company: *McKinsey on Payments*. New York. März 2013.

6 MasterCard:»MasterCard Joins Better Than Cash Alliance.« Pressemitteilung. Ohne Datum (etwa 2013).

7 uncdf.org/history.

8 Siehe z. B.: *UN report: Social network payments now reach nearly US $3 trillion in China*. Mitteilung, gepostet auf https://www.betterthancash.org am 19.4.2017.

9 Der Begriff »Nichtregierungsorganisation« wird von mir nur in Anführungszeichen gebraucht, weil die so bezeichneten Organisationen ihr Geld zumeist hauptsächlich vom Staat bekommen und oft handverlesene Kooperationspartner staatlicher Stellen oder transnationaler Unternehmenslobbyisten sind.

10 MasterCard: »MasterCard Joins Better Than Cash Alliance«. Pressemitteilung. Ohne Datum (etwa 2013).

11 Carl Gutierrez: »MasterCard Goes To War With Cash«. *Forbes* (online). 15.9.2010.

12 www.betterthancash.org/why-digital-payments

13 Zitiert in: Vikas Bajaj, Andrew Martin: »Who Needs Cash (or Borders)?«. *New York Times.* 16.10.2010.

14 McKinsey Global Institute: *How Digital Finance Could Boost Growth in Emerging Economies.* New York. 2016.

15 »Merkel: Daten sind der Rohstoff des 21. Jahrhunderts«. *Frankfurter Allgemeine Zeitung* (online). 12.3.2015.

16 »Airline Seat Optimization for Passenger Shoulder-Width and Size«. *Justia Patents* (online). 5.5. 2015.

17 https://www.bloomberg.com/news/videos/2015-12-01/PayPal-ceo-financial-inclusion-a-huge-opportunity

18 https://www.omidyar.com/our-work/digital-identity.

19 Tilmann Wittenhorst: »Bundesbehörden zahlen eine Viertelmilliarde Euro Lizenzgebühren an Microsoft«. *Heise* (online). 14.4.2018.

20 Elisabeth Ryne: »A US-Agenda for Global Financial Inclusion«. *Devex* (online). 1.3.2017.

21 http://www.yorkcast.com/treasury/events/2015/12/01/financial/. Ab Minute 235.

22 White House: *Executive Order – Establishing the President's Global Development Council.* Pressemitteilung. 9.2.2012.

23 USAID: *Mission Critical: Enabling Digital Payments for Development: A guide for USAID and other government employees to engage with policy.* Washington. 2017.

24 Elizabeth Rosenberg, Zachary Goldman, Daniel Drezner, Julia Solomon-Strauss: *The New Tools of Economic Warfare: Effects and Effectiveness of Contemporary U.S. Financial Sanctions.* Washington. 15.4. 2016.

25 Anja Ettel, Holger Zschäpitz: »Deutsche Bank droht US-Regierung mit Systemkollaps«. *Welt* (online). 4.10.2016.

26 Scott Shane, Daisuke Wakabayashi: »The Business of War: Google Employees Protest Work for the Pentagon«. *New York Times* (online). 4.4.2018.

27 Better Than Cash Alliance: *Gap Inc. Sets New Goal For Apparel Suppliers To Pay Garment Workers Digitally By 2020.* Pressemitteilung. 14.3.2018.

28 World Economic Forum: *From the Global Digital Divide to the Global Digital Opportunity: Proposals Submitted to the G8 Kyushu-Okinawa Summit 2000.* Tokio. 19.7.2000.

29 https://www.usaid.gov/gda/why-partner

30 Landon Thomas Jr.:»The World Bank Is Remaking Itself as a Creature of Wall Street«. *New York Times* (online). 25.1.2018.

31 Anke Schwittay: *New Media and International Development: Representation and Affect in Microfinance.* Routledge. 2014.

32 Zbigniew Brzezinski: *The Grand Chessboard: American Primacy and Its Geostrategic Imperatives.* Basic Books. 1998.

33 Einen Überblick über diese Literatur geben: Valentin Lang, Andrea Presbitero:»Room for discretion? Biased decision-making in international financial institutions«. *Journal of Development Economics.* Vol. 130. 2018. S. 1–16.

34 Er war Mitverfasser von: Better Than Cash Alliance: *Building Inclusive Digital Payments Ecosystems: Guidance Note for Governments. A report by the Better Than Cash Alliance for the G20 Global Partnership for Financial Inclusion.* Mai 2017.

35 Norbert Häring:»Modi, Yunus and the financial inclusion mafia«. *norberthaering.de.* 26.3.2017.

36 Muhammad Yunus:»Remarks from Dr. Muhammad Yunus's acceptance speech given on the occasion of his receiving the Help for Self-help Prize of the Stromme Foundation. September 26, 1997 in Oslo«. Abgedruckt in: *Newsletter of the Microcredit Summit Campaign.* Vol. 1. Nr. 2. November/Dezember 1997.

37 Milford Bateman, Kate Maclean (Hrsg.): *Seduced and Betrayed: Exposing the Contemporary Microfinance Phenomenon.* University of New Mexico Press. 2017.

38 Milford Bateman, Ha-Joon Chang:»Microfinance and the Illusion of Development: From Hubris To Nemesis in Thirty Years«. *World Economic Review.* Nr 1. 2012. S. 13–36.

39 Jens Weidmann: *Digital Finance – Chancen nutzen, ohne Risiken zu vernachlässigen.* Begrüßungsansprache zur G20-Konferenz »Digitising finance, financial inclusion and financial literacy«. Wiesbaden. 25.01.2017.

40 Julia Ericksen, Eugene Ericksen, Scott Graham: *Over-indebtedness in Mexico: Giving Borrowers a Voice.* Finca. Ohne Jahr (etwa 2014).

41 Ebenda.

42 »Te Creemos Holding Announces Acquisition of FINCA Mexico«. *Amexcap* (online). 15.11.2016.

43 Neil MacFarquhar:»Conflict of Interest«. *Sunday Morning Herald* (online). 16.4.2010.

44 Siehe Minute 13 im Video www.yorkcast.com/treasury/events/2015/12/01/financial/

45 G20 Financial Inclusion Experts Group: *Report on Innovative Financial*

Inclusion from the Access through Innovation Sub-Group. Washington. 25.5.2010.

46 World Bank, Better Than Cash Alliance, Bill & Melinda Gates Foundation: *The Opportunities of Digitizing Payments – How digitization of payments, transfers, and remittances contributes to the G20 goals of broad-based economic growth, financial inclusion, and women's economic empowerment.* 28.8.2014.

47 Alliance for Financial Inclusion, Global Partnership for Financial Inclusion: *G20 Principles for Innovative Financial Inclusion.* Ohne Jahr (etwa 2011).

48 *Andriotis, AnnaMaria:* »Visa Takes the War on Cash to Restaurants«. *Dow Jones Newswires.* 12.7.2017.

49 Global Partnership for Financial Inclusion: *Global Standard-Setting Bodies and Financial Inclusion: The Evolving Landscape.* März 2016.

50 Siehe Video: http://www.yorkcast.com/treasury/events/2015/12/01/financial/. Máxima ab Minute 31, Masiyiwa ab Minute 52.

51 Norbert Häring: »Wundermittel finanzielle Inklusion«. *Handelsblatt.* 15.5.2017.

52 http://www.worldbank.org/en/topic/financialinclusion/overview.

53 World Bank, Better Than Cash Alliance, Bill & Melinda Gates Foundation: *The Opportunities of Digitizing Payments – How digitization of payments, transfers, and remittances contributes to the G20 goals of broad-based economic growth, financial inclusion, and women's economic empowerment.* 28.8.2014.

54 Mark Pickens, David Porteous, Sarah Rotman: *Banking the Poor via G2P Payments.* CGAP, DFID Focus Note Nr. 58. Dezember 2009.

55 *McKinsey & Company: Digital Finance for All: Powering Inclusive Growth in Emerging Economies.* New York. September 2016.

56 McKinsey & Company: *How digital finance could boost growth in emerging economies.* New York. September 2016.

57 Maren Duvendack et al.: *What is the evidence of the impact of microfinance on the well-being of poor people?* Institute of Education, University of London. 2011.

58 Milford Bateman, Kate Maclean (Hrsg.): *Seduced and Betrayed: Exposing the Contemporary Microfinance Phenomenon.* University of New Mexico Press. 2017.

59 Mark Pickens, David Porteous, Sarah Rotman: *Banking the Poor via G2P Payments.* CGAP, DFID Focus Note Nr. 58. Dezember 2009.

60 William Jack, Tavneet Suri: »Risk Sharing and Transaction Costs: Evidence from Kenya's Mobile Money Revolution«. *American Economic Review*, Vol. 204. Nr. 1. S. 183–223.

61 https://news.uci.edu/2011/10/27/imtfi-awarded-4-17-million-gates-foun dation-grant/

62 https://wagner.nyu.edu/impact/centers/fai#

63 https://www.cgdev.org/section/funding

64 http://fletcher.tufts.edu/IBGC/About/Sponsors

65 http://cega.berkeley.edu/our-work/Agriculture/

66 http://www.poverty-action.org/news/call-expressions-interest-ipa-finan cial-inclusion-program

67 Bill & Melinda Gates Foundation: *Brookings Launches Africa Growth Initiative*. Pressemitteilung. Ohne Datum.

68 Zum Beispiel: Njuguna Ndung'u: »Harnessing Africa's digital potential. New tools for a new age«. In: Africa Growth Initiative at Brookings (Hrsg.): *Foresight Africa: Top Priorities for the Continent in 2018*. Januar 2018. S. 82–100.

69 International Initiative for Impact Evaluation: *Building on What Works: Annual Report*. 2009

70 www.cenfri.org

71 Jonathan Morduch: »Microfinance as a Credit Card«. *Limn* (online). Januar 2018.

72 Asian Development Bank: *How financial inclusion reduces poverty, income inequality*. Pressemitteilung. 3.4.2018.

73 Abhijit Banerjee, Esther Duflo, Rachel Glennerster, Cynthia Kinnan: »The Miracle of Microfinance? Evidence from a Randomized Evaluation«. *American Economic Journal: Applied Economics*. Vol. 7. Nr. 1. 2015. S. 22–53.

74 https://www.g20.org/Content/DE/_Anlagen/G7_G20/2016-g20-praesi dentschaftspapier-en.pdf?__blob=publicationFile&v=2

75 Norbert Häring: »Wundermittel finanzielle Inklusion«. *Handelsblatt*. 15.5.2017.

76 World Bank: *Zambia Launches its First National Financial Inclusion Strategy*: Pressemitteilung. 11.8.2017.

77 Damals hieß sie noch Gesellschaft für technische Zusammenarbeit (GTZ).

78 www.afi-global.org/alfred-hannig-afi-executive-director

79 *The CBJ, Gates Foundation launch empowerment initiative*. Mitteilung der jordanischen Regierung auf http://www.petra.gov. Amman. 28.2.2018.

80 Daniel Sabiiti: »Central Bank Urges Rwandans To Go Cashless«. *Ktpress* (online). 25.11.2017.

81 MasterCard: *MasterCard® Government Services & Solutions Case Study Nigeria National ID Card (NID)*. 2013.

82 MasterCard: *Huduma Card Delivers Cashless Efficiency, Powered by Master-Card Technology*. Pressemitteilung. Nairobi. 7.2.2017.

83 Mark Pickens, David Porteous, Sarah Rotman: *Banking the Poor via G2P Payments*. CGAP, DFID Focus Note Nr. 58. Dezember 2009.

84 Alliance for Financial Inclusion: *Enabling mobile money transfer: The Central Bank of Kenya's treatment of M-Pesa*. 2010.

85 Bill & Melinda Gates Foundation: *Fighting Poverty, Profitably: Transforming the Economics of Payments to Build Sustainable, Inclusive Financial Systems*. 2013.

86 Stand Januar 2018. https://www.safaricom.co.ke/personal/m-pesa/get-started-with-m-pesa/m-pesa-tariffs

87 Wyche, Susan, Nightingale Simiyu, Martha Othieno: »Mobile Phones as Amplifiers of Social Inequality among Rural Kenyan Women.« *ACM Trans. Comput.-Hum. Interact* (online). Vol. 23. Nr. 3. Artikel 14. Mai 2016. DOI: http://dx.doi.org/10.1145/2911982.

88 Kentaro Toyama: *Geek Heresy: Rescuing Social Change from the Cult of Technology*. Public Affairs. 2015.

89 Omar Mohammed: »Kenya mobile phone firms to offer cross-network cash transfers.« *Reuters* (online). 6.4.2018.

90 Bill & Melinda Gates Foundation: *Fighting Poverty, Profitably: Transforming the Economics of Payments to Build Sustainable, Inclusive Financial Systems*. 2013.

91 Siehe Minute 17 im Video www.yorkcast.com/treasury/events/2015/12/01/financial/.

92 Die US-Wissenschaftler Tavneet Suri und William Jack, die mit Geld der Gates-Stiftung und von FSD am Fließband Pseudobeweise für den Nutzen finanzieller Inklusion aus Kenia liefern, stellen es z.B. so dar, als habe sich das Geschäftsmodell von M-Pesa von unten herauf in Kenia entwickelt. Mobiltelefonkunden hätten immer mehr die Möglichkeit genutzt, Telefonguthaben an andere zu übertragen, und irgendwann sei der Anbieter Safaricom auf die Idee gekommen, das zu einem Geldtransfersystem auszubauen. Siehe: Tavneet Suri, William Jack, Thomas Stoker: »Documenting the birth of a financial economy«. *PNAS* (online). 26.6.2012.

93 Alliance for Financial Inclusion: *Enabling mobile money transfer*. 2010.

94 Ebenda.

95 Michelle Kaffenberger, Patrick Chege: »Digital Credit in Kenya: Time for Celebration or Concern?«. *CGAP-Blog*. 3.10.2016.

96 Edwin Okot: »Big Brother could start tapping your calls, texts from next week«. *Daily Nation* (online). 27.2.2017.

97 Alan Gibson: *FSD Kenya: Ten Years of a Market Systems Approach in the Kenyan Finance Market.* FSD Kenya. August 2016.

2. Unzertrennlich: Finanzielle Inklusion und biometrische Datenbanken

1 Jon Viktor Gabuenas.»Bangko Sentral says National ID system to improve financial inclusion«. *GMA News* (online). 12.4.2018.

2 https://www.usaid.gov/philippines/partnership-growth-pfg/e-peso-activity

3 USAID: *Mission Critical: Enabling Digital Payments for Development.* Washington. 2017.

4 Claire Alexandre, Ignacio Mas:»Financial Inclusion and Law Enforcement: United by a Common Enemy«. *Center for Financial Inclusion Blog (Accion).* 17.2.2011.

5 Jumoke Akiyode-Lawanson:»Banks, set to enforce NIN as only acceptable means of identification«. *Business Day* (online). 22.2.2018.

6 »France: Biometric ID databank found unconstitutional«. *EDRi* (online). 28.3.2012.

7 London School of Economics and Political Science: *The Identity Project: an assessment of the UK Identity Cards Bill and its implications.* Juni 2005.

8 Die Information über das Sponsoring durch die Gates-Stiftung und das Mission-Statement stammen aus einer Kurzbeschreibung auf www.wefo rum.org/projects, abgerufen im Februar 2017. Die vorgestellten Projekte rotieren. Im März 2018 war diese Beschreibung nicht mehr auf der Webseite auffindbar.

9 World Economic Forum: *A Blueprint for Digital Identity: The Role of Financial Institutions in Building Digital Identity.* August 2016.

10 Siehe Eintrag *Identification for Development* auf der Webseite der World Bank.

11 www.yorkcast.com/treasury/events/2015/12/01/financial/. Ab Minute 21.

12 Joseph Atick:»Harmonization of the Identity Ecosystem. A pragmatic View«. *The Vault* (online). April 2018.

13 http://events.afcea.org/GlobalID16/public/Content.aspx?ID=63448

14 Devinder Singh:»The coalescing of ›War on cash‹ and ›Biometric mass surveillance‹ in India«. *Medium* (online). 21.8.2017.

15 Stew Magnuson:»Defense Department Under Pressure to Share Biometric Data«. *National Defense Magazine* (online). 1.1.2009.

16 Waqas Ahmed:»NADRAGate: The terrifying cable that should not be ignored«. *Daily Pakistan* (online). 9.6.2017.

17 »Post-PISCES: FIA's ›new and improved‹ border security system fails«. *The Express Tribune* (online). 17.10.2014.

18 Murtaza Ali Shah:»Nadra outsources its UK operation«. *The News* (online). 6.9.2011.

19 »A US agenda for global financial inclusion«. *Devex* (online). 1.3.2017.

20 Albert Gonzalez Frarran:»NIMC, UNHCR to enroll 100,000 displaced persons in e-identity card«. *Guardian* (Nigeria, online). 13.12.2017.

21 Anna Kondakhchyan:»To use or not to use biometrics? Help us answer the question«. *Oxfam Views & Voices* (online). 14.11.2018.

22 Chris Burt:»IFC to support IrisGuard ePayment solution deployment for financial inclusion of Syrian refugees«. *Biometric Update* (online). 14.2.2018.

23 Jeff Crisp:»Beware the Notion That Better Data Lead to Better Outcomes for Refugees and Migrants«. *Chatham House* (online). 9.3.2018.

24 Katja Lindskov Jacobsen:»On Humanitarian Refugee Biometrics and New Forms of Intervention«. *Journal of Intervention and Statebuilding* (online). Vol. 11. 2017. S. 529–551.

25 James Ball, Nick Hopkins:»GCHQ and NSA targeted charities, Germans, Israeli PM and EU Chief«. *Guardian* (online), 20.12.2013.

26 Paul Currion:»Eyes Wide Shut: The challenge of humanitarian biometrics«. *Irin News* (online). 26.8.2017.

27 US Department of State: *The United States Refugee Admissions Program: Reforms for a New Era of Refugee Resettlement. Chapter VI. The Role of the Office of the UN High Commissioner for Refugees.*2004. Im Internet unter https://2001-2009.state.gov/g/prm/refadm/rls/rpts/36066.htm

28 Christina zur Nedden, Ariana Dongus, Muhammad Hamed:»Getestet an Millionen Unfreiwilligen.« *Reuters* (online). 17.12.2017.

29 The Engine Room, Oxfam: *Biometrics in the Humanitarian Sector.* März 2018.

30 Joshua Partlow, Nick Miroff:»U.S. gathers data on migrants deep in Mexico, a sensitive program Trump's rhetoric could put at risk«. *Washington Post* (online). 6.4.2018.

31 USAID: *Beyond Cash: Why India Loves Cash and Why That Matters for Financial Inclusion.* Januar 2016.

32 »Brief aus Kerala«. norberthaering.de. 9.1.2017.

33 »North Korea on the Ganga: Police Book Kanpur Traders for Poster Comparing Modi to Kim Jong Un«. *The Wire* (online). 15.10.2017.

34 https://www.rt.com/shows/sophieco/390573-narendra-modi-india-politics/

35 Bhaskar Chakravorti:»Early Lessons from India's Demonetization Experiment«. *Harvard Business Review.* 14.3.2017.

36 »Why India wiped out 86% of its cash overnight«. *BBC News* (online). 14.11.2016.

37 Reserve Bank of India: *Annual Report 2016.* September 2017.

38 Nach einer Analyse der Ergebnisse von Steuerprüfungen hatten 2015 und 2016 nur 6 Prozent des in Indien entdeckten Schwarzvermögens die Form von Bargeld. Siehe: Bhaskar Chakravorti:»Early Lessons from India's Demonetization Experiment«. *Harvard Business Review.* 14.3.2017.

39 Ejaya Kumar:»Modi's Credibility Hit As 99% Banned Notes Return to RBI«. *Asia Times.* 1.9.2017.

40 Isabelle Guérin u. a.:»Understanding Social Networks and Social Protection: Insights on Demonetisation from Rural Tamil Nadu«. *Review of Rural Affairs* (online). Vol. 52. Nr. 52. 30.12.2017.

41 »Bill & Melinda Gates Foundation Announces $170 Million for Women's Empowerment«. *News 18* (online). 7.3.2018.

42 Morgan Stanley: *India's Digital Leap – The Multi-Trillion Dollar Opportunity.* 26.9.2017.

43 Morgan Stanley: *India's Digital Future.* 12.10.2017.

44 »Walmart übernimmt in Mega-Deal Amazon-Rivale in Indien«. *Reuters.* 9.5.2018.

45 Vindu Goel, Suhasini Rajjan:»India Clings to Cash, Even as Tech Firms Push Digital Money«. *New York Times* (online). 7.1.2018.

46 Douglas Busvine, Rupam Jain:»Who knew? Modi's black money move kept a closely guarded secret«. *Reuters* (online). 9.12.2016.

47 »Bill Gates backs demonetisation, says it's worth the pain«. *Times of India.* 18.10.2016.

48 www.yorkcast.com/treasury/events/2015/12/01/financial/. Ab Minute 17.

49 Ellen Barry:»Raghuram Rajan Says He'll Step Down as Head of India's Central Bank«. *New York Times* (online). 18.6.2016.

50 Raghuram Rajan: *I do what I do.* HarperCollins India. 2017. Zitiert nach: Rajesh Mahapatra:»Raghuram Rajan breaks silence, says neither he nor RBI under him wanted demonetization«. *Hindustan Times* (online). 5.9.2017.

51 Tamal Bandyopadhyay:»Why do you do what you do, Mr Raghuram Rajan?«. *Live Mint* (online). 11.9.2017.

52 James Mann:»Why Narendra Modi Was Banned From the U.S.«. *Wall Street Journal* (online). 2.5.2014.

53 The White House: *US-India Joint Statement.* 30.9.2017.

54 The White House: *U.S.-India Joint Statement – Shared Effort; Progress for All.* 5.1.2015.

55 USAID: *Mission Critical: Enabling Digital Payments for Development*. Washington. 2017.

56 USAID: *Beyond Cash: Why India Loves Cash and Why That Matters for Financial Inclusion*. Januar 2016.

57 BCG, Google: *Digital Payments 2020. The Making of a $500 Billion Ecosystem in India*. Juli 2016.

58 McKinsey & Company: *Digital finance for all*. September 2016.

59 http://cashlesscatalyst.org/

60 Arvind Gupta, Philip Auerswald: »How India Is Moving Toward a Digital-First Economy«. *Harvard Business Review* (online). 8.11.2017.

61 Bhaskar Chakravorti: »Early Lessons from India's Demonetization Experiment«. *Harvard Business Review* (online). 14.3.2017.

62 Siehe ab Minute 21 im Video http://www.yorkcast.com/treasury/events/2015/12/01/financial/

63 »›The idea is to be inclusive. The upper and middle classes have many forms of identity but the poor often have none‹, Interview with Nandan Nilekani«. *Indian Express* (online). 29.11.2009.

64 Reetika Khera: »The UID Project and Welfare Schemes«. *Economic and Political Weekly* (online). Vol. 46. Nr. 9. 2011. S. 38–43.

65 Prerna Kapoor, Remya Nair, Elizabeth Roche: »Aadhaar fails MGNREGS test in Telangana«. *Live Mint* (online). 7.4.2018.

66 Anoo Bhuyan: »Aadhaar Isn't Just About Privacy. There Are 30 Challenges the Govt Is Facing in Supreme Court«. *The Wire* (online). 18.1.2018.

67 Reetika Khera: »The Different Ways in Which Aadhaar Infringes on Privacy«. *The Wire* (online). 19.7.2017.

68 Anumeha Yadav: »Under the right to information law, Aadhaar data breaches will remain a state secret«. *Scroll.in* (online). 5.3.2017.

69 Manoj Kumar: »India Probes Report on Breach of National Identity Database«. *Reuters* (online). 4.1.2018.

70 Anumeha Yadav: »Under the right to information law, Aadhaar data breaches will remain a state secret«. *Scroll.in* (online). 5.3.2017.

71 »Govt moves to firewall Aadhaar with 16-digit virtual ID, token, limited KYC«. *Indian Express* (online). 11.1.2018.

72 Najmul Ahasan, Philip O' Keefe, Gora Datta, Carlo del Ninno: *Concept Note of a Smartcard based Public Distribution System*. World Bank and CAL2CAL Corporation. 2008. Die Studie ist nicht mehr verfügbar. Zitiert nach Reetika Khera: »The UID Project and Welfare Schemes«. *Economic and Political Weekly* (online). Vol. 46. Nr. 9. 2011. S. 38–43.

73 Piali Mukhopadhyay, Karthik Muralidharan, Paul Niehaus, Sandip Sukhtankar: *AP Smartcard Impact Evaluation Project*. Policy Report. Mai 2013.

74 Josh Miler:»World Bank and Partners Launch eTransform Initiative to Maximize Technology's Potential for Development«. *Devex* (online). 23.4.2010.

75 Ebenda.

76 Zum Beispiel Weltbank-Chefvolkswirt Paul Romer, zitiert in: Jeanette Rodriguez:»India's Aadhaar Scheme Is Like A New Internet Being Built: Foreign Media«. *Bloomberg* (online), 16.3.2017; oder Bill & Melinda Gates Foundation: *Goalkeepers: The Stories Behind the Data.* 2017; oder Better Than Cash Alliance: UN report: *Social network payments now reach nearly US $3 trillion in China.* Pressemitteilung. 19.4.2017.

77 Jean Drèze, Reetika Khera:»Aadhaar's $11-bn question: The numbers being touted by govt have no solid basis«. *Economic Times* (online). 8.2.2018.

78 Das Projekt hieß:»BD Identification System for Enhancing Access to Services (IDEA) Project«. Im Internet unter: http://projects.worldbank.org/P121528/bd-identification-system-enhancing-access-services-idea-project?lang=en

79 Glyn Moody:»Bangladesh Brings In Nationwide Digital Identity Cards Linking Biometrics To Mobile Phone Numbers«. *Techdirt* (online). 12.10.2016.

80 Govind Krishnan:»Foreign agencies can access Aadhaar data«. *Sunday Guardian* (online). 25.12.2011.

81 »Foreign Firms Given Access To Your Unencrypted Aadhaar Data«. *GGI News* (online). 30.8.2017.

82 World Bank: *Frequently Asked Questions (Q&As): Identification System for Enhanced Access to Services (IDEA) project.* 23.11.2017.

83 Lison Joseph:»MongoDB startup hired by Aadhaar got funds from CIA VC arm«. *Economic Times* (online). 3.12.2013.

84 Chethan Kumar:»RTI activist says Aadhaar contract gave foreign firms access to unencrypted data«. *Times of India* (online). 30.8.2017; sowie Gopal Krishna:»Unfolding of Aadhaar scam: Guaranteed revenue flow for MNCs by Modi govt? – Part2«. *Moneylife* (online). 5.11.2014.

85 World Bank: *ID4D Country Diagnostic: Kenya.* Washington. 2016.

86 »OT-Morpho denies claims Kenyan biometric voting system was hacked«. *Biometric Update* (online). 19.9.2017.

87 Kimiko de Freytas-Tamura:»Kenya Court Says It Nullified Election Over Possible Hacking«. *New York Times* (online). 20.9.2017.

88 Shelley Kasli:»How CIA agents can access Aadhaar database via UIDAI certified company Cross Match«. *GGI News* (online). 25.8.2017.

89 S.G Vombatkere:»Edward Snowden's Wake-up Call: Cyber Security, Surveillance and Democracy«. *Asian Tribune* (online). 23.6.2013.

3. Der heimliche Krieg der Schattenmächte gegen das Bargeld

1 Fritz Glunk: *Schattenmächte: Wie transnationale Netzwerke die Regeln unserer Welt bestimmen.* dtv. 2017.

2 Christoph Pohlmann, Stephan Reichert, Hubert René Schillinger (Hrsg.): *G20: A Global Economic Government in the Making.* Friedrich-Ebert-Stiftung. Juni 2010.

3 Sigmar Gabriel: »Deutschlands Tatenlosigkeit ist beängstigend«. *Tagesspiegel* (online). 22.5.2018.

4 Im Vorwort von: HM Government: *Governance for Growth. Building Consensus for the Future. A report for the 2011 G20 Summit in Cannes.* 2011.

5 Der in der vorangegangenen Fußnote zitierte Bericht der britischen Regierung setzt sich mit Kritik aus der UN und Zweifeln an der Legitimität der G20 auseinander.

6 EU-Ombudsman: *Ombudsman recommends President Draghi suspend his ›Group of 30‹ membership.* Pressemitteilung. 17.1.2018.

7 Siehe dazu ausführlicher: Norbert Häring. *Die Abschaffung des Bargelds und die Folgen.* Quadriga. 2016.

8 European Central Bank: *Detailed Opinion of the European Central Bank on the European Ombudsman's Recommendations in Case 1697/2016 ANA. 18.4.2018.* Veröffentlicht auf www.ecb.europa.eu.

9 Jan Mallien: »EZB-Präsident Draghi hält an umstrittener G30-Mitgliedschaft fest«. *Handelsblatt* (online). 18.4.2018; Harald Schumann: »Die gefährliche Nähe der EZB zur Finanzindustrie«. *Tagesspiegel* (online). 24.4.2018.

10 John Kirton: »*Explaining G20 Summit Success*«. G20 Information Centre. Munk School of Global Affairs, University of Toronto. 17. 12. 2013.

11 Gargee Ghosh: *Remarks by the President's Global Development Council at Financial Inclusion Forum 2015 in Washington.* https://www.usaid.gov/sites/default/files/Financial_Inclusion_Transcript2.pdf

12 Global Development Council: *Call for action on financial inclusion.* Washington. Ohne Jahr (etwa 2015).

13 Zitiert nach: G20 Financial Inclusion Experts Group: *Report on Innovative Financial Inclusion from the Access through Innovation Sub-Group.* Washington. 25.5.2010.

14 G20 Financial Inclusion Experts Group: *Report on Innovative Financial Inclusion from the Access through Innovation Sub-Group.* Washington. 25.5.2010.

15 https://www.gpfi.org/about-gpfi, erstellt von James Pearse am 25. November 2013.

16 UNSGSA: *CEOs and UN Special Advocate Launch Private Sector Partnership for Financial Inclusion*. Pressemitteilung. 31.1.2018.

17 Financial Inclusion Experts Group: *G20 Financial Inclusion Action Plan*. Ohne Jahr.

18 Alliance for Financial Inclusion, Global Partnership for Financial Inclusion: *G20 Principles for Innovative Financial Inclusion*. Ohne Jahr (etwa 2011).

19 http://mm4p.uncdf.org/who-we-are

20 Tom Groenfeldt:»Why The Gates Foundation Is Funding A MasterCard Lab«. *Forbes* (online). 9.12.2014.

21 http://www.fatf-gafi.org

22 http://www.fatf-gafi.org/media/fatf/documents/FINAL%20FATF%20MANDATE%202012-2020.pdf

23 Eleni Tsingou:»Power elites and club-model of governance in global finance«. *International Political Sociology*. Vol. 8. Nr. 3. 2014. S. 340–342.

24 Timothy Lyman, Wameek Noor: *AML/CFT and Financial Inclusion: New Opportunities Emerge from Recent FATF Action*. CGAP Focus Note Nr. 98. September 2014.

25 International Monetary Fund: *Indonesia: 2017 Article IV Consultation: Press Release; Staff Report; and Statement by the Executive Director for Indonesia*. 6.2.2018.

26 Claudio Borio, Gianni Toniolo:»One hundred and thirty years of central bank cooperation: a BIS perspective«. In: Claudio Borio, Gianni Toniolo, Piet Clement (Hrsg.): *The past and future of central bank cooperation*. Cambridge University Press. 2011. S. 16–75.

27 Peter Nonnenmacher:»Das Nazi-Gold der Bank von England«. *Tagesanzeiger* (online). 2.8.2013.

28 »Hitlers beflissene Hehler«. *Spiegel* (online). 17.03.1997.

29 »A US agenda for global financial inclusion«. *Devex* (online). 1.3.2017.

30 Global Partnership for Financial Inclusion: *Global Standard-Setting Bodies and Financial Inclusion*. Washington. März 2016.

31 Global Partnership for Financial Inclusion: *Standard Setting and Financial Inclusion for the Poor – Toward Proportionate Standards and Guidance*. White Paper. 2011.

32 Better Than Cash Alliance: *Building Inclusive Digital Payments Ecosystems*. New York. Mai 2017.

33 Committee on Payments and Market Infrastructures: *Fast payments – Enhancing the speed and availability of retail payments*. Basel. November 2016.

34 Committee on Payments and Market Infrastructures, World Bank Group: *Payment aspects of financial inclusion. Final Report*. Basel. April 2016.

35 Sabine Flatau: »Bargeld unerwünscht: Beschwerdewelle in Bürgerämtern«. *Berliner Morgenpost* (online). 17.10.2016.

36 Ausführlicher dazu: Norbert Häring: *Die Abschaffung des Bargelds und die Folgen.* Quadriga. 2016.

37 Rat der Europäischen Union: *Vermerk des Vorsitzes für die Gruppe ›Allgemeine Angelegenheiten einschließlich Bewertungen‹ Betr.: Abschlussbericht über die fünfte Runde der gegenseitigen Begutachtung – ›Finanzkriminalität und Finanzermittlungen‹.* Brüssel. 3.10.2012.

38 FATF: *Annual Report 2015–16.* Paris. 2017.

39 Penelope Paliani Kamanga: »Malawi the last country standing on national identity cards«. *Southern Times* (online). 10.6.2017.

40 https://laxtongroup.com/case-studies/identity/malawi-2017-national-identity/

41 USAID: *Mission Critical: Enabling Digital Payments for Development.* Washington. 2017. https://www.usaid.gov/sites/default/files/documents/15396/USAID-DFS-OpportunityBrief.pdf

42 https://www.usaid.gov/philippines/partnership-growth-pfg/e-peso-activity

43 German Rincón: Mexican banks to implement biometrics for customers. *Rviera Maya News* (online). 30.8.2017.

44 Justin Lee: Mexican banks to install fingerprint readers to curb identity theft. *Biometric Update* (online). 1.9.2017.

45 Global Partnership for Financial Inclusion: *Global Standard-Setting Bodies and Financial Inclusion.* Washington. März 2016.

46 Timothy Lyman, Wameek Noor: *AML/CFT and Financial Inclusion.* CGAP Focus Note Nr. 98. September 2014.

47 Philippe Vollot: »Ein globales Problem«. *Handelsblatt.* 4.4.2018.

48 Lionel Faull, Nick Mathiason, Ted Jeory: »OPL 245 oil scandal: JP Morgan reveals UK cops gave go-ahead to transfer $875 m to convicted money launderer«. *Finance Uncovered* (online). 5.4.2018.

49 www.fatf-gafi.org/about/fatfsecretariat/. Damit soll in keiner Weise angedeutet werden, dass er persönlich etwas mit den Entscheidungen zu Nigeria zu tun hatte. Dazu ist mir nichts bekannt.

50 European Commission: *Final Communication from the Commission to the European Parliament and the Council on an Action Plan for strengthening the fight against terrorist financing.* Straßburg. 2.2.2016.

51 »Ärger am Automaten: Sparkassen verlangen Gebühren fürs Geldabheben«. *Handelsblatt* (online). 30.3.2017.

52 Aktenzeichen XI ZR 434/14 Randziffer 39. Allerdings ist es nach BGH-Ansicht in Ordnung, wenn eine Bank eine Anzahl kostenloser Ab-

hebungen in Umfang des üblichen Bedarfs vorsieht und häufigeres Abheben mit einem Preis belegt. Was viele Banken tun, geht deutlich darüber hinaus. Anfang 2018 gab es bereits 300 Institute, die sogar von eigenen Kunden Geld für Barabhebungen verlangten, davon etwa 150 von der ersten Abhebung an. Siehe:»Bankkunden müssen am Automaten häufiger zahlen«. *Frankfurter Allgemeine Zeitung.* 13.4.2018.

53 »Das Ende des Bargelds«. *Zeit.* 22.6.2017.

54 https://data.worldbank.org/indicator/FB.ATM.TOTL.P5

55 »Weniger Geldautomaten in Deutschland«. *Spiegel Online.* 15.4.2018.

56 Bram Scholten: *Decline management: the case of cash: Policy response in the Netherlands and the Nordic countries.* Vortrag auf der International Cash Conference der Deutschen Bundesbank in Mainau. 25.–27. April 2017.

57 Amanda Bilner, Niklas Magnusson, Rafaela Lindeberg:»Sweden Tries to Halt Its March to Total Cashlessness«. *Bloomberg* (online). 11.6.2018.

58 Daniel Schäfer:»Deutsche-Bank-Chef outet sich als Bargeld-Skeptiker«. *Handelsblatt* (online). 20.1.2017.

59 SPD-Fraktion im Bundestag: *Bekämpfung von Geldwäsche und Terrorismusfinanzierung.* Pressemitteilung. 26.1.2016.

60 Manfred Schäfers, Hendrik Kafsack, Christian Siedenbiedel:»Bar zahlen künftig nur noch bis 5000 Euro«. *Frankfurter Allgemeine Zeitung* (online). 2.2.2017.

61 Danny Vinik:»Larry Summers Gave An Amazing Speech On The Biggest Economic Problem Of Our Time«. *Business Insider.* 17.11.2013.

62 Ken Rogoff: *Costs and benefits to phasing out paper currency.* Arbeitspapier, präsentiert auf der NBER Macroeconomics Annual Conference, 11.4.2014, und als»Distinguished CES Fellow« an der Universität München am 18.11.2014.

63 Brevan Howard Centre for Financial Analysis, Imperial College Business School, CEPR & Swiss National Bank: Event»Removing the Zero Lower Bound on Interest Rates«. London, Monday 18th May 2015. https://cepr.org/5636

64 Peter Sands: *Making it Harder for the Bad Guys: The Case for Eliminating High Denomination Notes.* Harvard University Working Paper. Februar 2016.

65 Diese Information stammt von einem deutschen Wissenschaftler, der in Kontakt zu Sands stand.

66 Larry Summers:»It's time to kill the $100 bill.« *Washington Post* (online). 16.2.2016.

67 Ken Rogoff: *Der Fluch des Geldes: Warum unser Bargeld verschwinden wird.* FinanzBuch Verlag. 2016.

68 Ken Rogoff: »Blessing or Curse? Foreign and Underground Demand for Euro Notes«. *Economic Policy*. Vol. 13. Nr. 26. April 1998.

69 Mehr dazu in der ausführlichen Buchrezension vom 13.9.2016 auf meinem Weblog *norberthaering.de* unter dem Titel: »›Der Fluch des Bargelds‹ von Ken Rogoff ist ein auf ironische Weise sehr lehrreiches Buch«.

70 In einem Interview, das ich 2015 mit ihm führte, hatte Rogoff auf den Einwand, die Bürger hätten ohne Bargeld kein ausfallsicheres Zahlungsmittel mehr, sofort eine Antwort parat. Selbstverständlich müsse man den Bürgern einen Ersatz bieten. Das könne ein Konto für jedermann bei der Notenbank sein oder ein Konto bei einer staatlich garantierten Bank. Von dieser »selbstverständlichen Vorbedingung« und dem zugrunde liegenden Problem ist dann in seinem Buch an keiner Stelle die Rede. Siehe: Norbert Häring: »Die Ausgabe großer Scheine stoppen«. Interview mit Ken Rogoff. *Handelsblatt*. 18.5.2015.

71 Peter Sands, Haylea Campbell, Tom Keatinge, Ben Weisman: *Limiting the Use of Cash for Big Purchases: Assessing the Case for Uniform Cash Thresholds*. RUSI Occasional Paper. September 2017.

72 Malte Krüger, Franz Seitz: *Der Nutzen von Bargeld: Kosten und Nutzen des Bargelds und unbarer Zahlungsinstrumente (Modul 2)*. Fritz Knapp Verlag. 2017.

73 Hermann-Josef Tenhagen: »Wenn Kartenzahlung extra kostet«. *Spiegel Online*. 20.1.2018.

74 Susanne Preuß: »Wenn das Bargeld doppelt so viel kostet wie sein Wert«. *Frankfurter Allgemeine Zeitung* (online). 18.8.2015.

75 EU-Kommission: *Vorschlag für eine Verordnung über die Überwachung von Barmitteln, die in die Union oder aus der Union verbracht werden, und zur Aufhebung der Verordnung (EG) Nr. 1889/2005*. Brüssel. 21.12.2016.

76 Věra Jourová: *Strengthened EU rules to prevent money laundering and terrorism financing*. Fact Sheet. EU-Commission. Directorate-General for Justice and Consumers. 15.12.2017.

77 Peter Schaar: *Kurzgutachten zum Vorschlag der Kommission für die Überarbeitung der 4. EU-Geldwäscherichtlinie aus datenschutzrechtlicher Sicht*. Prepaid-Verband. September 2016.

78 Bundesgesetzblatt Jahrgang 2017 Teil I Nr. 39, ausgegeben zu Bonn am 24. Juni 2017, S. 1829.

79 Stefan Krempl: »Neue EU-Geldwäscherichtlinie: Die Privatsphäre fällt praktisch weg«. *Heise* (online). 3.1.2018.

80 »LAPD Uses Big Data to Target Criminals«. *CBS News* (online). 14.11.2014.

81 Markus Becker: »Sind die deutschen Banken wirklich unschuldig?«. *Spiegel Online*. 19.1.2018.

82 Volker Bouffier, der hessischer Innenminister war, als die Beamten zwangspensioniert wurden, ist heute hessischer Ministerpräsident. Es tat sich sehr schwer mit einer Entschuldigung. Siehe:»Hessische Steuerfahnder zu Unrecht zwangspensioniert«. *Handelsblatt* (online). 16.12.2012.

83 Weil die dafür verantwortliche bayerische Regierung ihm nur 170 000 Euro Entschädigung anbot, reichte Mollath im März 2018 Klage auf 2,1 Millionen Euro Schadenersatz ein.»Justizopfer Gustl Mollath fordert 2,1 Millionen von Bayern«. *Spiegel Online*. 1.3.2018.

84 Detlef Borchers:»eID: Gesetz zur Förderung des elektronischen Identitätsnachweises in Kraft«. *Heise* (online). 17.7.2017.

85 Ingo Dachwitz:»Im Gesetz zum elektronischen Personalausweis versteckt sich ein automatisierter Abruf für Geheimdienste«. *Heise* (online). 24.4.2017.

86 *Pressemitteilung des Chaos Computer Club e.V. zur Einführung biometrischer Reisepässe*. 10.4.2005.

87 Roman Tyborski:»Warum gibt die Bundespolizei Steuergelder für Amazon-Gutscheine aus?«. *Handelsblatt* (online). 2.8.2017.

88 Nick Wingfield:»Amazon Pushes Facial Recognition to Police. Critics See Surveillance Risk«. *New York Times* (online). 22.5.2018.

4. Im ost-westlichen Panopticon

1 Urteil vom 15. Dezember 1983. https://openjur.de/u/268440.html

2 Paul Mozur:»In Urban China, Cash Is Rapidly Becoming Obsolete«. *New York Times* (online). 17.7.2017.

3 Mara Hvistendahl:»Inside China's Vast New Experiment in Social Ranking«. *Wired* (online). 14.12.2017.

4 Hendrik Ankenbrand:»China plant die totale Überwachung«. *Frankfurter Allgemeine Zeitung* (online). 22.11.2017.

5 Ebenda.

6 Hendrik Ankenbrand:»Chinas Überwachungsapp drängt in die Welt«. *Frankfurter Allgemeine Zeitung* (online). 15.1.2018.

7 Mara Hvistendahl:»Inside China's Vast New Experiment in Social Ranking«. *Wired* (online). 14.12.2017.

8 »China to bar people with bad ›social credit‹ from planes, trains«. *Reuters* (online). 16.3.2018.

9 Mara Hvistendahl:»Inside China's Vast New Experiment in Social Ranking«. *Wired* (online). 14.12.2017.

10 Ebenda.

11 Li Tao: »Jaywalkers under surveillance in Shenzhen soon to be punished via text messages«. *South China Morning Post* (online). 27.3.2018.

12 Christina Zhao: »WeChat Is About to Become the World's Most Popular Form of ID, but You've Probably Never Heard of It«. *Newsweek* (online). 28.12.2017.

13 Better Than Cash Alliance: *Social Networks, E-Commerce Platforms and the Growth of Digital Payment Ecosystems in China – What It Means for Other Countries.* April 2017.

14 Alan Travis: »UK banks to check 70m bank accounts in search for illegal immigrants«. *Guardian* (online). 21.7.2017.

15 »Neue Lücken im Zahlungsverkehrssystem der Banken.« *Frankfurter Allgemeine Zeitung.* 19.4.2017.

16 Georg Mascolo: »Beinahe-Eklat in München. Niemand wollte Irans Airbus betanken«. *Tagesschau* (online). 7.2.2018.

17 Stefan Buchen, Rainer Hermann: »Wie ein deutscher Unternehmer auf Amerikas Terrorliste geriet«. *Frankfurter Allgemeine Zeitung* (online). 1.12.2016.

18 Sönke Iwersen, Volker Votsmeier: »Deutsche Forfait: Das Verschwinden des Ex-Chefs«. *Handelsblatt.* 27.3.2018.

19 Yasmin Osman: »Commerzbank darf Mitarbeiter nicht feuern«. *Handelsblatt* (online). 30.6.2017.

20 Ernest Londonio: »Pot Was Flying of the Shelves in Uruguay. Then US Banks Weighed In«. *New York Times* (online). 25.8.2017. Das Programm läuft weiter. Es hatte im Frühjahr 2018 einige Zehntausend Teilnehmer, mit steigender Tendenz. Wie das Finanzproblem gelöst wurde, ist der englisch- und spanischsprachigen Presse nicht zu entnehmen. Vermutlich wichen die Apotheken auf kleine lokale Banken ohne internationales Geschäft aus.

21 Die englische Wikipedia-Seite zu WikiLeaks enthält dazu nur vereinzelte kryptische Andeutungen. Die deutsche Seite enthalt wesentlich mehr.

22 Kajal Bangera: »Coinbase blocks WikiLeaks shop without notice – starts a riot on social media.« *AMB Crypto* (online). 22.4.2018.

23 Unlawful Internet Gambling Enforcement Act.

24 World Bank: *Withdrawal from Correspondent Banking; Where, Why, and What to Do About It.* Washington. November 2015.

25 Financial Stability Board: *Stocktake of remittance service providers' access to banking services.* Basel. 16.3.2018.

26 Sara Jerving: »How cash transfers in Somalia could evolve into a national social safety net«. *Devex* (online). 26.1.2018.

27 http://www.cashlearning.org/about-us/partners-and-donors

28 »Eine neue Kreditkartengebühr fürs Glücksspiel«. *Frankfurter Allgemeine Zeitung*. 27.4.2018.

29 Rachel O'Dwyer: »Are You Creditworthy? The Algorithm Will Decide«. *Undark* (online). 5.7.2018.

30 »Google plans to track credit card spending«. *BBC News* (online). 26.5.2017.

31 »The new lending game, post-demonetization«. *Economic Times* (online). 6.1.2017.

32 Rachel Emma Silverman: »Bosses Tap Outside Firms to Predict Which Workers Might Get Sick«. *Wall Street Journal* (online). 17.2.2016.

33 Mara Hvistendahl: »Inside China's Vast New Experiment in Social Ranking«. *Wired* (online). 14.12.2017.

34 https://www.paypal.com/de/webapps/mpp/ua/third-parties-list

35 Andrea Rexer: »Bargeld diskriminiert die Armen«. *Süddeutsche Zeitung* (online). 20.8.2017.

36 Partnership for Finance in a Digital Africa: *Can Big Data Shape Financial Services in East Africa?* Caribou Digital Publishing. 2018.

37 Tamsin Shaw: »Beware the Big Five«. *New York Review of Books* (online). 5.4.2018.

38 Linda Weiss: *America Inc.?: Innovation and Enterprise in the National Security State*. Cornell University Press. 2014.

39 Mariana Mazzucato: *The Entrepreneurial State: Debunking Public vs. Private Sector Myths*. Anthem. 2013.

40 Martin Libicki: *Conquest in Cyberspace: National Security and Information Warfare*. Cambridge University Press. 2007.

41 »So umfassend späht die NSA in Deutschland«. *n-tv* (online). 30.6.2013.

42 Glenn Greenwald, Ewen MacAskill: »NSA Prism program taps in to user data of Apple, Google and others«. *Guardian* (online). 7.6.2013.

43 Timothy Revell: »AI tracks your every move and tells your boss if you're slacking«. *New Scientist* (online). 30.1.2017.

44 Status Today: *TechWorld highlights StatusToday's growth during GCHQ Accelerator*. 5.4.2017.

45 Ceylan Yeginsu: »A Wristband to Track Workers' Hand Movements? (Amazon Has Patents for It)«. *New York Times* (online). 1.2.2018.

46 John Kornblum: »Globale Wertschöpfung«. *Handelsblatt*. 7.7.2017.

47 »>Google verfolgt uns auf Schritt und Tritt<. Interview mit Paul-Bernhard Kallen«. *Süddeutsche Zeitung*. 9.3.2015.

48 Anne-Marie Slaughter: *The Chessboard and the Web: Strategies of Connection in a Networked World*. Yale University Press. 2017.

49 »Serge Schmemann. A New Rule Book for the Great Game«. *New York Times* (online). 12.4.2017.

50 Parag Khanna: »Die Ohnmacht der Experten«. *Handelsblatt*. 5.9.2017.

51 Mark Zuckerberg: »Building Global Community«. 16.2.2017. https://www.facebook.com/notes/mark-zuckerberg/building-global-community/10154544292806634/

52 Nick Wingfield: »Amazon Pauses Huge Development Plans in Seattle Over Tax Plan«. *New York Times* (online). 5.5.2018.

53 Daniel Beekman, Matt Day: »Seattle City Council votes 9-0 for scaled-down head tax on large employers«. *The Seattle Times* (online). 14.5.2018.

54 David Rockefeller: *Erinnerungen eines Weltbankiers.* FinanzBuch Verlag. 2008.

55 Leanna Garfield: »A pilot project for a new libertarian floating city will have 300 homes, its own government, and its own cryptocurrency«. *Business Insider* (online). 18.5.2018.

56 Peter Waldman, Lizette Chapman, Jordan Robertson: »Palantir Knows Everything About You«. *Bloomberg* (online). 19.4. 2018.

57 Ashlee Vance, Brad Stone: »Palantir, the War on Terror's Secret Weapon«. *Bloomberg* (online). 22.11.2011.

58 Andy Greenberg: »Palantir Apologizes For WikiLeaks Attack Proposal, Cuts Ties With HBGary«. *Forbes* (online). 11.2.2011.

59 Britta Weddeling, Johannes Steger: »Was der geheimnisvolle neue Aufseher bei Axel Springer vorhat«. *Handelsblatt* (online). 19.4.2018.

60 »George Orwell 1984: Lieblingsbuch aller U-Bahn-Schubser, Vergewaltiger, Heroindealer, Terror-Planer, Grapscher, Taschendiebe, Goldmünzenräuber, Schläger und Hooligans«. *Welt am Sonntag.* 27.8.2017.

61 Frank Pasquale: »From Territorial to Functional Sovereignty: The Case of Amazon.« *Law and Political Economy* (online). 6.12.2017.

62 Joachim Hofer, Hans-Peter Siebenhaar: »Conrad Albert: ›Unzeitgemäße Fußfesseln‹«. *Handelsblatt*. 18.5.2018.

63 »Zuckerberg und Bezos wollen bislang nur Geld verdienen‹. Zeit-Chef Esser warnt vor Murdoch, Trump und den Ambitionen der Tech-Giganten«. *Meedia* (online). 5.12.2017.

64 Florian Kolf: »Deutschlands beste Händler: Nach Amazon kommt lange nichts«. *Handelsblatt* (online). 15.5.2018.

65 »Amazon steigert Gewinn um mehr als das Doppelte«. *Reuters.* 26.4.2018.

66 Lina Khan: »Amazon's Antitrust Paradox«. *Yale Law Journal* (online). Vol. 116. 2017 S. 710–805.

67 »Amazon ist der drittwertvollste US-Konzern«. *Handelsblatt* (online). 15.2.2018.

68 »Amazon überholt Alphabet beim Börsenwert«. *Handelsblatt* (online). 21.3.2018.

69 Tobias Berg, Valentin Burg, Ana Mongovic, Manju Puri: *On the Rise of FinTechs: Credit Scoring Using Digital Footprints*. NBER Working Paper 24551. April 2018.

70 BFA: *Inclusive Digital Ecosystems of the Future*. Dezember 2017.

71 Katharina Kort: »Begehrte Apple-Kunden«. *Handelsblatt*. 14.5.2018.

72 Katharina Kort, Britta Weddeling: »Ein Girokonto von Amazon«. *Handelsblatt*. 6.3.2018.

73 AnnaMaria Andriotis, Laura Stevens: »Amazon's Next Mission: Using Alexa to Help You Pay Friends«. *Wall Street Journal* (online). 6.4.2018.

74 Peter Harrell, Elizabeth Rosenberg: *The Next Generation of Sanctions. A Strategy of Coercive Economic Policy for the Next President*. Center for a New American Security. Washington 2016.

75 Sumeet Chatterjee, Meng Meng: »Exclusive: China taking first steps to pay for oil in yuan this year – sources«. *Reuters* (online) 29.3.2018.

76 Jay Syrmopoulos: »Declassified emails reveal NATO killed Gaddafi to stop Libyan creation of gold-backed currency«. *Intellihub* (online). 18.1.2016.

77 Richard Werner hat das 2003 in seinem japanischen Nummer-1-Bestseller »Princes of the Yen« anhand von Recherchen in der japanischen Zentralbank belegt.

78 Yi Huang, Ugo Panizza, Richard Portes: *Corporate Foreign Bond Issuance and Interfirm Loans in China*. NBER Working Paper 24513. April 2018.

79 Andrea Cünnen, Peter Khler, Ulf Sommer: »Angst vor dem nächsten Crash«. *Handelsblatt*. 14.5.2018.

80 Michael Maisch: »China dominiert die Welt«. *Handelsblatt*. 17.5.2018.

81 Joseph Yam: »Capital Flows, Hedge Funds and Market Failure: A Hong Kong Perspective«. In: David Gruen, Luke Gower (Hrsg.): *Capital Flows and the International Financial System*. McMillan. 1999. S. 164–179.

5. Widerstände, trojanische Pferde und Lösungen

1 Soweit nicht anders angegeben, beruht die Darstellung von Bitcoin in diesem Abschnitt auf: Jochen Möbert: *Bitcoin: Meinungen, Mythen und Missverständnisse*. Deutsche Bank. Frankfurt a. M. 29. Januar 2018.

2 Alex de Vries: »Bitcoin's Growing Energy Problem«. *Joule* (online). Vol. 2. Nr. 5. S. 801–805. 16 5.2018.

3 Der Chef der australischen Anti-Geldwäsche-Behörde Austrac, John Schmidt, sagte schon 2014, die Regierung sei in der Lage, jeden Um-